普通高等学校通识教育"十二五"规划教材
"十二五"江苏省高等学校重点教材
（项目编号：2015-1-090）

大学生创新创业教程

（第二版）

陈奎庆　丁恒龙　主编

科 学 出 版 社

北 京

内 容 简 介

　　本书共十三章，分为五个单元，以创新创业能力的提升为中心，较为详细地阐述了创新创业的三大要素——商机、资源和团队，帮助创新创业者了解创业计划编制和初创企业申办的内容与流程，完整介绍了创新创业的软环境（法律和政策）和硬环境（平台），并就新创企业运营管理中的财务管理、新产品开发和产品营销三大关键问题进行了系统的阐述。全书按照创新创业过程的逻辑重点展开，条理清晰，重点突出，并附有案例、阅读拓展和资料参阅及链接，具有较强的可读性和实用性。

　　本书是"十二五"江苏省高等学校重点教材，可作为普通高等学校创新创业课程的教材，也可供创新创业者阅读和参考。

图书在版编目（CIP）数据

大学生创新创业教程 / 陈奎庆，丁恒龙主编. —2 版. —北京：科学出版社，2017.5

普通高等学校通识教育"十二五"规划教材

"十二五"江苏省高等学校重点教材

ISBN 978-7-03-053784-3

Ⅰ. ①大… Ⅱ. ①陈… ②丁… Ⅲ. ①大学生-创业-高等学校-教材 Ⅳ. ①G647.38

中国版本图书馆 CIP 数据核字（2017）第 138768 号

责任编辑：石　悦 / 责任校对：桂伟利
责任印制：霍　兵 / 封面设计：华路天然工作室

科 学 出 版 社 出版

北京东黄城根北街 16 号
邮政编码：100717
http://www.sciencep.com

保定市中画美凯印刷有限公司　印刷

科学出版社发行　各地新华书店经销

*

2014 年 8 月第 一 版　　开本：787×1092　1/16
2017 年 5 月第 二 版　　印张：16
2018 年 8 月第四次印刷　　字数：379 000

定价：32.00 元

（如有印装质量问题，我社负责调换）

第二版前言

转眼间，本书第一版出版已经三年了。

这三年，伴随着全面深化改革、继续扩大开放和创新驱动发展战略的逐步实施，在广袤的中华大地上掀起了"大众创业、万众创新"的新浪潮。正是在这一背景下，"双创"教育在全国高校蓬勃展开，有的高校开设了创新创业课程，有的设立了创业学院，有的建设了创业园。据统计，全国82%的高校开设了创新创业教育课程，68%的高校建立了创新创业场地，613万人次参加各类创新创业实践活动。

国务院办公厅在2015年5月专门印发了《关于深化高等学校创新创业教育改革的实施意见》，该意见要求，从2015年起全面深化高校创新创业教育改革；到2017年取得重要进展，形成科学先进、广泛认同、具有中国特色的创新创业教育理念，形成一批可复制、可推广的制度成果，普及创新创业教育，实现新一轮大学生创业引领计划的预期目标；到2020年建立健全课堂教学、自主学习、结合实践、指导帮扶、文化引领融为一体的高校创新创业教育体系，人才培养质量显著提升，学生的创新精神、创业意识和创新创业能力明显增强，投身创业实践的学生数量显著增加。

在我国，从政府到高校如此重视"双创"教育，我们必须从更高的层次上深化对其重要性的认识。面对2017年795万人的大学生就业大军，以创业带动就业只是其中一个选项。面对市场经济的海洋，掌握创新创业的技能，也确实是人生需要的一种本领。但开展"双创"教育，最重要的不在于培养多少创业者，而在于提高人才培养质量，即培养学生的创新思维和创业精神，提升学生的创新创业能力，促进大学与社会的深度融合。从经济社会发展的角度看，"双创"是推动新旧动能转换和经济结构升级的重要力量，是促进经济提质增效升级的迫切需要，是促进机会公平和社会纵向流动的现实渠道。因此，"双创"教育不是一阵风、凑热闹，我们必须扎扎实实、持续有效地抓紧、抓好。

我国高校的创新创业教育尚处于起步阶段，虽然有一定的进步，取得了一些成功的经验，也受到各部门的重视，但与发达国家相比仍有较大的差距。创业教育，最早始于美国。美国大学根据自身的理念将创新创业定为一个专业或研究方向，建立了完善的各有特色的创新创业教育课程体系和教学计划，课程类型主要分为创业意识类、创业知识类、创业能力素质类及创业实务操作类四大类，内容包括创业理论阐述、典型案例分析和仿真模拟演练三大模块。系统化的课程设计为创新创业教育目标的实现和教育理念的落实提供了科学的基础。百森商学院的"创业学"课程体系被誉为美国高校创业教育课程化的基本范式。斯坦福大学的课程体系坚持文化教育和职业教育相结合，通过全过程参与帮助学生探讨和处理创新创业过程中遇到的问题。哈佛商学院建立了全世界相对完整的资料和案例库，为研究者提供了良好的学习环境和基础。

在英国，创新创业教育课程是一个多元互动的体系，课程开发、教学方法研究、创业研究、师资建设、课外实践活动等形成了一个多元整合体系。高校的创业课程开发实现了网络化，实现了优势互补、资源共享和有效评估。创业课程与课外课程相融合，创业课程与创业研究相整合。在英国，两类创业教育课程分别是"关于创业"和"为创业"的课程。"关于创业"的课程中 61% 的教师有过商业管理经验，36% 的教师有过创业经历。"为创业"的课程中 98% 的教师有过实业管理经验，70% 的教师曾经创立过自己的企业。

发达国家创新创业教育的实践告诉我们，创新创业不是虚的，而是实实在在的。与之相应，对大学生的创新创业教育，就不能停留在照本宣科、讲讲理论，而要注重参与、强化实战。常州大学在创新创业教育实践中形成了以"创新创业学院—创新创业伙伴项目计划—创业孵化基地—创业教育研究中心"为主线的创新创业教育实践体系及平台。本书的编写只是常州大学创新创业教育课程体系的一部分。我们认为，建立健全创新创业教育课程体系，必须从知识、能力等多个层面，立足通识教育和专业教育，既有必修课程体系，又有选修课程体系，把课程教学与生产一线、学科前沿紧密结合起来，把丰富多彩的案例引入到课堂教学之中，改变满堂灌的教学方式，大力倡导启发式、讨论式、参与式、研究式的教学方式。本着这一思想，本书坚持理论联系实际，实现创新创业实践活动与专业实践教学的有效衔接。同时，注意把专业教育与创新创业教育相结合，在专业教育实际教学中渗透创新创业思想。

在编写过程中，我们按照教育部和江苏省教育厅的要求，结合大学生创新创业的实际，把全书分成五个单元：第一单元（第一章、第二章），通过探讨创新与创业的内涵、明确创新与创业之间的关系、开展创新创业教育的原因、创新能力及创业能力的内涵，以及如何提升创新创业能力来论证创新与创业的本质，认清了创新创业教育的必要性与重要性。第二单元（第三章、第四章、第五章），介绍了创新创业的三大要素支撑，即创新创业机会识别、创新创业团队建设、创新创业资源的集聚与整合。第三单元（第六章、第七章），介绍了创业计划与企业申办，这是本书的重点，具体介绍了如何制订创新创业计划、如何做好新创企业的申办。第四单元（第八章、第九章、第十章），进行创新创业的环境分析，探讨了如何建设创新创业平台的硬环境，以及如何用好创新创业法律、政策的软环境。第五单元（第十一章、第十二章、第十三章），介绍了新创企业运行的关键内容，具体介绍了新创企业如何理财、开发新产品、营销策略选择等。内容涵盖了创新创业的理论与实践的多个方面，形成了一个较为完整的知识体系。通过本书的学习，大学生能够掌握开展创新创业活动所必需的基本知识、理论和方法，从而激发其创新创业意识，进一步提高其社会责任感、创新精神和创业能力，更好地促进大学生创新创业活动的开展。

参加本书第二版修订的有：陈奎庆（第一章、第二章），王文华（第三章），刘建刚（第四章），杨月坤（第五章），丁恒龙（第六章），朱陈松（第七章），蒋琳（第八章），闫海波、陈启迪（第九章），袁志华、阴祥（第十章），李兴尧、丁恒龙（第十一章），江涛涛、刘建刚（第十二章），蔡建飞（第十三章）。陈奎庆、丁恒龙负责本书第二版的设计、统修及组织工作。

本书是江苏省教育厅立项的"十二五"江苏省高等学校重点教材。

在本书的第二版修订中，按照通识教育的要求，我们对内容作了调整和充实，增加了案例和阅读拓展。为了便于大学生自学，我们增加了阅读拓展和资料参阅及链接，让思考题真正具有思考性。如何做好创新创业教育，我们尚在探索之中，书中还有很多不尽如人意的地方，恳请诸位同人和读者不吝赐正，我们将在今后的教育教学实践中努力使之完善。

编 者

2017 年 5 月

第一版前言

在我国，从政府到高校从未像现在这样如此重视大学生的创新创业教育。2012年8月教育部办公厅下发《普通本科学校创业教育教学基本要求（试行）》，首次对我国高等学校开展创业教育作出规范。教育部要求高校把创业教育融入人才培养体系，纳入学校教育教学评估指标，制订专门教学计划，面向全体学生广泛、系统开展。2013年4月江苏省高校创业教育工作推进会要求，把创新创业教育纳入高校人才培养的大框架，全面开设创业课程。目前，"江苏省90%以上的高校已经开设了创业教育课程，帮助大学生敢'下海'、会'游泳'"①。

开设创新创业教育课程的动因是什么？现在有两种说法，一是"就业说"，二是"当老板说"。诚然，面对2014年727万就业大军、爆棚的招聘会现场，以创业带动就业，确实是问题解决的一条路径。面对市场经济的海洋，掌握创新创业的技能，这也确实是人生需要的一种本领。其实，这些看法只是看到了问题的一些表象，我们应该从更高的层次上去认识创新创业教育的重要意义。

在高校开展创新创业教育是一个全新的高等教育教学改革项目，是我国高校人才培养改革的创新实践。创业教育，最早始于美国。1991年东京创业教育国际会议把"创业教育"从广义上界定为：培养最具有开创性个性的人，包括首创精神、冒险精神、创业能力、独立工作能力，以及技术、社交和管理能力的培养。所以，创业教育的本质就是要充分挖掘学生潜能，开发学生创业基本素质，提高学生自我创业的能力，使更多的谋职者变为职业岗位的创造者。创新与创业犹如一枚硬币的正反面，缺一不可，从某种意义上说，创业更需要的是创新精神、独立自主的意识、实际解决问题的能力，以及敢于面对失败、挫折的勇气，而这些精神也正是大学精神的精髓。所以，从这个意义上说，培养大学生的"创业精神"或"企业家精神"，正是高校人才培养的目标内容之一。

从另一个层面上分析，在高校开展创新创业教育与当前的经济社会转型息息相关。管理学之父彼得·德鲁克认为，创业型社会的出现可能是历史上一个重要转折点。著名创业管理学家、哈佛商学院教授斯蒂芬森认为，自20世纪80年代以来，那些长盛不衰的大公司轻而易举地被击溃，大公司迫切需要创新和创业精神。创业管理大师拉里·法雷尔则断言：发展创业型经济是打赢21世纪这场全球经济战争的关键。当前，我国正处在经济社会转型的重要时期，急需一大批创新创业型人才，全社会都在呼唤加强对大学生的创新创业教育，加快培养创新创业型人才。习近平总书记指出，实施创新驱动发展战略，是加快转变经济发展方式、破解经济发展深层次矛盾和问题、增强经济发展内生动力和活力的根本措施。江苏省把"新江苏精神"概括为"创新创业创优，争先领先率先"。当代大学生承载着中国的未来，是实现"中国梦"的重要生力军。在飞速行驶的时代列车上，大学生只有具有创新创业意识，才能顺应时代潮流，才能在从"中国制造"到"中国创造"的发展中有所作为、有所贡献。

---

① 省内九成高校开设"创业课". 东方卫报，2013-4-18（8）.

而实际情况却不尽如人意，"发达国家大学生创业的比例一般占 20%～30%，我国选择创业的大学毕业生不到 1%，而创业成功率也不到 1%" [①]。创新创业教育的长期缺失，是造成我国高校毕业生创业率以及创业成功率低的原因之一。因而，开设创新创业教育课程，培养大学生的创新创业精神和创新创业意识，是当前高校一项十分重要而紧迫的任务。

为进一步推进高校创新创业教育，我们以相关专业的骨干教师为主体成立了本书编写组。在本书在编写过程中，我们按照教育部和江苏省教育厅的要求，结合大学生创新创业的实际，把全书分成五个单元：创新创业导论、创新创业要素、创新创业的实际操作、创新创业环境、新创企业的运营。内容涵盖了创新创业的理论与实践的多个方面，形成了一个较为完整的知识体系。我们力求通过本书的学习，让大学生掌握开展创新创业活动所必需的基本知识、理论和方法，从而激发其创新创业意识，进一步提高其社会责任感、创新精神和创业能力，更好地促进大学生创新创业活动的开展。

参加本书编写的有：陈奎庆（第一章），王永利（第二章），王文华（第三章），彭伟（第四章），杨月坤（第五章），丁恒龙（第六章），朱陈松（第七章），伍瑾（第八章），闫海波、周屹峰（第九章），袁志华、阴祥（第十章），丁恒龙、蔡建飞、李兴尧（第十一章）。陈奎庆、丁恒龙设计并统修全稿，闫海波、袁志华、彭伟参与本书写作的有关组织工作。

本书是教育部人文社科研究基金规划项目（14YJA630003）、教育部人文社科研究专项任务项目（高校思想政治工作）（12JDSZ3030）的成果之一。

创新创业教育在我国刚刚起步，编写本书是创新创业教育的一次尝试，其中还有很多不尽如人意的地方，恳请诸位同人和读者不吝赐正，我们将在今后的教育教学实践中努力使之完善。

编　者

2014 年 7 月

---

① 李伟. 创业：我们需要怎样的创业教育？无锡日报，2012-8-30（4）.

目　　录

第一单元 创新创业导论

第一章
开启创新创业之旅

　　青年是国家和民族的希望，创新是社会进步的灵魂，创业是推动经济社会发展、改善民生的重要途径。青年学生富有想象力和创造力，是创新创业的有生力量。希望广大青年学生把自己的人生追求同国家发展进步、人民伟大实践紧密结合起来，刻苦学习，脚踏实地，锐意进取，在创新创业中展示才华、服务社会。

——习近平

【本章导读】

　　创业和创新是一对孪生兄弟，这不仅关乎中国经济的今天，更关乎中国经济的明天和后天。大学生是社会上最具活力、最具创造性的群体，大学生应该走在创新创业的前列。在高校大力推进创新创业教育，是建设创新型国家、实施创新驱动战略的必然要求。创新教育与创业教育是一个辩证统一体，两者相互关联、相互作用。在高校开展创新创业教育，必须从我国的实际出发，借鉴国外的先进经验，构建具有中国特色的创新创业教育体系，加快创新创业人才的培养，为中国经济社会的可持续发展提供有力的人才支撑。

【学习要点】

1. 了解创新及创业的内涵。
2. 掌握创新与创业之间的辩证关系。
3. 了解大学生创新创业与人生之间的关系。
4. 了解国外创新创业教育的历程及现状。
5. 掌握如何有效地学习创新创业教育。

第一节　创新创业概述

一、创新的内涵

　　《现代汉语词典》第 7 版对"创"的解释是"（开始）做"；（初次）做，如首创、创新纪录；对"创新"的解释是：①动词，抛开旧的，创造新的，如勇于创新，要有创新精神；②名词，创造性、新意，如那是一座很有创新的建筑物。因此，创新在中文中的本来含义就是"辞旧迎新"，所以，"创新"可以用在广泛的语境中。

　　在经济学领域，由于约瑟夫·熊彼特的历史性贡献，人们对"创新"有了更明确的定义。1912 年，美籍奥地利经济学家熊彼特把创新概念引入经济学，他在《经济发展理论》这本书里首先提出了"创新理论"，他对创新的定义是：企业家对生产要素的组合，包括开发一种新产品，采用一种新方法，开辟一个新的市场，获得或者控制原料或半成品的一种新来源，以及实行一种新的组织形式。他当时提出的这五个"新"都属于创新。在创新过程中，企业家发挥了最重要的作用。熊彼特认为，企业家就是创新者。

　　从 1912 年到现在 100 多年了，创新的概念也在不断发展，如今创新已经是一个涵盖十分广泛的概念，主要是指提出新理论、发明新技术、采用新方法、建立新制度、制定新政策、组建新组织、构成新机制、提供新产品、获得新原料、开辟新市场、组成新文化、创造新艺术等。

　　学术界对"创新"至今尚未有一个统一的定义，但普遍认为它是属于经济学的概念。在此，我们选择一个适用于更广泛意义上的"创新"含义，即创新是指能先于他人，为人类社会的文明与进步获得新发展、新突破，创造出有价值的、前所未有的物质产品或精神产品的活动。创新过程是创造性劳动的过程，没有创造性就谈不上创新。

二、创业的内涵

　　创业的含义因时期和地域的不同而异，汉语对"创业"一词有着较为宽泛的理解，"创"，即开始、创造、开创、设立之意；"业"，含义广泛，可指学业、事业、功业、家业、产业、职业、行业等。

　　然而"创业"一词在很长的历史时期内都未能与工商业活动联系起来，直到资本主义制度的出现和市场经济的兴起，"创业"的主体才逐渐确定，专指商业行为者。在英语国家，表达创业概念的英语单词是 entrepreneurship 和 venture。从词义上看，创业和企业（enterprise）有较强关联，entrepreneurship 是名词形式，主要表示静态的"创业状态"，从"企业"和"企业家"的角度来阐述"创业活动"。venture 以动词形式表达了"创业过程"，其中包含了"冒险"的含义。从英语单词的表面意思看，可以把"创业"理解为创立经营企业的过程，其中具有风险性。

　　最早将创业作为一个术语使用的是法国经济学家理查德·坎蒂隆（Richard Cantillon），他在 1734 年发表的著作之中指出创业就是自我雇佣。

　　从广义的角度来说，所谓创业，是指一个人运用自己掌握的知识、技能、资源和发现的信息、机会等，克服思维定式，以创新的思维和艰苦的努力，开辟新的工作途径，开创新的工作局面，争创新的工作业绩，促进事业取得突破性的成就，从而实现自己某种追求或目标的过程。

广义的创业包括岗位创业。岗位创业是指在现有工作岗位上顺应时代发展和岗位目标要求，全面提高自身能力和素质，创造性地发挥自己的聪明才智，通过勤奋努力的工作，在事业上取得开创性的新发展，从而为岗位提供者创造尽可能多的价值。创业，实质上是一种劳动方式，是一种对自己、对企业、对社会、对国家创造价值与贡献的行为。因此，从这个角度来说，人生就是创业。

狭义的创业一般仅指自主创业。自主创业是指创业者个人或创业团队以资源所有者的身份，利用知识、能力和社会资本，通过自筹资金、技术入股、寻求合作等方式创立新的社会经济单元，并为社会上更多的人创造就业机会。自主创业的主体是投资者和资产所有者。自主创业需要创业者拥有关键资源或者具有整合资源的能力，因此，自主创业比岗位创业更为复杂艰难。

加深对狭义创业这一概念的理解，必须把握以下四个要点。

（1）创业是一个复杂的创造过程——它创造出某种有价值的新事物。这种新事物必须是有价值的，不仅对创业者本身有价值，而且对社会有价值。价值属性是创业的重要社会性属性，同时也是创业活动的意义和价值。

（2）创业必须要贡献必要的时间和大量的精力，付出极大的努力。要完成整个创业过程，要创造新的有价值的事物，就需要大量的时间，而要获得成功，没有极大的努力是不可能的，而且很多创业活动的创业初期都非常艰苦。

（3）创业要承担必然的风险。创业的风险可能有各种不同的形式，取决于创业的领域和创业团队的资源。但通常的创业风险主要是人力资源风险、市场风险、财务风险、技术风险、外部环境风险、合同风险、精神方面的风险等几个方面。创业者应具备超人的胆识，甘冒风险，勇于承担多数人望而却步的风险事业。

（4）创业将给创业者带来回报。作为一个创业者，最重要的回报可能是其从中获得的独立自主，以及随之而来的个人的物质财富的满足。对于追求利润的创业者，金钱的回报无疑是重要的，对其中的许多人来说，物质财富是衡量成功的一种尺度。通常，风险与回报成正相关关系。创业带来的回报，既包括物质的回报也包括精神的回报，它是创业者进行创业的动机和动力。

三、创新与创业的辩证关系

虽然创业与创新是两个不同的概念，但是两个概念之间却存在着本质上的契合、内涵上的相互包容和实践过程中的互动发展。最早提出创新概念的奥地利著名经济学家熊彼特认为，创新是生产要素和生产条件的一种从未有过的新组合，这种新组合能够使原来的成本曲线不断更新，由此会产生超额利润或潜在的超额利润。创新活动的这些本质内涵，体现着它与创业活动性质上的一致性和关联性。

创新是创业的基础，而创业推动着创新。从总体上说，科学技术、思想观念的创新，在促进人们物质生产和生活方式的变革，引发新的生产、生活方式，进而为整个社会不断地提供新的消费需求，这是创业活动源源不断的根本动因。另外，创业在本质上是人们的一种创新性实践活动。无论是何种性质、类型的创业活动，都有一个共同的特征，那就是创业是主体的一种能动的、开创性的实践活动，是一种高度的自主行为，在创业实践的过程中，主体的主观能动性将会得到充分的发挥和张扬，正是这种主体能动性充分体现了创业的创新性特征。

创新是创业的本质与源泉。经济学家熊彼特曾提出，"创业包括创新和未曾尝试过的技术"。创业者只有在创业的过程中具有持续不断的创新思维和创新意识，才可能产生新的富有创意的想法和方案，才可能不断寻求新的模式、新的思路，最终获得创业的成功。

创新的价值在于创业。从一定程度上讲，创新的价值就在于将潜在的知识、技术和市场机会转变为现实生产力，实现社会财富的增长，造福于人类社会。而实现这种转化的根本途径就是创业。创业者可能不是创新者或是发明家，但必须具有能发现潜在的商机和敢于冒险的精神；创新者也并不一定是创业者或是企业家，但是创新的成果是经由创业者推向市场，使潜在的价值市场化，创新成果才能转化为现实生产力。这也侧面体现了创新与创业的相互关联。

创业推动并深化创新。创业可以推动新发明、新产品或是新服务的不断涌现，创造出新的市场需求，从而进一步推动和深化各方面的创新，因而也就提高了企业或整个国家的创新能力，推动经济的增长。

综上所述，可以看出创新与创业两者内在相关、密不可分。由于创新与创业的密切关系，创业与创新教育应该相互渗透融合，弘扬创新创业精神，健全创新创业机制，完善创新与创业的环境，加强产学研结合，加强创新与创业的交叉渗透和集成融合，并且不断地在实践中结合，从而推动社会的可持续发展。

【案例 1.1】

"脚病修治"月挣三万　创业之行始于"足"下

刘尊众一生最不能忘记的是 1998 年 7 月 19 日，有大专文凭的他主动申请下岗，走创业之路。

在西安市总工会再就业服务中心，刘尊众偶然看到了一条"脚病修治"培训班的招生广告，一个想法在他脑海中诞生了——开一家脚病修治所。

亲友们对这个行业有偏见，并不支持刘尊众。但他认为："面子是人们为了逃避某种责任的借口。修治脚病，既为别人解除痛苦，又为自己挣钱，不丢面子。"经过四个半月的学习和实践，刘尊众不但了解和掌握了 68 种脚病的症状，而且能够动手配药，治疗几十种最为常见的脚病。在结业考核时，刘尊众的每门课程成绩都在 95 分以上。

用 280 元钱开张营业

中医外科学的主治医师王涛建议刘尊众在西安市区开一家脚病修治中心，可是刘家当时只有不到 400 元钱，这是厂里补发的两个月工资。刘尊众用 200 元租下了一间不足 7 平方米的门面房，花 80 元钱买回了 18 种中药材。

1999 年 1 月 3 日，刘尊众的"瑞德脚病修治所"正式开业了。直到他开业的第 15 天，第一位顾客才走进了他的修治所。刘尊众手艺好，收费低，凭借精湛的修脚技艺，在短短的 3 个月之内，刘尊众的脚病修治所已经门庭若市了，7 平方米营业场地已经不能满足顾客的需要，每天营业都要持续到半夜。

开业 4 个月后，刘尊众在西安市咸宁东路西段租了一间 27 平方米的房子，购置了大小 8 个沙发和泡脚的木盆及几十种药材。不久，他又换了咸宁东路东段的一套总面积 60 多平方米的门面房。也就是从这个月开始，刘尊众的脚病修治所每月纯利润再也没有少于 1 万元，最多时竟达到了 3 万元。

"修脚工"上了央视

2002 年 9 月 3 日，刘尊众投资 10 万元开设的分店正式开业。开业第一天，纯收入就达到 300 多元。

10 月 9 日，中央电视台在《新闻联播》里报道了刘尊众创业的故事。

刘尊众自己富了，但他并没有忘记社会上其他的下岗职工。他的诊所里招收的全是下岗职工，而经他培训的 100 多名下岗工人中已有 20 多人当上了老板。

【导师点评】

"刘尊众"已经成为西安修脚业的品牌，很多人看不上的修脚行当，在他的手中做成了年收入百万元的事业。刘尊众创业靠什么成功？靠的就是勇于进取、拼搏创新、知难而上、百折不挠的创业精神。他有一根筋式的创业激情，就是无论多艰难和委屈，他都不服气，绝不轻言放弃。在困难职工技能培训学校，他意外地选择了别人瞧不上的冷门行业——修脚，遭到了家人的强烈反对，妻子带着孩子也因此离开了他。刘尊众说："我们在创业的过程中不要过于在乎别人对我们的看法，只要你坚持下去，就一定能够成功。"他还说："除此之外我别无选择，我也不可能失业，我也不可能抱着试试看的态度，做了不行行再改别的，我必须沿着这条路冲出去，杀出一条血路。"他的这种执拗是创业成功的必要精神条件。

资料来源：晓健. 2004-5-28. 下岗创业：财自"脚下"下来[N]. 民营经济报.

第二节　对当代大学生创新创业的认识

一、大学生科技创新活动

（一）大学生科技创新活动的内涵

习近平致 2013 年全球创业周中国站活动组委会的贺信

大学生科技创新活动可以定义为：大学生群体在学校的组织引导下，依靠教师的指导帮助，主要利用课余时间自主开展的一种科技学术活动。活动的主体是大学生群体，大学生群体的主体性在活动中得到充分体现；活动的对象是科技学术活动，并且这种科技学术活动具有多样性和系统性。大学生科技创新活动的本质是一种创新实践活动，是一个动态的历史发展过程，其内涵和功能随着时代和实践的发展而不断发生变化。

大学生科技创新活动意义重大，影响深远，具体体现在以下几个方面：一是教育意义。从人才培养的角度看，它是一种重要的教学实践活动，是创新教育、素质教育的重要载体和平台。二是科技意义。从科技创新的角度看，大学生科技创新活动是整个大学科技创新体系

乃至国家创新体系的重要组成部分，可以有效地促进科技进步与发展。三是经济意义。从经济发展的角度来看，活动成果的应用可以推动生产力的发展，产生直接的经济效益，经济意义在互联网经济条件下占有越来越重要的地位。四是文化意义。大学生科技创新活动属于校园文化活动的一个重要组成部分，并且是较高层次的大学生校园文化活动。五是社会意义。从社会进步的角度看，活动可以引导和推动社会的发展和进步，可以有效地促进科研体制与经济体制的改革。另外，大学生的科技创新可以对社会创新、创业起到积极的推动作用。

（二）大学生科技创新活动的特征

当前，大学生科技创新活动主要具有以下五个方面的特征。

1. 活动主体的层次性

首先，大学生群体有不同的学历层次，既包括专科生、本科生，也包括研究生（硕士生、博士生和博士后）。其次，高年级与低年级学生科技创新活动的内容是有差别的，具有层次性。最后，高考年龄限制的取消，将进一步加剧学生年龄的分化，使主体的层次性表现更为复杂。无疑，主体的层次性又导致了活动结果的层次性和多样性。

2. 活动范围的宽广性

大学生科技创新活动不再局限于校园，已经延伸到广阔的社会，活动的空间越来越大，范围越来越广。特别是随着大学教育理念的转变，尤其是创新教育、素质教育活动的蓬勃开展，以及学分制管理的逐步推行，"课内"与"课外"的"界墙"将被推翻，大学生科技创新活动逐渐纳入到新的教育教学体系中，形成了课堂内外紧密结合的整体培养体系。

3. 活动内容的丰富性

大学生科技创新活动的客体包括三个方面：一是科技知识的学习与提高，包括开展学术讲座、学术交流等；二是科技的发明创造，包括开展科学研究、发明制作、撰写学术论文等；三是科技的推广应用，包括开展科技咨询、社会调查、技术开发、创业等。这三个方面是相互联系、相互促进的，其中学习是基础和前提，发明创造是关键和核心，推广应用是目的和指向。

4. 活动过程的复杂性

活动过程包括学习—创新—应用的必然环节，是一个复杂的过程。大学生科技创新首先要遵循科学研究、技术开发的一般规律，符合科技学术活动的规范，但由于活动主体的特殊性，其活动过程又受到其他许多因素的制约和影响。譬如，学生如何处理学习与开展科技活动的关系，教师如何处理教学与指导学生科研的关系等。特别是由于活动牵涉到学校教学、科研、科技开发、文化活动等各个方面，因此需要建立行之有效的运行机制和管理模式。

5. 活动目的的多样性

活动目的是与活动内容紧密相连的。首先是育人的目的，活动着眼于通过实践培养大学生的创新意识、创新精神和创新能力，引导学生走出"象牙塔"，关注社会，了解社会，介入社会，走与实践相结合的道路。其次是应用的目的，从科技创新和成果转化的角度来看，作为高校科技创新体系的重要组成部分，活动要求多出科技成果，并把科技成果转化为现实生产力，为国家的经济建设提供直接的理论和技术支撑，创造出更多的经济效益和社会效益。

最后是文化的目的，从校园文化建设的角度来看，活动追求营造浓厚的学术氛围和高层次的文化品位，更重要的是，科技创新活动能将科学与人文统一起来，造就学生将科学文化与人文文化相融合的理念，塑造具有时代特征的精神文化环境。

二、大学生自主创业

（一）大学生自主创业的内涵

大学生自主创业，是指一些有理想、有胆识的大学生，利用自己的知识、技术和才能，以自筹资金、技术入股、寻求合作等方式，为自己在社会上求生存、谋发展开辟一条新的途径，创立新的社会经济单元。他们不是现有岗位的竞争者、填充者，而是为自己、为社会更多的人创造就业机会并直接为社会创造价值做出贡献的开拓者。大学生自主创业，不仅要求大学生能结合专业特长，根据市场前景和社会需求创造出有竞争力的新技术、新产品和服务，而且要直接面向市场、面向社会，在为社会创造价值的同时，使自我价值不断得到充分体现。目前，虽然成功地走上自主创业道路的大学生还为数不多，但它代表了一个方向，引领了一个新的就业潮流。

（二）大学生自主创业的特征

1. 以大学生为主体

在市场经济浪潮中，创业主体日益多元化。大学生是其中的重要一员。大学生创业者不仅包括大学里的专科生、本科生，还包括硕士研究生和博士研究生，从我国大学生创业计划大赛的参加者来看，基本上是专科生、本科生、硕士研究生和博士研究生，这些学生有的已毕业、有的尚未毕业。例如，雅虎的杨致远、搜狐的张朝阳等，在大学期间，凭借自身的知识和技术优势，从一个具有市场前景的技术产品或服务，或者从风险投资家手中获取投资资金，创办企业使其成为市场活动主体。作为创业者的大学生具有其特殊性，他们年轻，有知识，思维活跃，敢于冒险，具有较强的开拓精神。

2. 理工科类学生占比较高

大学生创业靠的是技术或服务，更主要的是要开发出具有市场潜力的产品，或新的产品，离不开工程技术方面的知识和技能，因此，创业者主要是理工科院校的学生。

从我国第一届和第二届全国大学生创业计划竞赛看。第一届比赛作品90%是网络方面的，第二届比赛作品涵盖了电子信息、光机电一体化、生物医药、环境科学、精细化工、新能源、农林及服务行业共九大类。虽然所涵盖学科范围扩大了，但扩充的还是理工科领域。

大学生创业依靠的是产品。由于理工科院校学生所学知识有相当一部分是有关新产品开发的，而且理工科院校的实验设施为大学生新产品开发提供了物质保障，加上在设计过程中教师的悉心指导，产品更加符合市场的需求。尤其是理工科院校教师很多手中有横向或纵向科研课题，这些课题绝大部分是针对现实生产中存在的技术问题而展开的，因此，教师对学生在创业项目的市场前景、科技含量及可靠性、性能指标等方面有相当的指导作用。

3. 产品具有新颖性

在经济新常态背景下，大量的商品供过于求，去产能任务十分艰巨。大学生创业的产品不仅要适时推向市场，而且必须有很强的竞争能力，这就要求产品具有创新性，在市场中寻找新的空间。所以，大学生创业中，相当一部分是知识型的企业，以高科技产品来满足市场需要，开创新的市场，引导消费，从而对产业结构的调整起到了积极的推动作用。

4. 企业初创规模不大

在对"自主创业资金承受额度"的调查中，选择"2万元以内"的有273人，占27.86%；选择"2万元以上，10万元以内"的447人，占45.61%；选择"10万元以上，100万元以下"的有206人，占21.02%。其主要原因是大学生自身没有什么积蓄，既不能从银行获取贷款，也不能发行股票募到现金，从风险投资商手中获得风险投资也不是一件易事，创业启动资金一般靠家庭亲友资助，所以，大学生创业一个普遍的特点是初期投入资金少，企业起步规模不大。

5. 创业成功率不高

大学生初出茅庐，虽然所学的书本知识涉及生产、管理、经营等各方面，但要想让理论有效运用、指导实际、灵活应变，必须经过长时间的刻苦磨炼。同时，大学生创业时依靠的新产品往往有相当一部分还不成熟，尚不能被消费者认可。另外，由于大学生对市场经济的规律认识不足，对创业的艰巨性、长期性认识不足，一味追求短期效益，忽视自身实践能力的锻炼。大学生创业本身的先天不足，成功率不高，创业投入的风险较大。对此，每一个创业的大学生必须有清醒的认识，必须未雨绸缪、精心准备，不打无把握之仗。

（三）大学生自主创业的模式选择

1. 加盟模式

这种创业模式是指大学生以加盟直销、区域代理或购买特许经营权的方式来销售某种商品或提供某种服务的创业活动。这种模式的行业分布主要集中于商业零售和餐饮业知名品牌的代理和加盟营销。经营管理上实行总店或中心的统一管理模式。这种创业模式由于在经营管理上有现成的模式可以直接采用，可以说是"站在巨人肩膀上"的创业，享受规模经营的利益。此种模式的优点包括：便于经营管理，利用品牌效应经营风险小、成功率较高。缺点包括：启动资金较大，一般大品牌的代理或加盟费不菲；安于已有的模式也会阻碍创新，不利于更好地施展创业者自身的才华。

2. 网络创业模式

这种创业模式是近年来由于互联网的高速发展催生出的新型创业模式。网络创业不同于传统创业，无须传统的白手起家，而是利用现成的网络资源。目前网络创业主要是网上开店的形式，在网上注册成立网络商店，创业门槛低、成本少、风险小、方式灵活，特别适合初涉商海的大学生创业者。像易趣、阿里巴巴、淘宝等知名商务网站，有较为完善的交易系统、交易规则、支付方式和成熟的客户群，每年网站本身还会投入大量的广告宣传。以这些成熟的商务网站做依托，创业者可近水楼台先得月。而且，目前大学生网络创业越来越受到政府的重视，政府给予诸多的优惠政策和措施。

3. 自我发现模式

这种模式是指创业者通过对市场的调研、考察，敏锐地捕捉到市场潜在的某种商机，或者发现自己在某个行业具有天赋和才华，并且坚信自己能够在这个领域大展宏图。此种模式的优点包括：目标性较强，立项准确，能使自己的天赋和才华得以最大限度的发挥。缺点包括：想法和现实容易出现反差，需要承担一定的风险。例如，大学生利用网络卖自己的时间或利用自己的专长作为客户的参谋，获取报酬。

4. 专业化模式

这种创业模式是创业者将自己拥有的专长或技术发明通过"知识雇佣资本"的方式创立企业。要求创业者具有某一专业的技术特长，或成功研发了某一项新产品、新工艺，以此项特长或发明为市场切入点。这种模式创业难度高、稳定性差，但成功的收益往往非常大。像拥有知识产权和专利的个人可以走专业化模式。

5. 孵化器模式

这种创业模式是创业者受各种创业大赛的驱动和高校创业园区创业环境的熏陶、资助、催化而进行的创业活动。许多高校举办了各种各样的创业大赛，参加大赛的大学生在创业大赛中熟悉了创业程序，储蓄创业知识、积累创业经验、接触和了解社会。同时高校纷纷建立科技园区或创业园区，园区中的科技创业中心或大学生创业投资公司，对经过严格评估的优秀参赛项目进行股权形式的投资，建立股份制公司并且定期对投资项目进行评估，实行优胜劣汰，对项目进行创业孵化，创业者可以得到政策的支持和创业园区各专家的培训和指导。中国的中小科技企业在起步和创业阶段可以借助孵化器使之成长壮大。

6. 创意模式

这种创业模式是大学生根据自己的新颖构想、创意、点子、想法进行的创业活动。这种创业模式需要具有独特的个性特征，创业者的设想能够标新立异，在行业或领域里是创举，并迅速抢占市场先机。建议网络、艺术、装饰、教育培训、家政服务等新兴行业选择创意模式。因为创意模式需求的创业资金量不是很大，一般创业者向亲朋好友借款或在政策范围内小额贷款，特别有创造性能吸引商家眼球的，也可以引来大公司的股权形式的资金注入，组织管理上个人独资、合伙、股份公司均可。

三、大学生创新创业的现实意义

在校大学生开展创新创业活动不仅可以促进知识成果向生产力转化，推动社会财富的增加，而且有利于大学生的长远发展，缓解就业压力，壮大私营企业队伍，改善私营企业从业人员的素质结构，有利于经济的可持续发展。具体来说，大学生创新创业具有以下现实意义。

（一）有利于缓解大学生就业压力

2016年大学毕业生人数达到699万，是高校毕业生人数最多的一年。2017年有毕业生727万人，高校毕业生人数再创历史新高，加上上年尚未就业的大学生，堪称史上最难就业季。为了解决大学生就业难题，近年来从中共中央到地方出台了一系列应对措施，其中鼓励大学生创业被摆在了突出的位置，因为创业不仅能够解决自身就业，而且在扩大就业方面具有倍增效应，一人创业可以带动多人就业。调查表明，平均每名创业者可带动3.8人就业。鉴于此，提升大学的创业能力具有十分重要的意义，一个具有较强创业能力的大学毕业生不但不会对社会造成就业压力，相反还能通过自主创业活动来增加就业岗位，以缓解社会的就业压力。所以，近年来，各级党政部门纷纷出台一系列激励措施，鼓励大学生通过自主创业、自谋职业等多种形式，千方百计扩大就业，灵活就业，以创业带动就业，使大学生不仅仅成为就业的求职者，更能成为职业岗位的创造者。

（二）有利于大学生自我价值的实现

大学生有较高的专业文化素质，学习能力强，视野开阔，有年轻人的创新精神和年龄优势，思维定式的局限较少，同时敢于挑战传统观念。然而中国目前的教育更多地倾向于应试教育，偏知识学习轻能力锻炼，偏科技素养轻人文素养，偏智育轻实践，导致大学生创新转化能力的发展受到了极大的阻碍，大学生进入社会后适应能力较差，不能很快地将知识转化为生产力。而大学毕业生通过自主创业，可以把自己的兴趣与职业紧密结合，做自己最感兴趣、最愿意做和自己认为最值得做的事情。在五彩缤纷的社会舞台中大显身手，最大限度地发挥自己的才能，并获得合理的报酬。当前社会鼓励大学生创业，虽然是从化解就业难的角度来说，但从大学生自身来说，其创业的原动力则在于实现人生的自我价值，这符合当代大学生的成才观，有利于大学生全面成才。

（三）有利于大学生自身素质的提高

我国高校扩招以后，伴随着就业压力，大学生素质与我国高等教育的水平一直为人所诟病。在提高大学教育管理水平与大学生素质的各类探索实践中，大学生创业无疑是最经济、最有效的办法之一。通过创业教育与创业实践，大学生可以充分调动自己的主观能动性，改变自身就业心态，自主学习，独立思考，并学会自我调节与控制。也只有这样，大学生创业才能成功。对于一个能自我学习，懂得如何管理自己的时间与财务，善于拓展人脉关系，并能够主动调适工作心态，积极适应社会的大学生，其就业将不存在任何问题。

（四）有利于培养大学生的创新精神

创新是一个民族的灵魂，是一个国家兴旺发达的不竭动力。青年大学生作为中国最具活力的群体，如果失去了创造的冲动和欲望，那么中华民族最终将失去发展的不竭动力。大学生的创业活动，有利于培养勇于开拓创新的精神，把就业压力转化为创业动力，培养出越来越多的各行各业的创业者。美国作为世界最发达的国家，其大学生的创业比率一直在 20% 以上。美国前总统里根曾说，一个国家最珍贵的精神遗产就是创新，这是国家强大与繁荣的根源。创新是中国发展的第一动力，大学生是未来创新队伍的最重要的生力军。

第三节 创新创业教育概览

21 世纪充满了创造、创新与创业，知识经济占有主导地位，国家经济的发展与社会的进步越来越依赖于科技创新的水平与创新创业人才的培养。随着国际经济和社会的发展，世界各国越来越重视大学生的创新创业教育。

SYB

一、创新创业教育的中国实践

联合国教育、科学及文化组织（简称联合国教科文组织）于 1989 年 11 月在北京召开"面向 21 世纪教育国际研讨会"，会上首次把创新创业教育称为"第三本教育护照"。要把创新创业教育提高到与学术性和职业性教育同等重要的地位。1998年10月，联合国教科文组织指出，"高等学校，必须将创业技能和创业精神作为高等教育的基本目标"，要使毕业生"不仅成为求职者，而且逐渐成为工作岗位的创造者"。我国1999年6月颁布的《中共中央国务院关于深化教育改革，全面推进素质教育的决定》明确提出"高等教育要重视培养大学生的创新、实践能力和创业精神，普遍提高大学生的人文素养和科学素质"。

2006年年初，胡锦涛同志代表党中央和国务院在全国科技大会上发布了要增强自主创新能力的决定，发出了"坚持走中国特色的自主创新道路，为建设创新型国家而奋斗"的伟大号召。中国共产党十七大报告明确提出了"提高自主创新能力，建设创新型国家"和"促进以创业带动就业"的发展战略。《教育部关于大力推进高等学校创新创业教育和大学生自主创业工作的意见》（教办〔2010〕3号）中明确提出，创新创业教育是一种新的教育理念与模式。《国家中长期教育改革和发展规划纲要（2010—2020年）》指出，高等教育要强化实践教学环节，推进创业教育。2011年下发的《国务院关于进一步做好普通高等学校毕业生就业工作的通知》（国发〔2011〕16号），明确要求要落实和完善创业扶持政策，加强创业教育、创业培训和创业服务，支持高校毕业生自主创业。教育部在"2012年全国高校毕业生就业工作视频会议"上，要求继续把创新创业教育和大学生自主创业作为2012年的工作重点，并力争实现新的突破。教育部于2012年颁布了"创业基础"教学大纲。要求各高校创造条件，面向全体学生单独开设"创业基础"必修课，以创业带动就业、促进高校毕业生充分就业。2012年，党的十八大提出：经济体制改革与经济发展要实施创新驱动发展战略；教育领域要全面实施素质教育，深化综合改革，培养学生的社会责任感、创新精神、实践能力；为实现高质量的就业，要求各级政府贯彻促进就业和鼓励创业的方针，做好高校毕业生为重点的青年就业工作，提升劳动者就业创业能力。2014年颁发的《国务院办公厅关于做好2014年全国普通高等学校毕业生就业创业工作的通知》（国办发〔2014〕22号）要求："各地要采取措施，确保符合条件的高校毕业都能得到创业指导、创业培训、工商登记、融资服务、税收优惠、场地扶持等各项服务和政策优惠。各高校要广泛开展创新创业教育，将创业教育课程纳入学分管理，有关部门要研发适合高校毕业生特点的创业培训课程，根据需求开展创业培训，提升高校毕业生创业意识和创业能力。"2015年5月4日，印发《国务院办公厅关于深化高等学校创新创业教育改革的实施意见》（国办发〔2015〕36号）。该意见分总体要求、主要任务和措施、加强组织领导三部分。主要任务和措施是：完善人才培养质量标准；创新人才培养机制；健全创新创业教育课程体系；改革教学方法和考核方式；强化创新创业实践；改革教学和学籍管理制度；加强教师创新创业教育教学能力建设；改进学生创业指导服务；完善创新创业资金支持和政策保障体系。2015年12月11日，教育部发出通知，要求各地各高校做好2016届毕业生就业创业工作。教育部提出，从2016年起所有高校都要设置创新创业教育课程，对全体学生开发开设创新创业教育必修课和选修课，将其纳入学分管理。

二、创新创业教育的国外借鉴

创新创业教育的发展，得到了发达国家政府的重视与鼓励。发达国家的创新创业教育体系主要是围绕一个企业的生命周期来构建，依照商业计划的确定、企业的建立、市场的开拓、企业的发展（包括融资、投资过程）来展开的。同时发达国家的创新创业教育非常注重培养大学生的企业家精神。创新创业教育已成为全球大国高等教育的一个重要课题和共识。一些经济发达的国家，诸如美国、英国、日本等都在创新创业教育的实践中取得了令人瞩目的成绩。

（一）美国的创新创业教育

美国的高校创业教育可以追溯到 20 世纪 40 年代。1947 年，哈佛商学院设立了一门创业课程，名为"新企业管理"，开创了大学开展创业教育的先河。1967 年，斯坦福大学和纽约大学针对财富创造和企业创建等问题开创了现代的 MBA 创业教育课程体系。1969～1970 年，硅谷地区创新和创业取得成功，促进了大学创业教育的需求，美国又有 12 所大学陆续开设了创业课程。90 年代，通过互联网人们在家里就可以非常方便地进行学习、娱乐，并且可以从事商务活动，创业的门槛降低了。这段时期，非常多的名校 MBA 毕业生舍弃了大企业、咨询公司和投资银行，调头选择创业企业或创建新企业。美国的创业教育逐步形成了一个完整的社会体系和教学研究体系。美国创新创业教育主要有如下特点。

1. 体系化、普及化的课程教育

1974 年美国仅有近百所大学开设创业学课程，然而在 1985 年时高达 210 所，1991 年达 351 所，1999 年则有 1100 所。美国高校经历了一个教学—研究—创业的线性发展过程，即从教学型院校发展到研究型大学再到创业型大学。美国大学的转型极大地促进了大学生的创业，同时也推动了高校创业教育的发展。与此同时，创业课程体系也相对完备：第一，创业教育课程应该由认识机遇、整合资源与创造操作型商业组织这三个部分组成；第二，创业教育课程应侧重于评估市场机会，使得资产保值同促进维持企业发展这三个观念形成；第三，创业教育课程应着重帮助受教育者形成创业所必须具有的品质；第四，面对创业教育对象的变化性，在创业教育制定时，要以学习的起点和课程作为目标体系。

2. 成功的大学创业计划竞赛

自从 1983 年在美国得克萨斯大学奥斯汀分校成功举办首届创业计划竞赛之后，美国境内就相继在麻省理工学院、斯坦福大学等数十所大学定期举办这一竞赛。在"创业计划"直接衍化出来的企业中，有些优质典范在短短几年内就已迅速发展壮大为年营业额高达几十亿美元的大公司。从某种意义上讲，高等院校的商业计划竞赛已然是知识经济时代条件下美国经济发展的直接驱动力量之一。只以麻省理工学院的"五万美金商业计划竞赛"举例，从 20 世纪 90 年代开始到现在，每年都会有五六家新企业从此项赛事中诞生，还有相当数量的企业计划及创业团队被一些高新技术公司以上百万美元的价格买走。当下，该校的老师和同学们创办的大企业就超过了 3000 家，并控制着大约 3300 亿美元的资产。仅该校的校友开办的 4000 家企业，年销售收入就已经达到 2300 亿美元。比尔·盖茨创办的微软公司就是其中最成功的例子，正是这样的创业企业才给美国硅谷的发展注入了勃勃生机。

3. 开放的实践性创业教育

美国高等院校的创业教育体系是开放的，同社会建立起了非常广泛的外部联系网络。各所大学的创业中心同各种孵化器、高科技产业园区、风险投资基金、创新创业教育培训机构、资质评定机构、中小型企业研发中心、创业者的校友联合会及创业者协会等组织紧密联系，共同构成一个高校、社区及企业健康、良性和互动式发展的创业教育循环生态系统。

大学除了开设创业教育的专门课程之外，通常还会接受成功企业家的资金资助，建立创业中心。这是连接学术理论结合商业界的桥梁，它通过举办创业计划竞赛，采取比赛的形式，选出具有潜力的创业者，并帮助他们争取到广告商及投资商的支持，同时为合适的创业项目减免相关税费，使学生的项目能直接在孵化器里孵化。企业乐于接纳学生到企业开展项目研究，学生的研究成果也为企业的发展提供了帮助。

美国社区学院是培养受教育者创业能力的主要部门。美国社区学院同劳动力市场紧密结合，担负着向更多人提供受教育机会、促进劳动力发展的重任。很多的社区学院还会提供涵盖公司创业信息的课程，有的社区学院还会直接开设小企业课程、创办公司计划的写作课程与创业学课程。美国的社区学院本身就担负着向更多人提供受教育机会、促进劳动力发展的重任。美国两年制社区大学和四年制大学实行"2+2"转学制度，大多数社区大学和四年制大学签有转学协议，从而确保社区大学的学分可以在四年制学位课程中得到承认。美国一些名校每年都会招收一部分社区大学转学的学生，对于很难直接被名校录取的学生来说，社区大学是升入名校的桥梁。这种开放的模式有效地利用、整合、开发了社会各类创业资源，使创业教育迈上了良性发展的快车道。

【案例 1.2】

雅虎从这里孵化

大学生是社会发展的生力军，其素质直接影响到一个国家的创新程度。当年，美国硅谷就是和斯坦福大学、学生创业公司及美国的风险投资公司一起成长的。如果没有在车库里的学生创业者，也就没有惠普公司等今天世界著名的高科技公司。

如今，许多国家都在高校大力举办各种形式的创业计划大赛，开展创业教育，注重发挥大学生的创造潜力，为社会的发展注入了强大的活力。

大学生创业热起源于美国的大学生创业计划大赛。1983 年，美国得克萨斯大学奥斯汀分校的两位 MBA 学生举办了第一届创业计划大赛，在社会各界产生了强烈的反响，之后这种创业形式风靡全球。至今美国已有包括麻省理工学院、斯坦福大学等世界一流大学在内的 20 多所大学每年举办这一竞赛。据统计，美国最优秀的 50 家高新技术公司有 46 家出自麻省理工学院的创业计划大赛，著名的雅虎公司就是在斯坦福大学校园创业的气氛中由创业计划直接孵化出来的。这足以看出创业计划大赛对美国企业界的重要影响。大学生的创业能够取得成功，是与其成熟的配套机制分不开的。

【导师点评】

美国是世界上创业投资最为发达的国家，它有资本市场成熟、风险投资资金充足、信息服务行业发达、各种咨询服务机构齐全等优势，这就为大学生的创业计划提供了良好的外部环境。因此，只要大学生拥有具有发展前景的项目，一般比较容易获得投资。麻省理工学院的"五万美金商业计划竞赛"已有 10 余年的历史，影响非常大。从 1990 年到现在，每年都有五六家新的企业诞生，并且有相当数量的企业计划被附近的高新技术企业以上百万美元的价格买走。创业计划竞赛大大推动了美国高科技产业的发展，甚至从某种意义上说，创业计划竞赛已成为美国经济发展的直接驱动力之一。

（二）英国的创新创业教育

英国大学生创业教育从 20 世纪 80 年代兴起以来获得了长足的发展，政府将大学生创新教育同创业教育视作优秀领域在政策上给予大力支持、引导及规范，为创新创业教育的繁荣提供了根本保证。政府明确提出，大学必须更有效地为经济社会发展服务，必须在重视基础科学研究与人文科学研究的同时，与工商业界建立明确的联系。在政府的引导下，英国的大学逐步转变以知识为本位的办学理念，开始把服务社会作为大学的重要职能，通过专利转让、创办科技园、合作研究项目等多种形式为社会经济与科技发展服务，创业教育与创业型人才的培养也随之受到了重视。英国创新创业教育主要有如下特点。

1. 政府组织创新创业教育实践活动

1987 年英国政府发起"高等教育创业"（enterprise in higher education，EHE）计划，这是大学生创业教育政策的开端。该计划目的在于培养大学生的创新创业能力，要求将与工作相关的学习纳入课堂之中，并鼓励学生对自己的学习负责。英国政府明确提出创业教育的根本目的在于在全社会形成激发创业、鼓励创新、奖励成功的文化。在课外的创新创业教育实践活动方面，英国政府、企业和大学采用了设立具有竞争性的创新创业项目奖学金或基金的方式，支持大学生的创新创业活动。1998 年政府启动大学生创业项目，一是开办公司，另一是开办创业课堂。1999 年，英国政府设立"科学创业挑战基金"，作为政府在高校内外培育创新创业文化政策的组成部分。该基金致力于为学生、教师和商业机构提供创新创业知识和技能，已经为 13 个创业中心提供了 2800 万英镑的资助。2000～2005 年，英国高等教育学会在英国教育与技能部的资助下开发了一个"创业技能矩阵"来帮助创业教学，在本科生中倡导企业家精神。

2. 政府支持新兴产业和中小企业

通过政府推出的相关计划来推动创新创业教育，同时支持新兴的产业及中小企业的发展，这就是英国的特点。早在 1981 年英国政府就推出了"企业创办计划"和"小工厂计划"以及"小工程公司"等一系列关于推动创业的措施。英国政府在不断地增加对中小企业的创业贷款，并充分地发挥银行的巨大作用，政府在设立专业的部门的同时与银行取得联系，以帮助那些中小企业筹措外部资金，同时支持民间的大企业多向小企业提供研究开发投资，采取减轻各种赋税的方式，鼓励各个企业采取灵活的雇佣政策等措施，以帮助各创业者积累资金，并提高创业成功率。当时以布莱尔为首相的工党政府决定，增加就业能力，鼓励公民通过劳动养活自己，继而消除对福利国家的依赖，并从 1998 年 4 月开始全面实施了"从福利到工作"的就业计划。

通过英国政府多年的推动，以及社会和高校的响应，在英国大学中，重视培养创业型人才可以说已经达成了共识，英国的创业教育已由正规的课程教育进入到系统化的专业与学位教育行列之中。与美国创业资金大部分来源于私人和企业捐助不同，英国的创业教育虽然也得到企业和校友的捐助及科研合同的收入，但是 80% 的资金来源于公共资源。

（三）日本的创新创业教育

以往的日本高等院校重研究、轻经营，研究成果基本上都由民间企业进行商品化开发。"在日本，最优秀的学生，其目标是到大企业就职。而在美国，则是要自己创办事业。"这句话非常形象地描画了日美两国学生在气质上的不同。据统计，美国开设有创业者教育课程的大学达 500 多所，而日本才不过 20 多所。此外，据调查显示，美国 20 多所具有代表性的理工科类大学中，约有 30% 的学生具有独立创业的志向，而日本的比例仅是 3%。

日本政府在 1982 年的时候提出了"创造力是通往 21 世纪的保证""要培养全球性的、进攻型的创造性人才"。鉴于同美国在创新创业教育方面存在的差距，1998 年日本通过国会投票颁布了《大学技术转移促进法》，倡导高等院校的创新创业教育。此后，从大学直到国家层次的各式各样的创业竞赛方兴未艾，而且通过将创业竞赛中积累的经验加以总结和提炼，最终融入高等院校所开设的创新创业教育"综合课程"之中，把创业竞赛及课程体系的建设很好地结合起来。日本的创新创业教育具有以下特点。

1. 创新创业教育模式和内容的系统性、广泛性

在日本，职业教育非常具有普遍性，创新创业教育一般遵从大众化的教育理念。其创新创业教育在高中的时候就已经开始实施了，创新创业教育已经渗透到了职业教育之中——可以使每一个学生都能够以服务社会为己任。当下，日本的创新创业教育基本分成三个层次：第一个是面向本科生的教育，第二个是与当地政府或者行业协会合作推出的创业培训，第三个是面向高中生的创业教育。按照创新创业教育的内容大致可以分为三大块：其一是校内的创新创业教育，其二是对高中创新创业教育的支援，其三是商业创意大赛。各所高等院校都非常重视大学生的创新创业教育，同时为了保证创新创业教育的顺利开展，几乎所有高等院校都专门成立了相应机构对创新创业教育进行管理。

2. 政府调整方针政策实施校办企业计划

近些年来，日本的经济持续低迷，政府及教育当局不断地调整方针政策，以鼓励高等院校创办一些研究开发型的企业，以此作为推动日本经济复苏的有效催化剂。日本的校办企业热起源于 2001 年 5 月提出的一项庞大的校办企业工程。该工程的目标是使日本的高等院校在 3 年内创立 1000 家以上的新技术研究开发型企业。日本为了这项计划的实行，其文部省放宽了对国立及公立大学的教职员工在企业兼职的限制，以鼓励教授及科研人员从事企业技术开发及经营管理工作。

3. 政府与民间的资金支持

日本的校办企业面临的最大难题就是资金不足及经营人才缺乏。不过，日本政府同民间资本一起已越来越重视对高校创办的研究开发型的风险企业提供扶植和支持，许多风险投资机构也都看好校企的联合研究力量及企业的发展前景，于是纷纷设立风险投资基金，以支持校办企业的创业。仅 2002 年前 9 个月，日本以高校研究开发型风险企业作为重要投资对象的风险投资基金就急剧地增加了 10 多家，新增的资金有 100 多亿日元，专门用于支持高校研究开发型风险企业的所有基金的总额已经超过了 200 亿日元。风险基金的主要投向是信息通信和生物工程技术及机器人技术相关的领域。在日本，有一些高校企业不但已经取得了良好的经济效益，而且培养出了一批专家和学者型管理人才。

第四节　深化高校创新创业教育改革

一、高校创新创业教育的问题与困境

学生创业避免
三大雷区

深化高等学校创新创业教育改革，是国家实施创新驱动发展战略、促进经济提质增效升级的迫切需要，是推进高等教育综合改革、促进高校毕业生更高质量创业就业的重要举措。党的十八大对创新创业人才培养作出重要部署，国务院对加强创新创业教育提出明确要求。近年来，高校创新创业教育不断加强，取得了积极进展，对提高高等教育质量、促进学生全面发展、推动毕业生创业就业、服务国家现代化建设发挥了重要作用。但也存在一些不容忽视的突出问题。具体表现在以下几个方面。

（一）教育理念与模式陈旧落后

目前，创业教育尚未获得独立的学科地位，虽然有部分高校设置创业学或创业教育学，但也仅是包含于技术经济学、企业管理学或公共管理学等二级学科之下。这种学科地位很难使高校的创业教育得到长足发展。另外，教育模式单一，依旧停留在传统的、静态的、封闭的被动型适应模式，忽视了学生的主观能动性；还是以传统的教师为主体、学生为客体的"填鸭式"教学模式，没有重视与学生的兴趣相结合。当前，一些高校开展创业教育并没有纳入学校的整体教学中，而只是通过课下第二课程活动的形式来对学生进行创业教育，缺乏专业性和健全的课程体系。

（二）缺乏专业性与学科联系性

创新创业教育课程零散、简单、基本上与学科专业教育脱节、分离，严重缺乏作为一门学科的系统性和严谨性。师资水平不高、队伍不专业，资金不足、教学设施等教学资源匮乏与落后。大部分高校尚未形成系统的创新创业教育体系，使创新创业教育与学科教育相分离，无法与教育教学体系结合，使创业教育脱离学科专业，使学生失去自身专业优势的有利依靠。

（三）学生创新能力较弱

高校的学生们大多都是在应试教育模式中成长的。由于现实的压力，在基础教育阶段，学生们的创新欲望长期受到抑制，创造性欠缺，创新潜能被无情地"阉割"，最终造成他们不想创新、不敢创新、不会创新、不能创新的局面。

（四）教学与实践环节缺失

实践教学是高校人才培养中的一个重要环节，但是因思想重视程度、实验设备、实习基地、实践单位管理、实践时间、实习经费等因素的制约，实践教学效果大打折扣，甚至有的高校为了节约教育成本，完全忽视实践教学的重要性，实践教学没有能真正贯彻下去，学生得不到真正的实践和锻炼机会。不可否认，在很多高校当中都设有与创业相关的一些课程，并且绝大多数对这些课程相当重视，很多学生在这些理论课程上也能学到一些创新创业的知识。但是由于缺乏实践的环境，很多知识一直停留在理论阶段。

二、深化高校创新创业教育改革的路径

（一）要引导大学生树立正确的创业观

数据显示，目前我国大学生创业的比例大约为 2%，落后于发达国家约 4%的平均水平。伴随中国经济步入"新常态"，产业升级换代，第三产业消费需求逐步成为主体，电商、网络经济等呈现蓬勃发展之势，这些都为拥有前沿知识的大学生创业创造了前所未有的时代机遇。但需要承认，当前我国大学生的创业环境还有待于进一步完善。教育部的一项报告显示，大学生创办的公司，5 年内仅有三成能够生存下去。对于大学生创业企业来说，一是缺乏知识和经验，二是缺乏资金，抗风险能力差，因此存活率低便成为必然。所以，创业虽然看起来很美，但未必适合所有人。高校和社会应积极做好对大学生创业的引导工作。

（二）创新创业教育的对象全覆盖

创业教育并不是单纯地教学生如何创办企业，它的核心是全面提高学生的创新创业素质，这些基本的素质和能力对于走上工作岗位的学生同样重要和适用。以这一思想为指导，要求我们在实践中扩大教育对象范围，探索面向全体学生的具体教育方式。彻底改变"精英教育"的运行模式，既不能只针对商学院的学生，也不能只针对想要创办企业或是参与创业计划竞赛的少数学生，而是面向全体学生。要做到这一点，当前最为关键的是要破除广泛开展创新创业教育的观念性障碍，对于"创办企业论""培养老板论"等窄化内涵、扭曲本质的错误观念进行价值澄清，探究"创业型大学建设"在体制机制和队伍建设等方面的具体做法，探索构建与"大众创业、万众创新"相匹配、面向全体学生广泛开展创业教育的"本土化"教育体系。

（三）健全创新创业教育课程体系

高校创业教育在于广泛地"种下创新创业的种子"，为高校毕业生设定"创业遗传代码"。这就客观要求创新创业教育不是面向工程、艺术、科技等少数专业的"精英教育"，而是普遍培养和提高所有专业大学生创新意识和创新能力的"广谱式"教育。以这一思想为指导，要求我们在实践中全面更新知识体系，确定"结合专业教育"的主要途径，创业教育必须与专业教育相结合，调整专业课程设置，挖掘和充实各类专业课程的创新创业教育资源，在传授专业知识过程中加强创新创业教育。面向全体学生开发开设研究方法、学科前沿、创业基础、就业创业指导等方面的必修课和选修课，并将其纳入学分管理，建设依次递进、有机衔接、科学合理的创新创业教育专门课程群。加快创新创业教育优质课程信息化建设，推出一批资源共享的慕课、视频公开课等在线开放课程。建立在线开放课程学习认证和学分认定制度。组织学科带头人、行业企业优秀人才，联合编写具有科学性、先进性、适用性的创新创业教育重点教材。

（四）改革创新创业教育方法

创新创业教育要想获得深层次的发展，必须走出"表层教育"的初级阶段，全面推动高校教育教学改革，形成根本性的创新创业教育体制机制，使大学培养出能够应对全球化和信息化时代要求的创新创业型人才。以这一思想为指导，要求我们在实践中彻底改革方法论体

系，丰富"融入人才培养全过程"的科学载体。创新创业教育不再是针对毕业生开展的教育，更不是学生就业之前的"临门一脚"，而是要在纵向上贯穿学生在校学习的全部过程，在横向上打通学校教育、家庭教育和社会教育的各个环节；不仅立足于高校自身，更立足于经济发展方式转变的现实需求；不仅基于创新创业教育本身，更要从"大创业教育观"出发，实现"课内课外相衔接、教育实践一体化"，着力促进全体学生创业素质的训练和提升。在此过程中要本着多样化原则，推动高校与政府和企业的沟通和联系，探索建立校校、校企、校地、校所及国际合作的协同育人新机制，建立健全知识资本化、创新商业化的科学路径，积极促进和努力形成大学在新经济中的中心地位，形成大学—企业—政府"三螺旋"关系，积极吸引社会资源和外国优质教育资源投入创新创业人才培养，全面推动高校创新创业教育的深入改革。

（五）加强教师创新创业教育教学能力建设

高校教师是创新创业教育的责任主体。要配齐配强创新创业教育与创业就业指导专职教师队伍，并建立定期考核、淘汰制度。聘请知名科学家、创业成功者、企业家、风险投资人等各行各业优秀人才，担任专业课、创新创业课授课或指导教师，并制定兼职教师管理规范，形成优秀创新创业导师人才库。要将提高高校教师创新创业教育的意识和能力作为岗前培训、课程轮训、骨干研修的重要内容，建立相关专业教师、创新创业教育专职教师到行业企业挂职锻炼制度。加快完善高校科技成果处置和收益分配机制，支持教师以对外转让、合作转化、作价入股、自主创业等形式将科技成果产业化，并鼓励其带领学生创新创业。

（六）营造创新创业教育的良好社会环境

近年来有不少地方出台了鼓励政策，如允许创业大学生享受税收减免、房租水电费补贴及小额担保贷款等优惠，这些都有助于帮助减轻大学生创业的负担。但光凭各级政府相对有限的投入，远远不能满足广大学生创业的需求，还需要政府、高校、科研院所、企业、行业团体乃至社会各界都积极参与进来。比如，企业和行业团体可以建立专门的大学生创业孵化中心，向创业者提供优惠乃至免费的场地、设备、开发平台等硬件设施，以及资金补贴、个别指导、融资协调等软服务。再如，银行、担保公司、小额贷款公司等金融机构应当积极研究如何向大学生创业提供资金扶持问题。

思考题：

1. 为什么说创新创业教育是一种新的教育理念？
2. 大学生创新创业教育的时代背景是什么？
3. 你对国外创新创业教育的发展历程及现状有哪些感悟？
4. 请你列数 10 位大学生创新创业的典范。
5. 你对学校开设创新创业课程有哪些建议和要求？

资料参阅及链接：

安江林. 2013-10-12. 创新创业——推动经济持续、健康发展的生命活力[N]. 企业家日报，第 11 版.
郭必裕. 2002. 我国大学生创业的特征及其分析[J]. 白城师范高等专科学校学报，（1）：48-50.
李洁瑶. 2011. 高校创新创业教育的路径探究[D]. 长春工业大学硕士学位论文.

李时椿，刘冠. 2007 关于创业与创新的内涵、比较与集成融合研究[J]. 经济管理,（16）：76-81.

刘静. 2016. 论大学生自主创业模式选择[J].现代经济信息,（1）：439.

石国亮. 2010. 大学生创新创业教育[M]. 北京：研究出版社.

魏小琳. 2011. 国外创业教育发展的特征及启示[J]. 教育发展研究,（9）：55-59.

张彩千，郑波. 2005. 大学生科技创新活动的特征、现状和实施管理探析[J]. 和田师范专科学校学报（汉文综合版）, 1：86-88.

张雅光. 2016. 深化高校创新创业教育改革的路径[J]. 中国国情国力,（3）：47-49.

赵峰. 2011. 关于构建高校创新创业课程体系的思考[J]. 南通职业大学学报,（12）：33-36.

赵越. 2015. 高校推进和深化创新创业教育改革新措施[J]. 经济研究导刊,（20）：274-276.

郑如霞. 2007. 国外创业教育发展状况和发展趋势研究[J]. 集美大学学报,（2）：63-66.

中华人民共和国教育部高等教育司. 2006. 创业教育在中国：试点与实践[M]. 北京：高等教育出版社.

周艳春. 2009. 关于创业与创新关系的研究综述[J]. 生产力研究,（22）：255-256.

邹海贵，常立农. 2002.大学生科技创新活动的内涵、特征及价值探析[J]. 南华大学学报（社会科学版）, 4：13-15.

第二章
培养创新创业能力

大学生是实施创新驱动发展战略和推进大众创业、万众创新的生力军，既要认真扎实学习、掌握更多知识，也要投身创新创业、提高实践能力。

——李克强

【本章导读】

创业是就业之母。要扩大就业岗位就要大力鼓励创业。大学生自主创业，一方面可减轻就业压力，另一方面可促进经济繁荣和保持经济活力。加强大学生创新创业能力培养是高校适应时代发展要求的必然选择。那么创新创业能力到底指什么呢？为什么要培养我国大学生的创新创业能力呢？如何培养大学生的创新创业能力呢？本章将对以上问题做出翔实的解答。

【学习要点】

1. 掌握创新创业能力的内涵及构成要素。
2. 把握创新创业能力的本质特征。
3. 了解目前我国大学生创新创业能力的培养现状。
4. 理解大学生创新创业能力培养的具体模式。
5. 把握提升创新创业能力的具体路径。

第一节　创新创业能力概述

一、创新创业能力的内涵

创新能力是个人运用知识和理论完成创新过程、产生创新成果的综合能力。创新能力的表现形式就是发明和发现，是人类创造性的外化。创新能力包含着创造性思维能力和创造性实践能力，主要具有四个方面的内容：创新意识、创新思维、创新技能、创新人格。

创业能力是指"神智正常的人在各种创新活动中，凭借个性品质的支持，利用已有的知识和经验，新颖独特地解决问题，产生出有价值的新设想、新方法、新方案和新成果的本领"。

成功创业的
七大领导力

联合国教育、科学及文化组织于 1989 年在曼谷会议上，正式提出具备创业素质的人才应具有的能力：创造力和创造精神、学习能力、技术能力、团队合作精神、解决问题能力、信息收集能力、敏锐的洞察力、研究和完成项目的能力、环境适应能力和献身精神等。

二、创新创业能力的构成要素

（一）创新思维能力

创新思维能力就是产生新的思想的能力。行成于思，行为的创新始于思维的创新，思维的创新是行为创新初始的关键一环。创新思维能力的内在要素主要有知识、非逻辑思维能力及逻辑思维能力。

1. 知识

要具有产生新思想的思维能力就必须具有一定的知识。要在某一领域产生新思想就必须具有相关领域的知识，要产生较高层次的新思想（如爱因斯坦的相对论）就必须具有较高层次的知识。知识是人类思维的原材料，知识是人类进步的阶梯。知识把人类的思想用语言、符号等形式固化起来，便于他人在已有的知识基础上继续向上攀登。没有或缺少知识为原材料的思维是贫乏的、空洞的。因此，我们反对中国古代禅宗的"不立文字"。人类文明的发展历史表明，没有以文字符号等来表示的知识的出现，就不可能有人类思维的巨大进步和质的飞跃，也就没有今天这样高度的物质文明和精神文明。一般说来，一个人的知识储备越丰富，可供调动的知识越多，运用起来就可能越灵活，产生新思想的可能性就越大，能力也就越强。古人把智慧等同于知识虽然是错误的，但也说明了知识对智慧的重要性。

2. 非逻辑思维能力

要具有产生新思想的思维能力还必须具有一定的非逻辑思维能力。如果没有非逻辑思维能力的参与，也就没有新思想的提出。非逻辑思维仿佛思维的雷达，没有它我们就不能捕捉到未知的对象。实际上，很多人也常常把有没有悟性看作是人的智慧的主要衡量标准。"许多人之所以不能超越自己，打不破自身已有的思维框架，原因在于悟力不足难以前进。悟性……往往来自非理性和非逻辑。"[①]尽管非逻辑思维所得出的初步假设和猜想中很多是错误的，但是这些初步假设和猜想并非是毫无价值的。因为通过非逻辑思维提出的新思想越多，新思想产生的机会就会越多。非逻辑思维对于新思想产生不仅是非常必要的，而且是非常重要的。以前，人们过多地强调了逻辑思维在人类思维中的地位和作用，而忽视了非逻辑思维的地位和作用。

3. 逻辑思维能力

要具有产生新思想的思维能力还必须具有一定的逻辑思维能力。如果没有逻辑思维能力，新思想提出后就不会得到论证，新思想的产生过程就不完整，这样的新思想就可能不正确、不科学，对人的言行就没有多少指导作用。因此，我们也反对种种形式的逻辑虚无主义。

---

① 陈志良. 荒野的沙沙声[M]. 北京：新华出版社，1999.

（二）非智力因素

非智力因素这个概念有广义和狭义之分。广义的非智力因素包括智力以外的心理因素、环境因素、生理因素及道德品质等。狭义的非智力因素则指那些不直接参与认识过程，但对认识过程起直接制约作用的心理因素，主要包括动机、兴趣、情感、意志、性格等。不过，我国学者大多认为非智力因素是指智慧因素以外的、影响智慧活动效果的一切心理因素，其主要包括动机、兴趣、情感、意志、性格五种，并且都要以基本智力为基础才能显现出来。情感、情绪与其他一些因素如意志、性格、兴趣、动机等直接或间接联系在一起。非智力因素不直接参与认识过程，也就是说，在认识过程中，非智力因素不直接承担对机体内、外信息的接收、加工、处理等任务。非智力因素对认识过程的直接制约表现在它对认识过程的动力作用和调节作用，对创新创业人才的成长具有动力、定向、引导、维持、调节、强化等多方面的功用。

（三）创新创业实践能力

实践能力就是对个体解决问题的进程及方式上直接起稳定的调节控制作用的个体生理和心理特征的总和。个体实践能力以其解决问题的层次和质量为衡量指标。广义的实践能力包含个体在实践中获得成功所需的智力因素和非智力因素。狭义的实践能力是指"动手能力"，是指个体在实践中获得成功所需的智力因素和非智力因素之外的、与实践有直接关系的因素，这些因素有很多，对于即将要走向社会实践的大学生来说，主要是要具有处理好个人与社会、个人与他人、理想与现实、理论与实际等关系的能力。

【案例 2.1】

俞敏洪的创业之路

回首新东方的创业之路，俞敏洪把它划分为四个阶段。

第一阶段，俞敏洪把它定义为个体户+夫妻店阶段。他至今忘不了在中关村刷电线杆广告的情景。1991 年，俞敏洪从北京大学辞职，自己出来办英语培训班。前两年的冬天，北京中关村第二小学的门房里只有一张桌子、一把椅子，俞敏洪自己拎着糨糊桶在零下十几摄氏度的天气里贴广告，往往刚把糨糊刷在电线杆上，广告还没贴上，糨糊就成冰了。后来，因为市政建设，来人要拆新东方外面的两根电线杆，俞敏洪急了，死活不让拆，最后花 7 万元保住了新东方门口这两根靠其"吃饭的家伙"。"有人说我对电线杆特别有感情，这话说得，跟小狗似的，哈哈！"谈起这段创业经历时俞敏洪多次这样自嘲，"后来自己觉得找到了人生奋斗的道路，干得还不错，我妻子就辞职来帮我，新东方就从个体户变成了夫妻店。"

1996～2000 年年底，新东方进入了第二阶段，也就是朋友合伙、团队创业阶段。经常把《曾子》中的"用师者王，用友者霸，用徒者亡"挂在嘴边的俞敏洪深知伙伴和团队的重要性。俞敏洪想起了海外的兄弟徐小平、王强和包凡一。他不远万里，前去邀请他们回来一起建设新东方。他们怀着创业的激情和对自由的憧憬来到新东方。靠着这种梁山聚义的草寇方式，借着当时英语学习热和出国热，新东方开始如野草般惊人的成长。

2001～2004 年年底，新东方迎来最痛苦的阶段，用俞敏洪自己的话说，就是打架阶段。这一阶段新东方要把合伙人变成股东，进行拆分改制，完成真正的股份改革。这其中最头疼的是利益问题，企业做大了，那么股份怎么分？新进入的市场怎么分？"创业之初的伙伴们在新东方日进斗金后，不再像以前一样安于自己的分成，逐渐产生了利益纠葛。由于以前没有一套机制来规定剩余利益的归属，大家开始了争执和吵闹。"王强、徐小平先后向俞敏洪递交辞职书，新东方三驾马车中的两驾要脱离组织。俞敏洪曾经的上铺兄弟包凡一也提出辞职，吵着要求退股。2004 年，另外两大支柱胡敏、江博也相继出走。曾经的"盟友"纷纷"造反"，新东方快到土崩瓦解的边缘，俞敏洪到了创业最艰难的时刻。但新东方最终没有崩盘。"我比较像刘备，常常用眼泪来赚取其他管理者的同情，我的柔弱个性在新东方内部起到了黏合作用，任何情况下我都不会走向极端。这是新东方没有崩盘的重要原因。"俞敏洪这样总结当时的危机。

从 2005 年年初开始，俞敏洪认为度过危机的新东方进入了第四个发展阶段——国际融资阶段，经过成功的机构改造，俞敏洪带领新生的新东方团队完成了凤凰涅槃。

【导师点评】

俞敏洪成功创业的因素有哪些，他自己曾经做过这样的分析：一是性格坚韧，不会随便放弃。正如他所说："我性格中有些坚忍不拔的成分，做事情非要把事情做得相对好。"二是有上进心。从小学到中学到大学，他都没有得过全班的前 20 名，但还是坚持在学，而且大学毕业了工作了，他还是边工作边学。由于有这样的上进心，潜移默化地最后就做成事业了。三是有耐心和宽容度，这一点在做新东方后体现得很充分。因为一帮人在一起总有各种各样的摩擦、各种各样的斗争，也会有各种各样的伤害。他能容得下的话，就不太容易把事情弄到极端，就很容易让大家重归于好。四是做事有原则。凡是违反了他认为不该违反的道德准则的，他是毫不留情的。

三、创新创业能力的特征

（一）拥有利于创新创业的人格特征

创新创业能力与人格有着密切的关系。比如，探索欲望表现在大学生身上，就是在解决问题初期，会不满足于现有研究对问题的解释，希望能够对问题有新的发现；在解决问题的过程中，会不满足于自己已经取得的成果，而是希望能够进一步深入研究，更好地解决问题、有更大的发现。与创新创业能力密切相关的还有意志力，意志力是指在人在活动中克服各种困难以实现目标的一种心理品质。创新创业活动是与克服困难相联系的，活动中既要克服外在的困难，如任务具有挑战性及解决问题条件不充分等，更要克服内在的思维定式、知识经验不足及经受打击的困难。因此，创新的人格需要具有克服困难的良好意志力。良好的意志力使学生在活动中能够坚忍不拔、不半途而废，而这对于创新创业活动至关重要。许多领域的创新活动经验证明，灵感只偏爱执着的人，只有在"山重水复疑无路"时继续坚持，才会有最终的发现。

（二）掌握创新创业所需要的基本知识和技能

知识、技能是创新的"原料"和基础，创新总是在继承前人知识、技能的基础上进行的。没有知识或知识贫乏的人，难以形成对事物的正确认识，创新也就无从谈起。只有对相关领域的知识、技能有了相当的认识，才有可能发现问题，确定需要创新之处；只有熟知既有的知识、技能，才会有可能对知识、技能进行深层次上的重新组合，从而创造性地解决问题。

（三）具备有利于创新创业的思维品质

思维是指人脑对客观事物的间接和概括的反映，是一种以感觉、知觉和表象为基础的高级认识过程。创新创业活动中的思维具有一定的特点，因此，大学生应逐步形成有利于创新的思维品质，如聚合思维、发散思维、整合思维、联想思维等。

第二节　创新创业能力为本

一、大学生创新创业能力的培养现状分析

常州大学鼓励学生
创新创业纪实

大学生创新创业能力的培养主要存在以下几个方面的问题。首先，就高校方面而言，没有系统的理论指导，开始创业教育比较晚，而且开设课程单一。大部分院校都是开设职业能力规划或就业指导课程，课程内容陈旧，缺少与时俱进的创新课程体系，主讲就业课程的师资比较薄弱，一般不是专业教师讲授，他们没有经过专门的培训。其次，就政府和社会方面而言，没有针对在校大学生的特点提出优惠政策，对创新创业资金的支持力度不够。最后，就大学生自身而言，受到传统教育的影响，缺少创业精神和冒险精神，追求稳定的工作环境，创业能力不足。这些方面成为提高大学生创新创业能力的瓶颈。

（一）高校创新创业教育的现存问题

1. 创业精神和能力培养缺失

创业精神和能力是最重要的创业品质，但是我国现行的应试教育尤其是教育过程的模式化与标准化，忽视学生发展的多样性、差异性、主动性和创造性，忽视创新创业能力的培养和社交能力和人际交往能力，阻碍了大学生的兴趣爱好和特长的发展。因此，在应试教育的培养下，学生能力单一、畏惧困难，很难拥有创新的能力。

2. 创新创业教育起步较晚且不成熟

首先，我国的创新创业教育与美国的创新创业教育相比，不仅起步比较晚，而且效果也没有美国的好。美国等创业教育发达的国家，在基础教育阶段就已经开始实施创新创业教育，我国只在大学期间开设，但是当前多数高校的创新创业教育从整体而言，还没有形成一种教育理念，也没有上升到学校的指导思想，一度沿用分数挂帅的教育方法，内容有限并缺乏系统性。在实践中，创业课程资源匮乏，只是通过零散的活动来组织；创业教育机构存在缺失。

其次，学校师资力量匮乏。创新创业教育的特殊性要求其授课教师应具有创业或投资的相关经历，熟悉企业的发展和运营，这种要求对目前的高校师资来说是很难达到的。目前，高校引入的教师多为学术性人才，有一定的学术能力但是缺乏创业能力，而专门培养教师的学校又缺乏创新创业教育。另外，高校缺乏创新创业管理方面的专业。这些客观情况导致了学校创新创业型师资人才奇缺，从而导致创业教育零碎而缺乏系统性。

再次，创新创业课程的缺失。当前高校并没有把创新创业课程列入教学计划，课堂是直

接传授知识的有效途径，而大部分的高校只是以专业的基础课程为主，封闭性的教育课程难以调动大学生的积极性和主动性，不能有效整合各类课程，这难以培养创新创业所需的综合素质人才，很难提高大学生的思维能力和组织能力。

最后，学校的创新创业文化氛围不浓。当前，我国高校的创业意识、冒险精神、团队合作精神的气氛不是很浓，在大学生管理的过程中，管理人员不敢鼓励大学生勇于创新、大胆冒险，这种学校的氛围对大学生创业意识和创业能力的培养是很不利的。

（二）外部创新创业环境和相关政策存在的问题

外部的创业环境主要包括政府和社会。从政府角度看，近几年我国政府对大学生创业给予了较多的关注，创业政策不断出台并且不断改善，为大学生创业解决了后顾之忧。但是，政府出台的很多政策并没有起到应有的引导和激励作用，政策执行效果不尽如人意。在政策的制定上，要针对目标群体的需求，制定相应的政策内容。而在现有创业扶持政策中，高校学生并非是唯一的目标群体。比如，行政事业性收费优惠政策的适用对象范围为失业人员、下岗协保人员、农村富余劳动力及高校毕业生。除了享受收费政策期限规定方面，高校毕业生与其他三类人员有细微的差距外，在免交的具体收费项目等方面，他们完全相同。这些政策的制定没有根据大学生群体的背景、经历进行设计，导致了创业政策没有从根本上提高在校大学生的创新创业能力。

【案例 2.2】

细节决定创业成败

穆波是个时尚前卫的女孩，正是因为对自己的独到眼光特别自信，所以在大学毕业后，学外语的穆波没有急着找工作，而是开了个时装店自己当起了老板。20平方米的临街铺面经过精心装修，花钱不多但是很前卫。前三个月辛辛苦苦小赔，半年之后生意开始火爆，第九个月房东收回店面开始自己经营。对于自己当老板的经历，穆波没有失败者的颓唐和消极。她说："如果我的房东不那么狠，也许我的小店会很红火。"

【导师点评】

穆波创业失败的原因有这么几个方面：第一个是自己找店铺的时候操之过急，没有认真考虑店铺的位置；第二个致命硬伤就是在租用店铺的时候，没有签订书面合同，以致在问题出现时，没有对自己有利的证据；第三就是在出现问题时，没有积极地想对策，而是用一种很消极的方式去解决，最后吃亏的还是自己。

二、加强大学生创新创业能力培养的重要性

（一）破解大学生就业难须增强学生创新创业能力

从根本上破解大学生就业难，就是要提高高校人才培养质量，增强学生就业特别是创新创业能力。着力培育和造就一大批以培养和提高学生创新创业能力和创业实践精神的创业型大学，是党和国家的基本要求，也是国民经济和社会发展的客观需要。党的十八大报告明确提出，要"实施扩大就业的发展战略，促进以创业带动就业"。扩大就业的核心和关键就是

要创业，要以创办实业来实现创新立业，要以创业教育来造就创业型大学，以塑造创业型大学来实现高等教育与社会经济的协同发展。

创业型大学的人才培养规格强调以市场为导向，突出培养学生创新创业精神和创业实践能力；人才培养质量管理强调以创业教育为核心，建立具有观念开放性、内容实践性、方法研究性、管理动态性、评价双向性等特征的开放式质量管理体系。观念开放性就是要从以强调学习质量为主的教育质量价值标准，向以增强社会适应能力为核心的教育质量价值标准转变；内容实践性就是引导学生，从理论知识的象牙塔走向生产实践的大熔炉，把握实践问题本质、掌握解决问题方法、领悟创业能力要求、抓住创业发展机遇、提高创业能力水平；方法研究性是指人才培养方法从单一性、程序化课堂教学方式向多样化、研究性的教学方法转变，即既研究培养对象个性，也研究学科发展前沿，在研究式教学中培养和提高学生学术精神和创新能力；管理动态性是指人才培养质量管理，要从僵化死板的学制管理向灵活多样的动态学籍管理转变，允许学生边学边干、在干中学，既可以学成后创业，也可以创业后完成学业；评价双向性是指人才培养质量评价主体坚持学校与社会相结合，评价内容强调学业成绩和适应能力相结合，评价标准注重学生满意和社会需要相结合，评价方法突出即时评价与持续改进相结合。

（二）强化创业能力和创新精神培养，实现以创业促就业

高等学校特别是教学型地方高校，要以区域经济发展的需求为纽带，主动地把学科建设与人才培养融入区域经济建设和社会发展之中，深度推进产学研合作，实现教育科技、经济文化发展与高校人才培养互动发展，推动政府、企业和高校联手打造创业型大学，实施创业教育，从根本上解决大学生就业问题。

在产学研合作中，高校要以主导产业、主导项目、主导学科互动为突破口，统筹考虑社会经济项目实施、科技开发、设备利用与高校人才培养需要，通过与地方政府、企业联合建立科技研发平台、产业化发展基地、现代化工程中心，实现人才、科技、智力大融合，为施行创业教育、建设创业型大学奠定基础；要建立和完善政校企利益链接和分配机制，研究互动发展大政方针，融通机制体制壁垒，集聚和整合资源，以科技竞争力支撑企业创新发展，以创业教育催生创业型高校。另外，高校在与企业开展联合攻关，解决重大关键性技术难题过程中，还可赢得地方政府与企业的大力支持，为实施创业教育、建设创业型大学夯实基础。

在人才培养过程中，强化创业能力和创新精神培养。以区域产业结构与高校学科结构、研究结构互动调整为导向，调整人才培养的学科专业结构和课程结构，调动教育系统对人才培养目标、教学内容和教学方法的积极性和主动性，划出一定比例的专业招生计划由高校与用人单位根据市场需求共同自主决定。关注针对区域性产业结构、经济发展模式、传统文化特质等的特殊性所带来的特别知识体系和由此产生的地方性特殊需要，形成学科专业的竞争优势与发展特色，为社会提供更多的和更不同的受教育机会，满足社会对高等教育的过度需求和多样化、差异化需求，从根本上实现以创业促就业。

第三节 大学生创新创业能力的培养机制

一、创新创业能力的培养模式

常州大学"五位一体"的跟进式人才培养新模式

（一）个性化案例教学

传统教学通常是以"教师讲，学生听；教师问，学生答"的"被动学习模式"为主，在高校扩招形成的"上大课"格局下，这种问题日益突出。教师不关注学生个体差异，一味灌输知识，如果再将自己置于"知识权威、话语霸权"的地位，势必在课堂上营造一种压抑、机械的疲劳氛围，学生的自主学习能力和创新潜能都将受到严重抑制。此外，教师讲课的深度、难度与进度一般以中等学生水平为参照，缺乏对个体差异的关注，使得两端学生的学习兴趣锐减，也扼杀了学生的自主学习精神和创新意识。要改变传统的不合理的教学方式，必须采用科学有效的教学手段以取而代之。

个性化案例教学就是一种很好的新思路，它将个性化教学理念融入案例教学实践中，在尊重学生个体差异、个性发展需要的基础上开展案例教学，通过师生对真实案例的分析、讨论，让学生理解与教学内容相关的概念和理论，从而培养学生独立思考、创新思维能力，增强学生分析与解决实际问题的创业能力。其兼有个性化教学"以人为本、尊重学生个性、促进自主学习"的特点，以及案例教学"重实践应用、促创新思维"的优点，能够有效培养大学生的创新创业能力。

个性化案例教学最大的优势就在于借助直观、生动、易懂的案例，帮助学生认识真实而复杂的工作环境，激发兴趣、启发思维。因为每个案例都有其独特的背景、条件和影响因素，学生通过分析案例，可以了解真实场景、学习成功经验或吸取失败教训，为自己今后的创业积累宝贵的经验。更重要的是，学生对于未知领域的探索精神将得到极大激发，通过"案例问题有多少解决方案""选择某一方案可能的结果是什么""如果改变某个影响因素可能会出现怎样的变化"等一系列问题的思考，加上老师的适时点拨、同学的观念启发，学生会自觉自愿地培养独立思考习惯和创新思维方式。

个性化案例教学为学生提高综合创业能力提供了间接实践机会和条件。由于精选案例都是现实工作环境中相对比较完整的事件，尤其综合案例更是如此，学生要想回答案例问题，往往要经历收集信息、分析信息、整理逻辑、提出方案（或评价方案）、撰写报告等一整套流程。这些本身就是对每一位学生综合实践能力的锻炼和培养。另外，个性化案例教学一般采取小组作业、集体讨论的方式。鼓励各个小组按成员优势进行分工，小组成员经过充分讨论、相互启发，不断完善团队方案，最终得到集体智慧的结晶。如果再借助于小组间讨论或辩论、教师点评的方式，学生的思路就会更加开阔，对案例形成更深刻的理解，集体意识、团队协作能力、组织能力、管理能力、沟通能力、自信心等创业必不可少的能力要素都将得到更充分的锻炼。

（二）以项目和社团为载体，培养大学生创新创业能力

创新意识和创业精神是形成和推动创业行为的内驱力，是产生创业行为的前提和基础。

创新意识和创业精神的培养是高校创业教育的重点。首先，要教育和引导大学生增强创新意识和创业精神，鼓励大学生凭借知识、智慧和胆识去开创能发挥个人所长的事业。其次，要增强大学生的紧迫感，使大学生认识到要适应新时代的要求，就必须强化自身的创新意识和创业精神。

通过宣扬大学生中涌现出的自主创业先进典型，大学生可以增强创新、创业的信心和勇气，以利于更多具备自创业条件的大学生脱颖而出。为此，要教育和引导大学生全面理解自主创业的深刻内涵，将第一课堂与第二课堂相结合来开展创业教育。鼓励学生创造性地投身于各种社会实践活动和社会公益活动中，通过开展创业教育讲座，以及各种竞赛、活动等方式，形成以专业为依托、以项目和社团为组织形式的"创业教育"实践群体来激发大学生的创新意识和创业精神。以社团为载体充分发挥大学生的主体作用，组织开展创业沙龙、创业技能技巧大赛等活动。发挥学生自我服务、自我教育的功能，培养学生创业能力。以"挑战杯"全国大学生课外学术科技作品竞赛为龙头，以科技协会为平台，层层推动课外科技学术活动和学生创业活动的广泛开展，让学生在兴趣特长与专业之间去寻找恰当的结合点，感受创业，以培养其创业意识。

二、创新创业能力的培养路径

大学生创新创业能力的培养是一项系统工程，仅仅依靠某一方的力量是难以完成的，需要多方的力量，协力合作，共同为大学生创新创业能力的全方位培养发挥各自的力量与作用。

（一）重视创新创业教育，转变教育理念

学校是培养大学生创新创业能力的关键参与者，可以说高校的教育是大学生创新创业能力提升的根基所在。教育的核心灵魂是教育理念，现有的教育理念与当前的形势并不能很好地匹配起来，对培养大学生创新创业能力的作用也很有限。高校应从当前国际国内形势的变化发展趋势及大学生的切实需要出发，不断转变教育理念，加强创新创业意识教育，将创新创业教育渗透到高校的教育教学改革中。

1. 明确创新创业教育的人才培养目标

高校的一个重要职能就是培养适应经济社会发展的高素质人才，因此，高校应明确人才培养的目标。高校一直偏重理论知识和学生的被动学习，偏重学术能力的培养，忽视创新创业能力的培养，轻视大学生开拓能力的培养，从而培养的结果是眼高手低、缺乏冒险精神、到社会上找不到明确定位的大学生。因此，高校应该根据人才需要，以人才——市场需求为导向，将人才培养目标除了定位在具有知识和技能的人才外，还定位在动手能力强、敢于承担风险、有创业精神和创业能力的面向基层的高级人才。

2. 重塑创新创业教育模式，树立新的人才教育观

创新创业教育理念决定了创新创业教育的发展方向，这是大学生创新创业教育的核心。而我国的创新创业教育的理念仍然是传统的应试教育的延续，以培养专业对口人才为目标，以灌输知识为手段，这种传统的教育理念越来越不适应社会人才发展的需要。因此，应该建立以能力培养为导向的创新创业教育模式，以提高大学生创新创业能力为目标，以实训教育为方法，从制造被动型人才向培养创业型人才转变，从应试教育向素质教育转变。

应试教育作为一种传统的教育模式很难适应社会发展的需要，而素质教育越来越受到重视，成为一种全新的教育理念，通过区别可以看出素质教育在提高能力方面的优越性。目前教育改革实践的步伐缓慢，应试教育没有减弱，仍然是以考试结果论优劣，还没有把素质教育提到教学的日程上。而大学生创新创业能力的培养和素质教育是密不可分的，能力的形成是一个渐进过程，只有从小重视素质教育，才能使其提高动手能力，才能为以后的创新创业能力奠定良好的基础。

3. 丰富创新创业教育的方法

传统的教育方法仍然是教师讲、学生听，满堂灌式的授课形式，完善创新创业教育应该改变这种教育方法。丰富创新创业教育方法，应把问题教育法和实战教育法相结合起来。问题教育方法以培养学生分析问题、解决问题的能力，以教与学互动为特征，能发散学生的思维，使学生在学习过程中思考问题，不断积累知识和经验，在学习过程中提高创业能力。实战教育方法就是开展创新创业能力培训，增强大学生创新创业能力的训练，提升学生创新创业的实战能力，通过企业实地考察等形式提高学生创新创业的能力。

（二）整合资源，构建创新创业教育实现机制

1. 加大课程改革的力度

传统的创业教学，在课程设置方面存在偏重知识的系统性和完整性，缺乏灵活性，而对学生进行全面素质教育时，应该注重培养整体性和创造性能力。大多数的高校对课程的设置都强调学科课程，采用选修课的形式，这种课程体制制约了大学生的创造性。调查发现，大学生要求学校开设创新创业教育课程，获得创新创业知识。高校从就业教育转向创业教育的过程中就应该更加具有弹性，具有灵活性，要满足宽口径、厚基础的要求。而现在的高校课程的设置都是由学校设置好并且都是老内容，学生学不到新鲜的理论知识。高校应该根据社会对人才发展的需要，设置具有弹性的课程，构建以创新创业意识、创新创业能力、创新创业精神为主要内容的大学生创新创业课程体系。合理安排专业课和创业课、必修课与选修课、理论课和实践课之间的关系，增加实用性的课程内容；拓宽教育口径，培养多学科知识结构的学生，提高学生的创业素质，为有特殊要求的学生提供一些实践性强的拓展训练，搞好实践基地的建设，强化学生动手和解决实际问题的能力，鼓励学生参加社会实践，提高创新创业能力。

2. 建设适应创新创业教育的师资力量

当前，高校只是注重引进研究型的教师骨干，却很少引进创新创业型的师资，而高素质的师资是大学生开展创新创业活动的基石。高校应培养专业的创新创业教育队伍，壮大创新创业指导教师，可以通过聘请有创业经验的企业家作为学校的外聘专家，给学生以指导，这是培养创新型人才的一个重要举措。

为了适应创业教育的需要可以鼓励教师和学生共同创业，一方面可以发挥教师的知识经验为创业的学生提供智力支持；另一方面也可以使教师通过创业活动获得创业知识，促进创新创业理论研究，或者学校可以将科研成果提供给有潜力的学生，直接提高大学生的创新创业能力。高校可以创造条件让青年教师加强进修、更新知识，增强其适应创业教育的综合能力，有了高素质的创业教师队伍，才能培养出更多适应社会发展需要的人才。

3. 加强创新创业教育的保障机制

创新创业教育的保障机制是一个系统完备的机制，需要高校提供完善的硬件设备、服务体系来作为保障，改变传统的教育模式，推动大学生创业教育的管理，提高在校大学生的创新创业能力。学校应该根据创新创业教育的需要加强硬件设施建设，如实验室、创业基地的设施建设，还可以利用校企合作，通过创业孵化园帮助毕业生带着较成熟的项目走向社会，把知识的拥有者变为创造价值并做出贡献的创业者，让学生体验创业实践活动，通过实践活动锻炼自己的动手能力。另外，学校应健全创业服务支持体系。学校的就业指导部门应通过多种渠道做好创业培训的宣传工作，保证政令畅通，信息畅通，让在校学生及时了解培训的信息，为创新创业早做准备，提高创新创业能力。

（三）充分发挥多方力量，优化创新创业环境

大学生创新创业能力的培养，仅靠学校的力量还远远不够，需要全社会多方的力量支撑。培养大学生创新创业能力本身也是一项系统的工程，要充分发挥政府、社会各界的力量，集中优化创新创业环境。

1. 完善落实创新创业的相关政策

近几年来，党和政府大力倡导全民创业、建设和谐社会，并制定了鼓励创新创业的许多优惠政策，各级地方政府也相应地出台了创业政策。在大学生创新创业能力培养过程中，一方面地方政府在创业政策服务上主要做三件事：一是为帮助大学生更好地了解创业政策，要把各级政府推出的一些诸如减免税收、创业援助、创业贷款、社会保障等方面政策，进行收集整理、汇编成册，免费发放给大学生；二是为帮助大学生更好地运用政策，通过举办创业形式分析会、报告会、创业政策讲解课等形式，帮助大学生理解创业政策、运用创业政策；三是积极帮助大学生争取创业政策，针对大学生创业政策的某些空白和缺位，教育行政部门要出台相关大学生创业政策，如实行弹性学分制、创业实践课计学分、在校大学生可以申请办理休学保留学籍去创业等。另一方面，地方政府要优化社会创业环境，制定和完善市场竞争规则，规范公务员工作行为，对扰乱市场发展的违法乱纪行为给予有力打击等。同时，通过各种渠道和方式，大力营造以创业为荣为主题的社会氛围和文化环境。

2. 建立多元化的融资渠道

为帮助大学生缓解筹资压力，顺利迈出创业的第一步，各级政府可以加强对创业基金的投入，可采取类似发达国家的政府、社会、银行三条渠道争取专项基金和贷款的做法，可设立一定规模的"大学生创业基金"，还可以在实践中采取三种筹资方式：一是由政府或企业、学校担保贴息贷款，就是对大学生创业所需资金不足部分由政府、企业或学校做贷款担保，银行提供减息让利，必要时组织提供贴息；二是信用担保贷款，就是将学校评选出的青春创业之星及向社会举荐优秀大学毕业生等，作为无形资产担保贷款；三是由政府组织设立科技创业园，还可以将政府高新开发区作为创业园区，为大学生创业提供实践平台和孵化器，并减免创业科技园场地租金、加盟费和保证金，降低大学生创业门槛；四是对大学生创业行为大力支持，降低大学生市场准入条件，减少公司注册资金，减免大学生在工商、税务等部门办证的相关费用。

3. 强化创业培训

与发达国家青年创业培训只需要在技术性环节提供帮助不同，地方政府和地方高校对大学生创业行动的培训要渗透到大学生创业的每一个重要环节。一是针对思想观念保守、创业意识不强的大学生，要通过举办创业论坛、创业大课堂、创业典型报告会和创业训练营等形式，引导大学生转变观念、增强创业意识；二是针对有创业意识但缺乏创业能力的大学生，要开展系统的创业素质和技能培训，并有针对性地组织他们到当地高新技术开发区和创业园区见习、实习和工作；三是针对在创业中缺少经验的大学生，要为其配备创业导师，进行"一对一"的创业辅导。

4. 完善服务体系

与发达国家已经拥有的比较完备的青年创业服务系统不同，政府要注重从基础环节入手，逐步强化和完善六项服务：一是提供创业信息，通过报纸、电视、网络等传媒，发布创业项目，提供创业信息咨询；二是建立创业项目经理负责制，组织若干名专职创业指导老师进行具体指导、跟踪服务；三是建立"大学生创业超市"，把大学生创业行动的项目、信息、政策、资金及服务等内容整合在一起，实行资源共享，供创业大学生选择；四是成立法律援助中心，为大学生创业提供法律咨询和维权服务；五是建立大学生就业创业联席会议制度，定期研究解决大学生创业过程中遇到的实际困难和问题；六是制定奖惩政策，激励各级企事业单位积极接纳大学生到本单位参观见习和实习，努力实现全社会资源共享，调动社会一切积极因素为大学生健康成长和创业能力的培养服务。

（四）提高自身素质，增强创新创业能力

大学生创新创业能力的培养是一个系统工程，不仅需要高校大力加强创新创业教育，需要地方政府大力营造社会和谐创业环境，还需要高校大学生自身的努力拼搏，也就是说，大学生要发挥自己的主观能动性。

1. 培养积极的创新创业心理

当代大学生创新创业的最大障碍并不是外在的条件，主要还是内因，即对自己缺乏信心，担心自己的能力不够。针对这个心理特点，一方面，高校要加强大学生创新创业人格心理的教育和训练，在课堂教学及课外社会实践中，培养大学生自信的心态；另一方面，大学生自己也要积极配合，排除心理障碍，转变心态观念，激发创业潜能。具有消极心态的人，总是对自己缺乏信心，用怀疑的眼光看待周围的事物，习惯从消极的被动的方面去思考问题，关于创业，总认为是高不可攀，不是自己能干得了的事情。消极心态抑制人的创业能力，一个总给自己找借口的人，干什么事都不能专心致志，更谈不上创业活动。其实，在现实生活中，创业并不难，你只要保持一种积极心态，细心观察、积极思考、勇于行动，就会有收获。

2. 培养自主学习能力

自主学习能力是指人们按照一定的社会和个人价值需求，主动地去吸收和掌握人的发展中所需要的经验、信息、知识、技术及各种技能。善于学习，学会学习，这就是一种学习能力。自主学习能力有几个重要特征：第一，自主性，指个体生命自觉、自愿地去学习，而不是被迫去学习；第二，能动性，指生命主体积极富有创造性地去学习，不是对知识、信息简

单地吸收，还要会消化，善于转化成生命所需要的物质和精神能量；第三，创造性，学习的最终目的是推陈出新、吐故纳新、融会贯通，是为了创新和创造，而不处于"死读书、读死书、读书死"的那种现状。

3. 积极参与创业实践活动

创业需要勇气和胆量，因为创业往往意味着突破旧的框架，冒犯权威，承担风险和责任，甚至要放弃已有的优越条件，离经叛道。勇气和胆量是成功者必不可少的素质，能促使人们形成强烈的事业心和责任心，并为自己的事业执着追求甚至不惜牺牲一切。大学生要想创业，最重要的是大胆行动起来，利用大学几年的时间和有利条件，做好未来创业的知识准备和能力储备。一方面要积极利用大学图书馆、阅览室、创业讲座、创业指导教师等有利资源学习和掌握有关创业知识理论；另一方面积极参加校内外创业实践活动，提升自己的创业能力。

思考题：

1. 为什么说以创新创业能力为本？
2. 大学生创业为什么失败率较高？
3. 创业领导力的实质是什么？
4. 情商对创业成败有何影响？
5. 为什么说创新思维能力事关创业成败？

资料参阅及链接：

樊晶，付明明.2011. 论对大学生创业领导力培养和提升的策略[J]. 怀化学院学报，（11）：97-99.

冯丽霞.2013. 创新与创业能力培养[M]. 北京：清华大学出版社.

高桂娟，苏洋.2013. 大学生创业能力的构成：概念与实证[J]. 高教发展与评估，（3）：27-35.

李存金.2013. 大学生创新能力[M]. 北京：经济科学出版社.

梁宏.2015. 如何在创业中运用创新思维[J]. 科技创业月刊，（3）：28.

罗三桂.2013. 大学生创业能力的培养现状及提升策略[J]. 中国高等教育，（12）：7-10.

唐根丽，王艳波.2011. 大学生创新创业能力培养路径研究[J]. 四川理工学院学报（社会科学版），（3）：76-79.

王柏玲.2012. 大学生创业能力培养需要创新思维[J]. 黑龙江高教研究，（2）：124-126.

吴梦迪.2015. 从多维度提升大学生创业能力[N]. 中国社会科学报.

徐金凤.2013. 大学生创业风险管理的分析[J]. 学园，（8）：34.

佚名.2013. 大学生创业成功需要具备的20种能力[J]. 中小企业管理与科技，（7）：77-79.

袁凤英，王秀红，董敏.2014. 创新创业能力训练[M]. 北京：中国书籍出版社.

张子睿.2008. 大学生创新与创业能力提升[M]. 北京：科学出版社.

郑彦云.2017. 大学生创新创业能力培养[M]. 广州：暨南大学出版社.

第二单元　创新创业要素

第三章
把握创新创业机会

古谚说得好，机会老人先给你送上它的头发，当你没有抓住再后悔时，却只能摸到它的秃头了。或者说它先给你一个可以抓的瓶颈，你不及时抓住，再得到的却是抓不住的瓶身了。

——培根

【本章导读】

在概述创新创业机会的含义的基础上，本章对创新创业机会进行了分类，介绍了创新创业机会的特征。进一步分析创新创业机会的来源、识别过程及影响因素，为创新创业者准确识别创新创业机会提供方法和路径。通过定性判断与定量分析相结合，从技术、市场和财务三个方面为创新创业者把握创新创业机会提供可行性研究方法。

【学习要点】

1. 理解创新创业机会的含义、类型和特征。
2. 掌握创新创业机会的来源、识别和开发。
3. 掌握创新创业机会分析与评价方法。

第一节　创新创业机会概述

创新创业机会的识别是创新创业领域的关键问题之一。真正的创新创业开始于商业机会的发现。创新创业机会无处不在，关键在于是否有发现机会的能力。

长尾理论

一、创新创业机会的含义

创新创业机会属于广义的商业机会范畴，但并不是一般意义上的商业机会，借助于价值创造流程中的目的-手段关系可以更好地理解创新创业机会的独特性。创新创业机会的独特性就在于能经由重新组合资源来创造一种新的目的-手段关系，而商业机会的范畴更为广泛，代表着所有优化现有目的-手段关系的潜力或可能性。商业机会蕴含于目的-手段关系的局部或全盘变化之中，而创新创业机会则表现为对目的-手段关系的全盘否定甚至是颠覆性变化，是一种独特的商业机会。奥地利经济学派认为，创新创业机会与商业机会的根本区别在于利润或价值创造潜力的差异，创新创业机会具有创造超额经济利润的潜力，而其他商业机会只可能改善现有利润水平。

创新创业机会的常见定义有如下几种。

（1）可以为购买者或使用者创造或增加有价值的产品或服务，具有吸引力、持久性和适时性。

（2）可以引入新产品、新服务、新原材料和新组织方式，并能以高于成本价出售。

（3）一种新的目的-手段关系，它能为经济活动引入新产品、新服务、新原材料、新市场或新组织方式。

（4）它主要是指具有较强吸引力的、较为持久的有利于创新创业的商业机会，创新创业者据此可以为客户提供有价值的产品或服务，同时使创新创业者自身获益。

综合上面所叙述的，我们可以得出较为全面的概念。

创新创业机会是一种可能的未来盈利机会，这一机会需要有实体企业或者实际的商业行动的支持，通过具体的经营措施来实施，以实现预期的盈利。

创新创业机会是未明确市场需求或未充分使用的资源或能力，它不同于有利可图的商业机会，其特点是发现甚至创造新的目的-手段关系来获得创业租金，对于"产品、服务、原材料或组织方式"有极大的革新和效率的提高。

大多数创新创业者都是把握了创新创业机会从而创业成功。例如，蒙牛公司的牛根生看到了乳业市场的商机，好利来公司的罗红看到了蛋糕市场的商机。在现实生活中，这样的例子不胜枚举。但是，仅有少数创业者能够把握创新创业机会从而创业成功。一旦创新创业成功，就可能改变人们的生活和休闲方式，甚至能创造出新的产业。随着人们对创新创业机会价值潜力的探索，逐渐衍生出一系列商业机会，从而滋生出更多的创新创业活动，如互联网创业。

【案例3.1】

蒋磊与他的"铁血军事网"

2001年，16岁的蒋磊初入清华园。电脑还没有在这个普通宿舍出现，他只能去机房捣鼓他的网页，他想把自己喜欢的军事小说整合到自己的网页上。他的"虚拟军事"的网页一经发布，就吸引了大量用户，第二天就达到了上百的浏览量。蒋磊很兴奋。他把"虚拟军事"更名为"铁血军事网"。

2004年4月，蒋磊和另一个创始人凑了十多万元，注册了铁血科技公司。其间蒋磊还被保送清华硕博连读学习了一阵。2006年1月1日，蒋磊最终顶住了家庭及学校的压力毅然决定辍学创业，以CEO的身份正式出现在铁血科技公司的办公室里。到底怎样才能实现盈利？这一问题困扰着年轻的蒋磊。蒋磊发现军事迷这一群体十分庞大，他们并不简单地满足于查看军事信息、阅读军事小说，他们还有更多的需求，如购买军品服饰等。于是蒋磊联系了国外知名品牌，购进一些服饰用于销售。从国外引入的经典军服很快销售一空，这成为军品电商的起点。随着网购的迅速发展，蒋磊销售的军事用品越来越受到军事迷的欢迎。经过12年的努力，目前蒋磊的公司拥有员工200余人，他创办的网站已成为能够提供社区、电子商务、在线阅读、游戏等产品的综合平台。由于不满足于代理国外军品品牌，2011年蒋磊决定开始做中国人自己的战术装备品牌，推出了龙牙战术装备，自创品牌，通过互联网发展起可持续的商业盈利模式。

【导师点评】

蒋磊因为自己的兴趣爱好而发现了创新创业机会。开始的时候，蒋磊并不知道怎么把兴趣转化成创新创业机会，更没想到未来"铁血军事网"会开始做电商。到后来社区越来越大，资金不足以维持网站发展的时候，才考虑商业化。接着，蒋磊选择了电商，将目光瞄向了军品行业。蒋磊依靠"铁血军事网"原始积累的精准用户群，成功由社区转为电商。最后，由于不满足代理国外品牌，蒋磊进一步推出自主品牌，从而将互联网与制造业结合起来。这个案例充分说明随着创新创业者对机会价值潜力的探索，会逐渐衍生出一系列商业机会，而每次商业机会的出现都需要创新创业者去探索与开发，这样就能够把握创新创业机会。

二、创新创业机会的类型

（一）根据创新程度划分

1. 创新型机会

技术的创新会为人们带来方便，如苹果公司、微软公司为人们带来的便利，其核心竞争力在于别人短时间内没有的技术。要在需求中寻找机会，根据需求创新技术。

2. 模仿型机会

通过模仿别人的技术、优化产品、降低成本形成竞争力，或者利用自己已有的用户群来盈利。比如，百度更适合中国人使用；腾讯则利用已有的庞大用户群对其的依赖来盈利。要在优化资源配置中寻找机会。

3. 识别型机会

通过已有技术和已知需求成为供给方。比如，百合网利用中国的庞大人口和现在找伴侣难的契机，结合科学心理分析，将生活背景、兴趣爱好、性格气质、学历知识水平、世界观价值观接近甚至相同的人搭配在一起，提高配对率。

4. 发现型机会

将新技术应用到不同领域，与其他行业融合，从而发现机会。例如，阿里巴巴公司将网络和商业买卖融合到一起，改变了我们的消费观念。

（二）根据来源划分

1. 问题型机会

这指的是由现实中存在的未被解决的问题所产生的一类机会。例如，世界上第一台随身听——索尼 TPS-L2 的上市，正是源于索尼公司为了解决 TC-D5 有些笨重的问题，从而设计出了更小、更便于随身携带的录放机。

2. 趋势型机会

这就是在变化中看到未来的发展方向，预测到将来的潜力和机会。例如，很多企业准确预测到移动互联网、人工智能、环保节能、健康健身、城市化、社会老龄化等趋势所带来的机会而创新创业成功。

3. 组合型机会

这是将现有的两项以上的技术、产品、服务等因素组合起来，以实现新的用途和价值而获得的创业机会。例如，麦当劳的"儿童乐园"牢牢抓住了低龄顾客，"卫生和方便"使很多临时顾客趋之若鹜，麦当劳其实不是卖产品，而是卖环境和体验，从最早"给孩子过生日"的诱惑式营销到今天的"我就喜欢""为快乐腾点空间"，包括"麦当劳不只是一家餐厅"或者"24 小时店"，是将多种产品和服务因素组合在一起。

由此，创新创业机会一般存在于三种情况：一是在现有的产品和服务市场上，去寻找尚未满足的顾客，启动开发一个新市场或者发现现有产品的新功能和新用途，引导人们使用它；二是创造开发，设计生产出具有新功能的产品，以满足人们变化的需求；三是由于社会分工的演进，专业化衍生出新的市场，创业者对该市场进行寻找、发掘、识别，以确定其是否可以成为自己的机会。

三、创新创业机会的特征

创新创业机会产生于一定的环境中，创新创业机会的出现往往是因为环境的变动，市场的不协调或混乱，信息的滞后，领先或缺口及各种各样的其他因素的影响。也就是说，在一个自由的企业系统中，当行业和市场中存在着变化的环境——混乱、混沌、矛盾、落后与领先、知识和信息的鸿沟及各种各样其他真空等，此时创新创业机会就产生了。

《21 世纪创业》的作者杰夫里·A. 蒂蒙斯教授提出，好的商业机会有以下四个特征：第一，它很能吸引顾客；第二，它能在你的商业环境中行得通；第三，它必须在机会之窗存在的期间被实施；第四，你必须有资源（人、财、物、信息、时间）和技能，这样才能创立业务。

（一）根据创新创业机会的性质划分

1. 普遍性

凡是有市场、有经营的地方，客观上就存在着创新创业机会。创新创业机会普遍存在于各种经营活动过程之中。创新创业机会无处不在，关键是我们是否具有识别和把握创新创业机会的能力。

2. 偶然性

对一个企业来说，创新创业机会的发现和捕捉带有很大的不确定性，任何创新创业机会的产生都有"意外"因素。美国富翁诺克到日本的富士山观光旅游，他发现当地的空气特别好，让他心旷神怡，忽然之间有一个念头出现在他的脑子里面，他要把这里的空气拿到市场上去卖。由于空气污染越来越引起人们的注意，"富士山空气罐头"在日本非常畅销，并进一步打开美洲和欧洲的市场。

3. 消逝性

创新创业机会存在于一定的时空范围之内，随着产生创业机会的客观条件的变化，创新创业机会就会相应地消逝和流失。创新创业机会具有及时性，只有在适当时机识别并抓住创新创业机会才会成功，否则，竞争对手或其他人抓住了创新创业机会，你将会痛失它。

（二）根据创新创业机会开发过程划分

1. 具备潜在的盈利能力

它有两层含义：一是盈利能力是创新创业机会存在的根本基础。二是创新创业机会的盈利能力是潜在的，并非一目了然。

2. 需要依托实体企业或者商业行为来实现

无法通过实体企业和商业行为来实现的不能称为创新创业机会。有的创新创业者认为，自己有很好的想法和点子，创新创业一定前途光明。有想法有点子固然重要，但是并不是每个大胆的想法和新异的点子都能转化为创新创业机会。许多创业者因为仅仅凭想法去创新创业而失败了。

3. 能够通过不断开发提升其潜在价值

创新创业机会并非一成不变，其潜在价值更依赖于创业者的开发活动。也就是说，创新创业机会并非被发现的，而是"创造"出来的。创新创业机会的潜在价值具备很强的不确定性，而且并非即刻就可实现。

通过以上不同的划分标准和划分结果，我们可以大致归纳出创新创业机会的特点：①创新创业者识别机会是个主观的过程，但机会本身是客观存在的，而不是主观臆断的。②创新创业机会来源于变化，包括市场、政策、文化、信息等的变化。③创新创业机会可以为创新创业者提供潜在的利润。④创新创业机会的识别和开发与创新创业者自身特质有一定的关系。⑤创新创业机会的开发受到外部环境、社会网络的影响。

第二节　创新创业机会发现

有些创新创业者受到外部激励而决定创业，接着搜索并识别机会，然后创建新企业。而另一些创新创业者却受到内部激励作用，先识别出现实问题或未满足的需求，从而通过创业来填补它。不管创新创业者以哪种方式创建新企业，机会都很难识别。识别机会一半是艺术，一半是科学。

一、创新创业机会的来源

（一）创新创业机会的主要来源

创新创业机会无处不在、无时不在，而机会主要来自五个方面。

1. 创新创业的根本目的是满足顾客需求

顾客需求在没有满足前就是问题。寻找创新创业机会的一个重要途径是善于去发现、体会自己和他人在需求方面的问题或生活中的难处。比如，上海有一位大学毕业生发现远在郊区的本校师生往返市区交通十分不便，创办了一家客运公司来服务他们，这就是把问题转化为创新创业机会的成功案例。

2. 创新创业的机会大都产生于不断变化的市场环境

环境变化了，市场需求、市场结构必然发生变化。著名管理大师彼得·德鲁克将创新创业者定义为那些能"寻找变化，并积极反应，把它当作机会充分利用起来的人"。这种变化主要来自产业结构的变动、消费结构升级、城市化加速、人口思想观念的变化、政府政策的变化、人口结构的变化、居民收入水平提高和全球化趋势等诸方面。比如，居民收入水平提高，私人轿车的拥有量将不断增加，这就会派生出汽车销售、修理、配件、清洁、装潢、二手车交易、陪驾等诸多创新创业机会。

3. 创造发明带来了新的创业机会

创造发明提供了新产品、新服务，更好地满足了顾客需求，同时也带来了创新创业机会。比如，随着电脑的诞生，电脑维修、软件开发、电脑操作的培训、图文制作、信息服务、网上开店等创新创业机会随之而来，即使不发明新的东西，也能成为销售和推广新产品的人，从而给人带来商机。

4. 比竞争对手做得更好产生创业机会

如果能弥补竞争对手的缺陷和不足，这也将成为自己的创新创业机会。看看你周围的公司，你能比他们更快、更可靠、更便宜地提供产品或服务吗？你能做得更好吗？若能，你也许就找到了机会。

5. 新知识、新技术的产生带来创业机会

例如，随着健康知识的普及和技术的进步，围绕"水"就带来了许多创新创业机会，上海就有不少创新创业者加盟"都市清泉"而走上了创新创业之路。

【案例 3.2】

美国"牛仔大王"李维斯的故事

大家都知道牛仔裤的发明人是美国的李维斯。当初他跟着一大批人去西部淘金，途中一条大河拦住了去路，许多人感到愤怒，但李维斯却说："棒极了！"他设法租了一条船给想过河的人摆渡，结果赚了不少钱。不久摆渡的生意被人抢走了，李维斯又说："棒极了！"因为采矿出汗很多，饮用水很紧张，于是别人采矿他卖水，又赚了不少钱。终于有一天，一个卖水的壮汉趁他不注意，把他的水车砸烂，并威胁他以后不许再卖水。李维斯不得不再次无奈地接受了现实，他迅速地调整自己的心态，强行让自己振作起来，不断对自己说"太棒了，这样的事情竟然发生在我身上，又给了我一次成长的机会，凡事的发展必有其因果，必有助于我"。他开始调整自己注意的焦点。他发现来西部淘金的人，衣服极易磨破，同时又发现西部到处有废弃的帐篷，于是又有了一个绝妙的主意——把那些废弃的帐篷收集起来，洗干净。就这样，他缝成了世界上第一条牛仔裤！如今，李维斯作为时装和牛仔裤的领导品牌，百年来不断追求创新，1960年推出水洗系列牛仔裤，1967年出现喇叭口裤型，1986年开始生产预先穿洞的破烂牛仔裤、将牛仔裤裤管翻过来的"翻边"，2003年推出性感新潮剪裁独特、款式至酷的 TYPE1 TM 系列。

【导师点评】

李维斯将问题当作机会，最终实现了致富梦想，得益于他有一种独特思考问题的方式和乐观、开朗的积极心态。这个案例说明，创新创业机会无处不在，只有那些具有与众不同思维的人，才能够另辟蹊径，发现创新创业机会。创新创业成功者往往是有独到见解的人，他们总是从不同的角度看问题，从而能不断产生创意、发现新的需求。不仅要看到市场需求什么，还要注意事物间的联系。另外，创业者要有乐观的心态和不服输的精神。如果我们只知道说"太棒了"那句话，那就成了不折不扣的阿Q；如果我们把那句话作为我们走出困境的警句，转变面对失败的心态，积极思考下一步行动，成功的就有可能是你，我，他！

（二）发掘创新创业机会的方式

发掘创新创业机会的做法，大致可归纳为七种方式。

1. 经由分析特殊事件，来发掘创新创业机会

例如，美国一家高炉炼钢厂因为资金不足，不得不购置一座"迷你"型钢炉，而后竟然出现后者的获利率要高于前者的意外结果。再经分析，才发现美国钢品市场结构已发生变化，因此，这家钢厂就将以后的投资重点放在能快速反映市场需求的"迷你"炼钢技术上。

2. 经由分析矛盾现象，发掘创新创业机会

例如，金融机构提供的服务与产品大多只针对专业投资大户，但占有市场七成资金的一般投资大众却未受到应有的重视。这样的矛盾显示，提供一般大众投资服务的产品市场必将极具潜力。

3. 经由分析作业程序，发掘创新创业机会

例如，在全球生产与运筹体系流程中，我们就可以发掘极多的信息服务与软件开发的创新创业机会。

4. 经由分析产业与市场结构变迁的趋势，发掘创新创业机会

例如，在国有事业民营化与公共部门产业开放市场自由竞争的趋势中，我们可以在交通、电信、能源产业中发掘极多的创新创业机会。在政府刚推出的知识经济方案中，我们也可以寻得许多新的创新创业机会。

5. 经由分析人口统计资料的变化趋势，发掘创新创业机会

例如，单亲家庭快速增加、妇女就业的风潮、老年化社会的现象、教育程度的变化、青少年国际观的扩展……必然提供许多新的市场机会。

6. 经由价值观与认知的变化，发掘创新创业机会

例如，人们对于饮食需求认知的改变，造就美食市场、健康食品市场等新兴行业。

7. 经由新知识的产生，发掘创新创业机会

例如，当人类基因图像获得完全解决，我们可以预期，在生物科技与医疗服务等领域，必然有极多的新事业机会。

虽然大量的创新创业机会可以经由有系统的研究来发掘，不过，最好的点子还是来自创新创业者长期观察与生活体验。创新创业就好像十月怀胎，创新创业构想在创新创业者心中不断地思索酝酿、反复钻研，一直到创新创业者感觉时间到了才孕育而出。

总之，创新创业是建立在机会基础上的。在企业创建时期，真正的商业机会比团队的智慧、才能或可获得的资源更为重要。随着创新创业研究的逐渐深入，在近年来的创新创业研究中，越来越多的研究人员开始认识到创新创业机会是创新创业的核心要素，创新创业过程是围绕着创新创业机会的识别、开发、利用的一系列过程。因此，以创新创业机会为线索研究创新创业过程，更能把握创新创业过程的基本特征。

二、创新创业机会的识别

二八定律

（一）创新创业机会识别的过程

创新创业过程开始于创新创业者对创新创业机会的把握。大学生创新创业者从成千上万繁杂的创意中选择了他心目中的创新创业机会，随之持续开发这一机会，使之成为真正的企业，直至最终收获成功。这一过程中，机会的潜在预期价值及创新创业者的自身能力得到反复的权衡，创新创业者对创新创业机会的战略定位也越来越明确，这一过程被称为机会的识别过程，一些研究也称之为机会开发过程或者机会规划过程。一些学者认为，机会的识别和开发是创新创业的基础，应该作为这个领域研究的焦点。一部分学者认为，创新创业过程的核心部分是机会的创造及识别。机会识别是创新创业者机敏发现的结果，这是因为获得创新创业利润的机会是存在的，但是只有在认识到机会的存在并且机会具有价值时，创新创业者才可能获得利润。因此，对机会的发现和开发的解释是创新创业的一个关键内容，识别和选择正确的机会是创新创业者成功开展新业务的重要能力之一。

在关于创新创业的大部分文献中，机会识别包括三个截然不同的过程：①感觉或感知到市场需求和尚未利用的资源。②认识到或发现在特殊的市场需求和特别的资源之间"相匹配的东西"。③这种"相匹配的东西"以新业务的形式展现出来。这些过程分别代表了感知、发现和创造，而不仅仅是识别。

我们认为，机会识别过程应当是一种广义的识别过程，因为它事实上囊括了大部分研究中提到的机会发现、机会鉴别、机会评价等创新创业活动。我们将这一过程分为以下三个阶段。

第一阶段，机会的搜寻。这一阶段创新创业者对整个经济系统中可能的创意展开搜索，

如果创新创业者意识到某一创意可能是潜在的商业机会，具有潜在的发展价值，就将进入机会识别的阶段。

第二阶段，机会的识别。相对整体意义上的机会识别过程，这里的机会识别应当是狭义上的识别，即从创意中筛选合适的机会。这一过程包括两个步骤：第一步是通过对整体的市场环境，以及一般的行业分析来判断该机会是否在广泛意义上属于有利的商业机会；第二步是考察对于特定的创新创业者和投资者来说，这一机会是否有价值，也就是个性化的机会识别阶段。

第三阶段，机会的评价。实际上这里的机会评价已经带有部分尽职调查的含义，相对比较正式，考察的内容主要是各项财务指标、创新创业团队的构成等。通过机会的评价，创新创业者决定是否正式组建企业、吸引投资。

事实上，机会识别和机会评价是共同存在的，创新创业者在对创新创业机会识别时也有意无意地进行评价活动。在他们的分析框架中，机会识别和机会评价并非是完全割裂的两个概念。创新创业者在机会开发中的每一步，都需要进行评估，也就是说，机会评价伴随在整个机会识别的过程中。在机会识别的初始阶段，创新创业者可以非正式地调查市场的需求、所需的资源，直到断定这个机会值得考虑或是进一步深入开发。在机会开发的后期，这种评价变得较为规范，并且主要集中于考察这些资源的特定组合是否能够创造出足够的商业价值。

（二）创新创业机会识别的主要影响因素

1. 创新创业者的能力

创新创业者的能力对于机会识别的影响主要表现为两点：①创新创业者识别机会的能力主要指创新创业者的警觉性。创新创业者扮演的一个特有的角色就是，通过对经济的不均衡警觉来发现和探索新机会，而这个机会是不为他人所知的。②创新创业者创造机会的能力。这种观点认为，机会可以是事先不存在的，是可以通过创新创业者的创造力、创新能力来造就的。同时，许多学者认为，创新创业者的知识水平对于机会的识别和创造也具有重要的影响。当创新创业者对于某一行业拥有的知识和信息越多，发现和创造机会的可能就越大。

2. 创新创业者的社会网络

创新创业者的社会网络是指在创新创业过程中，与创新创业者存在直接或间接联系的其他主体之间所形成的关系网络。一般来说，创新创业者的社会网络是由创新创业者本身、顾客、供应商、制造商、分销商、政府和中介机构等构成的。在这个关系网络中，信息和资源得到了更好的传递和交换，因此，创新创业者能够更有效地识别出可能的商业机会。

3. 人口需求的变化

区域人口需求对新企业形成的影响主要表现为两个方面：一是当人口需求增加时会促使大量新企业的形成。需求存在是企业存在的前提条件之一，是促使创新创业者创新创业的主要拉动力。而需求受区域内人口密度的影响，即人口密度大的地区，人口需求越大，创新创业机会就越多。二是人口需求的转变、消费者需求特点和偏好的改变会导致利基市场的出现，这为潜在创新创业者提供了创建企业的机会，也就填补了新的利基市场空白。另外，当人均可支配收入增加时，对于产品和服务的需求就会增加，进而促进新企业的形成，人均可支配收入对新企业形成的影响又通过人口需求反映出来。

4. 行业波动性

当行业发展受市场变化影响较大时，该行业就会发生波动，这种波动导致现有市场均衡状态的偏离、市场断层产生、新的利润机会出现，进而促进更多的新企业来满足这种差异化的需求。同时，这种行业的波动是不能事先预测和确定的，而且行业波动的不确定性越大，产生的市场机会就越多。因此，波动性较强且频率较大的行业更有利于新企业的形成。

5. 地方文化氛围

一个地区的创新创业文化氛围影响新企业的形成。创新创业文化氛围由两个相互联系的方面组成，一是地方人口的创新创业导向；二是政府、金融等机构对创新创业的态度，即创新创业文化氛围较好时，由于政府和金融机构的支持，新创企业发展的机会也会较多。人们的生活模式是由文化所决定的，当人们的生活模式追求自我雇佣和自我独立时，创新创业者更会积极地寻求创新创业机会。

三、创新创业机会的开发

（一）创新创业机会的发现

投资创新创业要善于抓住好的机会，把握住了每个稍纵即逝的投资创新创业机会，就等于成功了一半。发现创新创业的机会的方法，具体表现在以下几个方面。

1. 变化就是机会

环境的变化会给各行各业带来良机，人们透过这些变化就会发现新的前景。这些变化包括产业结构的变化，科技进步，通信革新，政府放松管制，经济信息化、服务化，价值观与生活形态变化，人口结构变化。

2. 从"低科技"中把握机会

随着科技的发展，开发高科技领域是时下的热门课题。但公司机会并不只属于高科技领域，在运输、金融、保健、饮食、流通这些低科技领域也有机会，关键在于开发。

3. 集中盯住某些顾客的需要就会有机会

机会不能从全部顾客身上去找，因为共同需要容易认识，基本上已很难再找到突破口。而实际上每个人的需求都是有差异的，如果我们时常关注某些人的日常生活和工作，就会从中发现某些机会。因此，在寻找机会时，我们应习惯于把顾客分类，认真研究各类人员的需求特点，机会自现。

4. 追求"负面"就会找到机会

追求"负面"，就是着眼于那些大家"苦恼的事"和"困扰的事"。因为其是苦恼，是困扰，人们总是迫切希望将其解决，如果你能提供解决的办法，实际上就是找到了机会。

（二）创新创业机会的把握

大学生创新创业者不仅要善于发现机会，更要正确把握并果敢行动，将机会变成现实的结果，这样才有可能在最恰当的时候出击，获得成功。把握创新创业机会，应好好注意以下几点。

1. 着眼于问题，把握机会

机会并不意味着无须代价就能获得，许多成功的企业都是从解决问题起步的。问题，就是现实与理想的差距。顾客需求在没有被满足之前就是问题，而设法满足这一需求，就是抓住了市场机会。

2. 利用变化，把握机会

变化中常常蕴藏着无限商机，许多创新创业机会产生于不断变化的市场环境。环境变化将带来产业结构的调整、消费结构的升级、思想观念的转变、政府政策的变化、居民收入水平的提高。人们通过这些变化，就会发现新的机会。

3. 跟踪技术创新，把握机会

世界产业发展的历史告诉我们，几乎每一个新兴产业的形成和发展，都是技术创新的结果。产业的变更或产品的替代，既满足了顾客需求，也带来了前所未有的创新创业机会。

4. 在市场夹缝中，把握机会

创新创业机会存在于为顾客创造价值的产品或服务中，而顾客的需求是有差异的。创新创业者要善于找出顾客的特殊需要，盯住顾客的个性需要并认真研究其需求特征，这样就可能发现和把握商机。

5. 捕捉政策变化，把握机会

中国市场受政策影响很大，新政策出台往往引发新商机，如果创新创业者善于研究和利用政策，就能抓住商机、站在潮头。

6. 弥补对手缺陷，把握机会

很多创新创业机会是缘于竞争对手的失误而"意外"获得的，如果能及时抓住竞争对手策略中的漏洞而大做文章，或者能比竞争对手更快、更可靠、更便宜地提供产品或服务，也许就找到了机会。

四、培养自己发现创新创业机会的能力

（一）识别创新创业机会的规律

获取别人难以接触到的有价值信息与具备优越的信息处理能力，共同构成创新创业者发现创业机会的前提条件。创新创业者在社会网络中处于更佳的位置，具有合理的知识结构、乐观的心态和敏锐的洞察力，更有助于创新创业者的成功。

首先，要培养市场调研的习惯。发现创新创业机会的关键点是深入市场进行调研，要了解市场供求状况、变化趋势，考察顾客需求是否得到满足，注意观察竞争对手的长处与不足等。

其次，要多看、多听、多想。见多就会识广，识多就公路广。每个人的知识、经验、思维及对市场的了解不可能做到面面俱到，多看、多听、多想能广泛获取信息，及时从他人的知识、经验、想法中汲取有益的东西，从而增强发现创新创业机会的可能性和概率。

最后，要有独特的思维。创新创业机会往往是被少数人抓住的。要克服从众心理和传统

的习惯思维模式，敢于相信自己，有独立见解，不人云亦云，不为他人的评头论足、闲言碎语所左右，这样才能发现和抓住被他人忽视或遗忘的机会。

（二）识别创新创业机会的常见方法

1. 新眼光调查

注重二级调查：阅读介绍某人的发现的书籍、分析互联网搜索到的数据、浏览包含所需要信息的报纸文章等，这些都是二级调查的形式。

开展初级调查：通过与顾客、供应商、销售商交谈和采访，直接与这个世界互动，了解正在发生什么及将要发生什么。

记录你的想法：瑞士最大的音像书籍公司的创始人说，他就有一本这样的笔记本，当记录到第200个想法时，他坐下来，回顾所有的想法，然后开办了自己的公司。

2. 通过系统分析发现创新创业机会

实际上，绝大多数的创新创业机会都可以通过系统分析得到发现。人们可以从企业的宏观环境（政治、法律、技术、人口等）和微观环境（顾客、竞争对手、供应商等）的变化中发现机会。借助市场调研，从环境变化中发现创新创业机会，这是机会发现的一般规律。

3. 通过问题分析和顾客建议发现创新创业机会

从问题分析一开始就要找出个人或组织的需求和他们面临的问题，这些需求和问题可能很明确，也可能很含蓄。一个有效并有回报的解决方法，对创新创业者来说，是识别机会的基础。这个分析需要全面了解顾客的需求，以及可能用来满足这些需求的手段。我们应从顾客那里征求想法。一个新的创新创业机会可能会由顾客识别出来，因为他们知道自己究竟需要什么。顾客建议多种多样，最简单的，他们会提出一些诸如"如果那样的话不是会很棒吗"这样的非正式建议，留意这些将有助于你发现创新创业机会。

4. 通过创造获得创新创业机会

这种方法在新技术行业中最为常见。它可能始于明确拟满足的市场需求，从而积极探索相应的新技术和新知识；也可能始于一项新技术发明，进而积极探索新技术的商业价值。通过创造获得创新机会比其他任何方式的难度都大，风险也更高。同时，如果能够成功，其回报也更大。这种情况下所产生的创新在人类所具有重大影响的创新中，居于压倒性的主导地位。索尼公司开发随身听（walkman）就是一个很好的例子。索尼公司觉察到，人们希望随身携带一种听音乐的设备，就利用公司微缩技术的核心能力从事项目研究，最终开发出划时代的产品——随身听。索尼公司通过创造获得创新机会，从而取得了巨大的成功。

第三节 创新创业机会可行性分析

在现实经济生活中，适于创新创业的机会并不是很多。创新创业者需要借助"机会选择漏斗"，经过一层又一层筛选，在众多机会中筛选出真正适于自己的创新创业机会。首先，要筛选出较好的创新创业机会。一般而言，较好的创新创业机会有五个特点：一是在前景市场中，前五年的市场需求会稳步快速增长；二是创新创业者能够获得利用该机会所需的关键资源；三是创新创业者不会被锁定在"刚性的创新创业路径"上，而是可以中途调整创新创业的"技术路径"；四是创新创业者有可能创造新的市场需求；五是特定机会的商业风险是明朗的，且至少有部分创新创业者能够承受相应风险。其次，就是要筛选出利己的创业机会。面对较好的创新创业机会，特定的创新创业者需要回答四个问题：一是能否获得自己缺少但他人控制的资源；二是遇到竞争时，自己是否有能力与之抗衡；三是是否存在自己可能创造的新增市场；四是自己是否有能力承受利用该机会的各种风险。因此，选择创新创业机会时，需要对创新创业机会进行可行性分析。创新创业机会可行性分析主要包括创新创业机会技术可行性分析、创新创业机会市场可行性分析和创新创业机会财务可行性分析。

一、创新创业机会技术可行性分析

（一）创新创业机会技术可行性分析基本原则

1. 先进性原则

创新创业机会拟采用的技术，其先进性具体表现为工艺的先进性、设备选型的先进性、设计方案及产品方案的先进性、技术经济基础指标参数的先进性。从设备选型来看，生产工艺设备的先进性不仅要求主机先进，与之配套的辅机及备品备件也应是先进的。在坚持技术先进性的同时，还应与科学性相统一，即与技术合理性相统一。

可行性分析法

2. 适用性原则

技术上的适用性是指拟采用的工艺和设备能适应生产要素的现有条件。适用的先进技术应该成为技术评价和选择的一项基本原则。一般来说，判断技术适用性主要有以下两个方面的标准。

（1）能提高劳动生产率，并充分地、合理地、有效地利用有限资源，降低原材料，特别是能源的消耗，相对地节约资金。

（2）能改善产品质量，并有利于新兴产业和创新产品的开发，提高企业的技术水平和管理水平。

3. 经济性原则

经济性是指创新创业机会拟采用的技术，应能以一定的消耗获得最大的经济效益。对项目技术分析，必须对投入与产出进行研究与衡量，说明需要投入的费用。衡量和评价其经济上的合理性，是技术经济性的核心内容。

（二）创新创业机会技术分析的基础及方法

在可行性研究的技术评价过程中，要分析对象技术的性质，只有对技术的性质有了比较清楚的认识以后，才可能对技术进行分析评价。技术的性质包括以下三个方面。首先是技术的形态，有物质和方法的区别，如机械制造系统的自动线生产，生产所具有的技术形态应比较相同。其次是技术的相关领域影响技术的主要方面，以及技术连接的相关程度。最后是涉及基础技术学科领域时，通过对对象技术的分析研究，明确对象技术的性质，这样才能找出比较相近的技术方法和竞争技术，从而加以对比和分析评价。

1. 技术分析的一般内容

一般来说，对于创新创业机会可行性研究的技术分析主要涉及技术的内容，主要有以下几个方面。

（1）产品工作原理、工作机构、构成要素、使用方法、生产方法等技术问题。

（2）制造过程动作原理、装置的组成及材料的消耗、输入输出物（包括原材料、产品、排出物、中间产物等）的联系。

（3）服务方式。分析使用方法、采用装置及基本原理等技术问题，建筑方式、结构和功能，地区风貌及建筑风格，周围环境，交通状况，气候条件，工业布局等有关问题。可行性研究的技术分析主要围绕着这些内容展开，最主要的内容是工艺与设备分析和选择。

2. 技术分析的方法

方法一：

（1）确定分析范围，明确进行技术分析的前提条件、技术范围、应该讨论和确定的一些事项及主要产生影响的种类、范围等。

（2）说明对象技术的概要：相关的一些技术和竞争技术的分析对比。

（3）确定对象技术的先进性程度和技术实现的可能性。

（4）寻找对象技术给人类社会与自然界带来的和将要带来的影响。

（5）明确这些影响所属的领域，明确这些影响的特点，并就采用的相应对策作简单的说明。同时，要有详细的研究对策，明确评价的标准。对对象技术的先进性、实现的可能性及影响的分析结果和对策作综合评价，从而确定采用的对象技术。

方法二：

（1）根据对象技术的概要，明确技术应用的目的，了解社会的要求，确定技术的范围，把握现有技术，整理技术内容，确定对象技术的先进性及实现的可能性。

（2）影响的整理、分析。确定影响产生和原因、后果及影响涉及的方面和程度，寻找对象技术的影响，指出预想的影响，从多方面反复进行这一工作。

（3）研究对策，探讨为消除或减少预想的危害应采用的措施，综合评价，对最后的选择提出意见。

3. 创新创业机会生产工艺分析评价

生产工艺是技术设计的重要组成部分。工艺流程是从原料到成品的整个生产过程，它不仅直接涉及项目投资多少、建设周期长短，还对未来产品质量和产量，以及项目经济效果有直接影响。确定生产工艺路线时，还涉及采用不同设备、不同的工艺方法和其他工艺因素，即不同的实施工艺方案。要针对不同行业的特点，对具体的工艺方案进行分析比较，除技术因素外，还要考虑生产工艺过程中劳动与物化劳动的占用与消耗。为了选出既符合技术标准又有较高经济效果的工艺方案，必须进行全面综合的工艺方案比较。工艺选择除遵循技术先进性、技术适用性、经济合理性和安全可靠性等总的原则之外，还要具体考虑以下几个方面的影响。

（1）工艺技术的选择要考虑主要原材料的影响。在某些情况下，原材料对工艺选择有着决定性影响。对拟建项目工艺方案进行技术分析时，需要确定同某种工艺相适应的主要原材料是否有长期稳定的供应。

（2）前后工艺要注意均衡协调，每一道工序要顾及前后工序的影响。评价工艺技术时，主要应从生产过程角度看其总工艺技术的选择是否合理，是否最优。

（3）工艺选择应考虑市场需求。不同工艺可以得到不同性能、不同质量、不同品种的产品。市场需求经常在发展变化，工艺技术要灵活，要尽量保证产品多品种、多功能及产品升级换代需要作相应的调整和改变，要有应变能力。这一点，对于生产消费品的建设项目来说，尤其重要。工艺技术应尽量满足综合利用，提高综合效益。

总而言之，在对创新创业机会进行可行性技术分析的时候，一定要注意与时俱进，力图选择精湛的技术工艺，为企业创造更大的经济价值与财富。

可行性分析法分为以下三个阶段。

（1）机会鉴定阶段，即通过对社会需求、技术发展趋势和资源状况的分析，寻求合适的投资机会。内容包括市场调查预测，投资的目标、范围，项目投资费用范围。

（2）初步可行性分析阶段，即在投资机会研究的基础上，寻找可行项目和投资方向，从经济上进一步考察原料市场，在技术上进行实验和中间试验。

（3）技术经济可行性论证阶段，即在全面分析、计算、比较、论证的基础上，对项目进行可行性定性分析，选择最优方案，并对项目投资做可行性定性结论。

二、创新创业机会市场可行性分析

市场是生产经营的前提，是企业生存和发展的空间，没有市场，创业就是一句空话。选择项目要注意市场调研，指导项目的选择要依靠数据的理性分析，而不能仅凭感性的主观意识。市场调查的目的在于发现可开发的市场空间，可选择的产品或服务，在市场调查过程中寻找机会、寻找项目。只有通过市场调查，才能搞清应该做什么、可以做什么。有一位创业者在南方打工十几年，决定回乡创业。他准备投资开办一家高档卫生洁具店，那么首先要考虑的就是在他所处的这个地区有没有消费市场，市场容量有多大，市场饱和程度及可否进入等。项目选择取决于三个要素，即需求、专长、资源，专长是创业者主观方面的因素，需要对自己有一个全面的评价才能获得，而需求和资源，则需要通过市场调查获得。选择项目一般应从以下几个方面开展调查。

（一）供求状况调查

这是对市场主体的调查，包括对生产者和消费者两级的调查。首先是需求量的调查，包括实物需求量和购买力的调查，目的在于了解所选项目是否有需求，是否有能力实现需求；其次是供应量的调查，即目前市场上某种产品生产者投放市场出售的商品量，目的在于了解市场饱和程度，进入市场后的发展空间。同时，还要了解作为生产经营者可从市场上获得的原材料或货源量，这是制约企业发展规模的重要因素。

（二）商品变动调查

这是对市场客体的调查，包括供求变化、产品更新换代变化、替代品的变化、价格的变化等。商品变动情况调查，实质上是对商品生命周期进行的调查，通过调查了解所选择的产品或服务的生命周期处在哪一个阶段，如果处在萌芽期或成长期，那么进入的价值就大。同时，了解与其相关的可替代品有什么变化，对所选择的项目有什么影响等。

（三）消费者行为调查

这里主要是指消费者购买行为，包括消费者购买动机、购买行为趋势及购买行为特性，目前及未来消费者的消费水平、消费心理、消费行为的变化及影响消费心理和消费行为的各种因素。同一产品或服务，会因不同区域、不同人群、不同消费行为而表现出极大的差异性，在甲地区可行但在乙地区不一定可行，消费者行为调查的目的就在于，确保项目选择能遵循消费行为的变化规律。

（四）竞争者调查

这是对即将进入行业的调查，竞争者是指与企业生产经营相同或类似产品的企业和个人。企业的生产营销活动总会受到一群竞争对手的包围和影响，企业要想进入到某一领域并在市场竞争中获得成功，就必须了解竞争对手。创业项目选择必须建立在对同行全面了解的基础上，这样才能确定是否可以进去，是否有发展空间，是否有能力参与竞争，是否有发展前途等。这是至关重要的不可或缺的环节，否则，进去后再退出来损失就大了。

（五）市场环境调查

市场环境是与企业生产经营活动相关的各种因素和条件，企业生产经营的关键就在于，企业能否适应不断变化着的市场环境。市场环境主要为宏观环境和微观环境。宏观环境是一定区域人口、经济、政治、社会文化及生态环境等一些大范围的社会约束力；微观环境是对企业的生产经营活动产生直接影响的环境因素，主要包括企业内部环境、供应商、中间商和服务商、顾客、竞争者等。此外，市场环境还有行业背景，包括行业发展规模、阶段、饱和程度，行业的区域分布、各类型所占份额等。

（六）市场预测

经营的关键在决策，决策的关键在预测。调查的结果是要对未来市场作出准确的判断，市场预测就是运用科学的方法，在对市场进行充分调查研究的基础上，分析和预见其发展趋势，为项目选择提供可靠依据。市场预测包括市场潜量预测、市场销售水平预测、生产经营资源预测、产品竞争能力预测及价格即成本预测等。

【案例3.3】

两个月就关张的食品杂货店

小刘大学毕业后一直想自己做老板，看到邻居在小区里开了一个食品杂货店收益一直不错，颇为心动。于是，小刘租了小区内一个库房做店面，筹集了一万多元钱做启动资金，进了一些货品，开了一家食品杂货店。但是经营了两个月后，小刘的食品杂货店就撑不住了，不得已只能关张。为什么同样是食品杂货店，邻居可以干得红红火火，小刘的店就经营惨淡呢？原来，小刘为了突出自己食品杂货店的特色，没有像邻居一样进茶、米、油、盐等大众用品，而是将经营范围锁定在沙司、奶酪、芝士等一些西餐调味食品上。但是小区里的居民对她的货品需求少，加之店面的位置在小区边缘，而且营业时间不固定，由着她的性子开，很多邻居都不愿意绕道过去，所以生意不红火。

【导师点评】

小刘创业之初求新求异的心理，很多大学生都有，这是优点但也是致命的缺点。经营需要有自己的特色，但是经营要符合市场环境的需要。小刘的食品店之所以会关张，是因为她没有搞好市场调研，这个食品店如果在一个涉外社区内也许会经营得很好，但是她选择的是一个普通居民区。普通社区里的食品杂货店对茶、米、油、盐的需求远远大于沙司、奶酪、芝士等西式调味品的需求。铺面的选址不合适，营业时间不固定，也是小刘创业失败的原因之一。孤芳自赏，是许多创业者的通病；不知道市场在哪里，是创业者的最大缺陷。一个创业者如果不能从市场的需求来客观地审视自己的成果和创意，如果不能客观地论证自己将遇到的风险因素，想到的只是成功，那么等待他的只能是市场的"惩罚"。

三、创新创业机会财务可行性分析

（一）市场评估准则

1. 市场定位

评估创业机会的时候，可由市场定位是否明确、顾客需求分析是否清晰、顾客接触通道是否流畅、产品是否持续衍生等，判断创业机会可能创造的市场价值。创业带给顾客的价值越高，创业成功的机会也越大。

2. 市场结构

对创业机会的市场结构进行以下分析：进入障碍、供货商、顾客、经销商的谈判力量、替代性产品的威胁和市场内部竞争的激烈程度，由此可知该企业在未来市场中的地位，以及可能遭遇竞争对手反击的程度。

3. 市场规模

市场规模大者，进入障碍相对较低，市场竞争激烈程度也会略为下降。若要进入的是一个十分成熟的市场，那么利润空间会很小，不值得再进入；若是一个成长中的市场，只要时机正确，必然会有获利的空间。

4. 市场渗透力

对于一个具有巨大市场潜力的创业机会，市场渗透力评估将会是非常重要的。应该选择在最佳的时机进入市场，也就是市场需求正要大幅增长之际。

5. 市场占有率

一般而言，在成为市场的领导者，最少需要拥有 20%以上的市场占有率，若低于 5%的市场占有率，则这个新企业的市场竞争力不高，自然也会影响未来企业上市的价值。尤其是处在具有赢家通吃特点的高科技产业，新企业必须拥有成为市场前几个的能力，才比较有投资价值。

6. 产品的成本结构

从物料与人工成本所占比重、变动成本与固定成本的比重，以及经济规模产量，可以判断企业创造附加价值的幅度及未来可能的获利空间。

（二）效益评估准则

1. 合理的净利润

一般而言，具有吸引力的创业机会，至少需要能够创造15%以上的税后净利。如果创业预期的税后净利是在5%之下，那么这就不是个很好的投资机会。

2. 达到损益平衡所需的时间

合理的损益平衡时间应该在两年之内达到，如果三年还达不到，恐怕就不是个值得投入的创业机会了。当然，有的创业机会确实需要经过比较长的耕耘时间，通过前期投入，创造进入障碍，保证后期的持续获利，这样的情况可将前期投入视为投资，因此才能容忍较长时间的损益平衡时间。

3. 投资回报率

考虑到创业面临的各种风险，合理的投资回报率应该在25%以上，而15%以下的投资回报率是不值得考虑的创业机会。

4. 资本需求

资本需求量较低的创业机会，投资者一般会比较欢迎，资本额过高其实并不利于创业成功，甚至还会带来稀释投资回报率的负面效果。通常情况下，知识越密集的创业机会，对资金的需求量越低，投资回报反而会越高。因此在创业开始的时候，不要募集太多资金，最好通过盈余积累的方式来创造资金，而比较低的资本额将可以提高每股盈余，还可以进一步提高未来上市的价格。

（三）评价创业机会价值的基本框架

1. 有价值创新创业机会的特征

创新创业机会是在新的生产方式、产出或其之间关系形成过程中，引进新产品、服务、原材料和组织方式，得到比生产成本更高价值的情形。它是一个动态发展的概念。创新创业机会应是有吸引力的、较为持久的一种商务活动空间，并表现在能够为消费者或客户创造价值及相应的产品或服务之中。它需具备以下要素：一是满足这个需求的成本低于人们满足需要所期望的价格；二是需要水平本身要足够高，才能为满足这个需要的努力提供合理的回报。

2. 蒂蒙斯的创业机会评价框架

涉及行业与市场、经济因素、收获条件、竞争优势、管理团队、致命缺陷问题、创业者的个人标准、理想与现实的战略性差异八个方面的53项指标（表3.1）。

表3.1　蒂蒙斯的创业机会评价框架

评价框架	评价因素	评价结果（5分制）
行业与市场	1. 市场容易识别，可以带来持续收入	
	2. 顾客可以接受产品或服务，愿意为此付费	
	3. 产品的附加价值高	
	4. 产品对市场的影响力高	
	5. 将要开发的产品生命长久	
	6. 项目所在的行业是新兴行业，竞争不完善	

续表

评价框架	评价因素	评价结果（5分制）
行业与市场	7. 市场规模大，销售潜力达到1千万～10亿元	
	8. 市场成长率在30%～50%甚至更高	
	9. 现有厂商的生产能力几乎完全饱和	
	10. 在五年内能占据市场的领导地位，达到20%以上	
	11. 拥有低成本的供货商，具有成本优势	
经济因素	1. 达到盈亏平衡点所需要的时间在1.5～2年	
	2. 盈亏平衡点不会逐渐提高	
	3. 投资回报率在25%以上	
	4. 项目对资金的要求不是很大，能够获得融资	
	5. 销售额的年增长率高于15%	
	6. 有良好的现金流量，能占到销售额的20%	
	7. 能获得持久的毛利，毛利率要达到40%以上	
	8. 能获得持久的税后利润，税后利润率要超过10%	
	9. 资产集中程度低	
	10. 运营资金不多，需求量是逐渐增加的	
	11. 研究开发工作对资金的要求不高	
收获条件	1. 项目带来的附加价值具有较高的战略意义	
	2. 存在现有的或可预料的退出方式	
	3. 资本市场环境有利，可以实现资本的流动	
竞争优势	1. 固定成本和可变成本低	
	2. 对成本、价格和销售的控制较高	
	3. 已经获得或可以获得对专利所有权的保护	
	4. 竞争对手尚未觉醒，竞争较弱	
	5. 拥有专利或具有某种独占性	
	6. 拥有发展良好的网络关系，容易获得合同	
	7. 拥有杰出的关键人员和管理团队	
管理团队	1. 创业者团队是一个优秀管理者的组合	
	2. 行业和技术经验达到了本行业内的最高水平	
	3. 管理团队的正直廉洁程度能达到最高水平	
	4. 管理团队知道自己缺乏哪方面的知识	
致命缺陷问题	是否存在任何致命缺陷	
创业者的个人标准	1. 个人目标与创业活动相符合	
	2. 创业家可以做到在有限的风险下实现成功	
	3. 创业家能接受薪水减少等损失	
	4. 创业家渴望进行创业这种生活方式，而不只是为了赚大钱	
	5. 创业家可以承受适当的风险	
	6. 创业家在压力下状态依然良好	
理想与现实的战略性差异	1. 理想与现实情况相吻合	
	2. 管理团队已经是最好的	
	3. 在客户服务管理方面有很好的服务理念	

续表

评价框架	评价因素	评价结果（5 分制）
理想与现实的战略性差异	4. 所创办的事业顺应时代潮流	
	5. 所采取的技术具有突破性，不存在许多替代品或竞争对手	
	6. 具备灵活的适应能力，能快速地进行取舍	
	7. 始终在寻找新的机会	
	8. 定价与市场领先者几乎持平	
	9. 能够获得销售渠道，或已经拥有现成的网络	
	10. 能够允许失败	
评价结果汇总		

四、创新创业机会可行性分析报告

（一）概况

申请企业的基本情况。

（1）企业负责人、项目合伙人及项目负责人简况。

（2）企业人员及开发能力论述。

（3）企业负责人的基本情况、技术专长、创新意识、开拓能力及主要工作业绩。

（4）项目主要合伙人的基本情况、技术专长、创新意识、开拓能力及主要工作业绩。

（5）企业管理层知识结构，企业人员平均年龄，管理、技术开发、生产、销售人员比例，新产品开发情况、技术开发投入额、占企业销售收入比例。

简述项目的社会经济意义、目前的进展情况、申请孵化资金的必要性。

（二）技术可行性分析

（1）项目的技术创新性论述。项目产品的主要技术内容及基础原理。需描述技术路线框图或产品结构图。尽可能说明项目的技术创新点、创新程度、创新难度，以及需进一步解决的问题，并附上权威机构出示的查新报告和其他相关证明材料，已有产品或样品需附照片或样本。对产品的主要技术性能水平与国内外先进水平进行比较。

（2）产品知识产权情况介绍。对于合作开发项目，需说明技术依托单位或合作单位的基本情况，并附上相关的合作开发协议书。

（3）技术成熟性和项目产品可靠性论述。包括技术成熟阶段的论述、有关部门对项目技术成果的技术鉴定情况，项目产品的技术检测、分析化验的情况，项目产品在实际使用条件下的可靠性、耐久性、安全性的考核情况等。

（三）产品市场调查和需求预测

（1）国内外市场调查和预测。包括产品的主要用途，目前主要使用行业的需求量，未来市场预测；产品经济寿命期，目前处于寿命期的阶段，开发新用途的可能性。

（2）产品国内及本地区的主要生产厂家、生产能力、开工率；在建项目和拟开工建设项目的生产能力，预计投产时间。

（3）从产品质量、技术、性能、价格、配件、维修等方面，预测产品替代进口量或出口量的可能性，分析产品的国内外市场竞争能力，国家对产品出口及进口国对进口的政策、规定（限制或鼓励）。分析产品市场风险的主要因素及防范的主要措施。

（4）产品方案、建设规模。包括产品选择规格、标准及其选择依据；生产产品的主要设备装置、设备来源、年生产能力等。

（四）项目实施方案

（1）项目准备。说明已具备的条件，需要增加的试制生产条件；目前已进行的技术、生产准备情况；特殊行业许可证报批情况，如国家专卖、专控产品、通信网络产品、医药产品等许可证报批情况。

（2）项目总体发展论述。包括项目达到规模生产时所需的时间、投资总额、实现的生产能力、市场占有份额、产品生产成本和总成本估算、预计产品年销售收入、年净利润额、年交税总额、年创汇或替代进口等情况。

（五）新增投资估算、资金筹措

（1）项目新增固定资产投资估算。应逐项计算新增设备、引进设备等固定资产，根据计算结果，编制固定资产投资估算表。

（2）资金筹措。按资金来源渠道，分别说明各项资金来源、使用条件。对孵化风险资金部分，需详细说明其用途和数量；利用银行贷款的，要说明贷款落实情况；对单位自有资金部分，应说明筹集计划和可能。

（3）投资使用计划。根据项目实施进度和筹资方式，编制投资使用计划。对孵化风险资金部分，需单独开列明细表说明。

（六）经济、社会效益分析

（1）项目的风险性及不确定性分析。对项目的风险性及不确定因素进行识别，包括技术风险、人员风险、市场风险、政策风险等的识别。

（2）社会效益分析。分析对提高地区经济发展水平的影响、对合理利用自然资源的影响、对保护环境和生态平衡，以及对节能的影响等。

思考题：

1. 举一反三，说说你身边的遵从二八定律的现象。
2. 中原地区某大学生回乡创业，创办了一个书店，没多久就以失败而告终。请分析一下失败的原因。
3. 有人说，现在什么都过剩，创业没有什么项目好选。对这句话你怎么看？
4. 结合自身学习和认识，谈谈如何培养发现创新创业机会的能力。
5. 识别身边的创新创业机会，并对其进行分析，撰写一份创新创业机会可行性分析报告。

资料参阅及链接：

邓峰. 2012. 创业你准备好了吗？[M]. 北京：中国人民大学出版社.
冀农. 2016. 互联网时代的广大创业商机[J]. 农村新技术，（9）：47.
姜彦福，邱琼. 2004.创业机会评价重要指标序列的实证研究[J]. 科学学研究，22（1）：59-63.
杰弗里·蒂蒙斯，小斯蒂芬·斯皮内利. 2005. 创业学[M]. 周伟民，吕长春，译.北京：人民邮电出版社.

李开复. 2015. 如何找到创业的最佳切入点（实录）[2015-5-29]. http：//tech.sina.com.cn/i/2015-06-03/doc-icrvvpzq 1878069.shtml.

林嵩，姜彦福，张帏. 2005. 创业机会识别：概念、过程、影响因素和分析架构[J]. 科学学与科学技术管理，26（6）：128-132.

林嵩，张帏，姜彦福. 2006. 创业机会的特征与新创企业的战略选择——基于中国创业企业案例的探索性研究[J]. 科学学研究，24（2）：268-272.

刘世忠. 2008. 商机发现[M]. 西安：西安交通大学出版社.

毛毛. 2013. 如何抓住创业商机[J]. 劳动保障世界，（23）：41.

任胜钢，舒睿. 2014. 创业者网络能力与创业机会：网络位置和网络跨度的作用机制[J].南开管理评论，17（1）：123-133.

斯晓夫，王颂，傅颖. 2016. 创业机会从何而来：发现，构建还是发现+构建？——创业机会的理论前沿研究[J]. 管理世界，270（3）：115-127.

闫硕硕. 2015. 校园商机为大学生提供创业实践平台[J]. 中国大学生就业，（5）： 20-21.

张红，葛宝山. 2014. 创业机会识别研究现状述评及整合模型构建[J]. 外国经济与管理，36（4）：15-24.

张璐. 2016. 如何快速找到靠谱的创业机会[J]. 中国经济信息，（12）：28.

张玉利，陈寒松. 2013. 创业管理[M]. 2 版. 北京：机械工业出版社.

第四章
打造创新创业团队

要建立一支同心协力的团队，最重要的就是能聆听得到沉默的声音，你要问自己团队和你相处有无乐趣可言，你能不能做到开明公平、宽宏大量，而且承认每一个人的尊严和创造力，不过我要提醒，有原则和坐标，而不是要你当个费时矫枉过正的执着人。

——李嘉诚

【本章导读】

随着就业压力的不断增大，越来越多的大学生选择自主创业。精力旺盛，思维活跃，想象力丰富，行事不受经验束缚，这些是大学生作为创业者获得成功最重要的条件。但是，大学生个人由于专业、时间、社会资源有限，很难凭借一己之力，让企业走向成功，这就需要团队的力量，组建一支优秀的创业团队是大学生创业成功的关键。因此，对于大学生创业者来说，务必在创新创业过程中，牢牢抓住团队建设这一关键，不断提高成员之间的共同使命感，不断提高团队成员之间的凝聚力，不断提高整个团队的适应力与战斗力，让自己创办的企业能够在激烈的市场竞争中茁壮成长。

【学习要点】

1. 理解团队的定义、创新创业团队的定义及团队建设的相关理论。

2. 了解创新创业团队的构成要素，把握高效创新创业团队的特征，熟悉大学生创新创业团队的三种典型模式。

3. 了解团队建设的一般过程，掌握大学生创新创业团队建设的路径，把握组建大学生创新创业团队的注意事项。

4. 了解大学生创新创业团队的特征，把握大学生创新创业团队中存在的主要问题，掌握大学生创新创业团队管理的相关内容。

第一节　大学生创新创业团队概述

一、大学生创新创业团队的定义

关于创新创业团队的定义，学界也有不同的观点。莱昂·施约德特（Leon Schjoedt）提出一个相对比较全面的创新创业团队的定义：创新创业团队是

正式组织和非正式组织

由两个或两个以上的人组成，他们对企业的将来负责，拥有共同的财务或其他方面的义务，在完成共同目标的工作中相互依赖，对创新创业团队和企业负责，在创业的初期阶段（包括企业成立时和成立前）处于执行层的位置，并进行企业的主要执行工作。这群人自认为也被公认为是一个社会实体。可见，在创新创业团体概念中，人数的组成不是主要的问题，争论的焦点主要在所有权、参与的时间及人员的构成上，并不一定是在创业前期或创建阶段参与的人才可以算是创新创业团队的成员。在所有权上，一般创业者都会拥有公司的股份，但是股份的多少并没有限制。

我们认为，创新创业团队是由两个或两个以上的创新创业者组成，具有共同的创新创业理念和共同的价值追求，愿意共担风险、共享收益，为了实现创新创业目标而形成的正式或非正式组织，也可以称为命运共同体、利益共同体、情感共同体。组建创新创业团队的基石在于创新创业愿景与共同的价值观，因此，创新创业者需要提出一套能够凝聚人心的愿景规划与经营理念，形成共同的目标、行为、语言和文化，以其作为互相信任与利益分享的基础，也使创新创业团队成为一个生命与利益共同体。

所谓大学生创业团队，是由一群在校或者毕业的具有创新意识、拥有共同目标、有着不同专业知识背景的朝气蓬勃的大学生组成的一个不可分割的整体。这一定义包含了三层含义：一是每个大学生创业团队由两个或者两个以上的成员组成，成员人数不宜太多；二是创业团队的组成是为了完成特定的任务，因此团队中应该具有完成该任务所需的各类人才；三是创业团队作为一个工作单元，各成员需要共同努力，以完成共同的任务。俗话说："万事开头难。"大学生在创业初期，面临着资本筹集、营销、管理等方面的问题，还有来自同一行业或相似业务的对手的竞争。单凭个人的力量来应付各个方面的挑战，显然是非常困难的，因此，志同道合者应该组成一个团队，共同迎接挑战。

二、大学生创新创业团队的构成要素

任何一个团队都包括五个必不可少的要素，即人员（people）、目标（purpose）、定位（place）、职权（power）和计划（plan），简称"5P"。创新创业者应当明确这几个要素，以加强团队的凝聚力和抗风险能力（图4.1）。

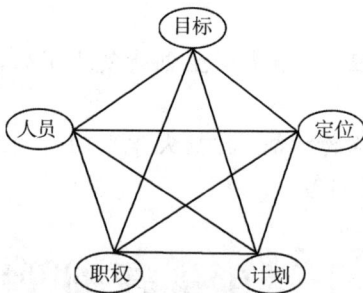

图4.1　创新创业团队的构成要素

（一）人员

人是创新创业团队中最核心的部分。目标是由人来实现的，因此，对创新创业团队中人员的选择要非常慎重。团队成员是创新创业成功的关键因素，只有适合创新创业的成员被吸收进入创新创业团队，进行创新创业的运作，才能够保证创新创业活动的顺利开展。选择成员时，主要是根据团队的目标和定位来明确团队所需要成员的技能、学识、经验及才华等，然后根据个人加入团队的目的、知识结构、性格、个性、兴趣、价值观念来选择合适的人选。

首先，创新创业团队中，成员的知识结构越合理，创新创业成功的可能性就越大。纯粹的技术人员组成的公司容易形成以技术为主、以产品为导向的经营理念，从而使产品的研发与市场脱节。在创新创业团队成员的选择上，必须充分注意团队整体的知识结构，充分发挥每个成员的优势。

其次，价值观念相近的人在一起组成的团队，创新创业成功的可能性更大，而且创新创业团队中，成员的价值观念和道德品质决定了今后企业文化的形成。但是一个人的价值观念很难改变，因此，在创新创业团队形成之前，必须通过深入的交流和充分的了解来发现和寻找合适的创新创业团队成员。

最后，创新创业团队中，成员的共同点和互补点是决定创新创业成功的关键。一般创新创业团队都是由一群志同道合且拥有共同的创新创业理念和目标的人建立的。因此，团队成员要具有共同点是至关重要的。其共同点主要体现在创业观相同、价值观相同、金钱观相同。然而，对一个创新创业团队而言，成员之间仅仅有共同点是不够的，还需要有互补点。一个企业的创立，不仅需要有人进行决策、需要有人进行管理、需要有人宏观把握，制订计划后也需要有人具体实施，还需要有人去寻找创新创业机会和合作伙伴进行对外交流和沟通，等等。因此，创新创业团队成员要多元化，成员之间的优势要能互补而非叠加。优势互补既要有性格上的互补，也要有技能、专业、特长方面的互补，还要有人脉资源上的互补。每个人的社会资源是有限的，但当整个团队社会资源合并在一起进行重新整合的时候，所发挥的效用将数倍增大。因此，创新创业团队在成员构成上要把握三个"相同"，即理念目标相同、价值观相同、金钱观相同，以及五个"互补"，即知识互补、能力互补、性格与性别互补、年龄互补、社会关系（资源、人脉）互补。

（二）目标

明确的目标是创新创业团队成立的基础。创新创业团队的建立必须有一个相对明确的目标，其为团队成员指明前进和奋斗的方向。共同、远大的目标可以使创新创业成员振奋精神，与企业的政策和行动协调、配合，充分发挥个人的潜能，创造超乎寻常的成果。

首先，高效的团队对其所要达到的目标具有明确的认识，并坚信这一目标具有重大的意义和价值。这种目标的重要性激励着团队成员把个人目标升华到群体目标中去，团队成员在实现共同目标的过程中获得了自我实现的满足。在这种团队中，成员愿意对团队目标作出承诺，清楚地知道团队希望他们做什么工作，以及他们应当怎样共同工作来最终完成任务。因此，在创新创业团队工作开展之前，应当让所有成员充分参与讨论并确定创新创业目标。

其次，只有具有明确的目标，创新创业团队才能清楚创新创业的方向，才能知道为了实现此目标需要付出哪些行动和努力、需要什么样的机会，才能准确把握时机和商机。

最后，明确的目标能够使创新创业团队清楚知道组织需要哪些方面的人才和技能，在寻找合作伙伴或是雇佣员工时都能有清晰的认识，从而按照创新创业团队的目标选择最合适的人才，提高团队战斗力和综合实力。

（三）定位

创新创业团队的定位包含创新创业团队的定位和团队成员的定位两层意思。

首先，创新创业团队的定位是要明确创新创业团队在整个创业企业中处于什么位置，由谁选择和决定团队的成员，创新创业团队最终应对谁负责，以及创新创业团队采取什么方式激励下属。

其次，团队成员的定位是要明确成员在创新创业团队中扮演什么角色，是制订计划还是具体实施、监督或评估；是大家共同出资，委派某个人参与管理，还是大家共同出资，共同参与管理，或是共同出资，聘请第三方（职业经理人）管理。具体体现在创业实体的组织形式上，即所创企业是合伙制企业还是公司制企业。

（四）职权

职权是指团队负有的职责和享有的权利。对团队权限要进行明确界定，包括团队的工作范围、工作重心和工作标准。团队的权限范围必须和它的定位、工作能力和所赋予的资源相一致。适当的、合理的授权是调动团队积极性的关键因素。

合理的职能分配是创新创业团队成功的必备条件。首先，创新创业团队需要明确规定每个团队成员所拥有的权力。创新创业团队的成员必须要有职能上的分配，即规定每个成员在创新创业过程中所担负的责任和拥有的权力。要根据每个成员的专业特长和优势确定其职责，从而保证每个成员都能最大限度地发挥自己的功效，在创新创业过程中遇到的问题都能由相对专业的人来解决，有效地提高整个团队的办事速度。虽然许多创新创业团队推崇群体群策，将决策权交给全部成员，每项决策都要由整个团队共同商议，讨论之后再作出决定。但是在具体执行的时候需要适当的分权，在不损害集体利益的情况下，个人需要拥有与职能相对应的决策权力。其次，职能分配能使团队成员在紧密结合的基础上协调一致、统筹合作，既增强了整个团队的士气又能提高团队的工作效率，获得更多的收益。

（五）计划

创业计划就是将团队的职责和权限具体分配给团队成员，并明确团队成员如何进行分工合作。好的团队创业计划一般包括：团队需要多少成员、团队领导的特征、领导者的权限和职责、团队沟通的方式、团队沟通的工作任务、每位团队成员的工作时限、完成团队任务的标准及评价和激励团队成员的方式。这些内容应根据组织本身特点和实际需要进行合理选择。

准确详细的创业计划是创新创业团队成功的前提，也是实现创新创业目标的保障。首先，创新创业团队的成员在制订创业计划时要充分考虑创业企业内外部环境、企业自身优势和劣势等各方面的因素，其不仅要服务于创新创业团队短期的目标，还要有利于创业企业长期战略目标的实现。其次，创业计划一定要具有可行性和可预见性，否则，就只能是纸上谈兵，对创新创业团队没有任何帮助。创业计划不仅要确保组织目标的实现，而且要从众多的方案中选择最优方案，从而使得创新创业团队资源得到最合理、最有效的应用。在有了明确的目标、合适的团队成员，规定了成员的职责和权限后，就需要有一系列周密的计划来引导创新创业团队具体实施，从而最终实现目标。合理详尽的创业计划也能为创业企业今后的管理控制活动提供一定的依据，使创新创业团队今后的发展与目标要求保持一致，从而使创业企业在正确的轨道上更好地前进。

三、大学生创新创业团队的模式

大学生创新创业团队根据其成员相互之间地位的差距，可以分为星状创新创业团队、网状创新创业团队和虚拟星状创新创业团队三种模式（表 4.1）。

表 4.1　三种创新创业团队模式的比较

类型	概念	优点	缺点
星状创新创业团队	由一个核心主导人物充当领导者的角色	•组织结构紧密，向心力强，核心主导人物在组织中的行为对其他个体影响巨大 •决策程序相对简单，组织效率较高 •组织稳定性好	•容易形成权力过分集中的局面，从而使决策失误的风险加大 •当其他团队成员和核心人物发生冲突时，核心人物的特殊权威，使其他团队成员在冲突发生时往往处于被动地位，在冲突严重时，一般都会选择离开团队
网状创新创业团队	由志趣相投、有着较深厚友谊基础的好朋友共同组建	•团队成员的地位相对平等，有利于沟通和交流 •团队成员关系较密切，较容易达成共识 •团队成员不会轻易离开	•组织结构较为松散 •决策效率相对较低 •容易导致整个团队涣散 •容易形成多头领导的局面
虚拟星状创新创业团队	有一个核心人物，其是由其他团队成员通过协商推举产生的	•核心成员具有一定威信，既能集中大家的智慧，又能及时进行决策 •既不过度集权，又不过于分散	•核心人物有可能未考虑其他成员的意见 •核心人物沟通协调能力较弱的话，不仅不能集中大家的智慧，反而会导致团队内部冲突加剧，决策效率低下

（一）星状创新创业团队

星状创新创业团队，也称核心主导型创新创业团队，通常是指在创新创业团队中由一个核心主导人物充当领导者的角色。在创新创业团队形成之前，这位核心主导成员有了创新创业的创意后，以自己为核心组建创新创业团队。创新创业团队其他人员的选择、在创新创业团队中担当什么角色，由核心主导成员最后确定。加入创新创业团队的其他成员可能是同学、亲属和朋友，也可能是以前完全不认识的人，这些其他成员在创新创业团队中是作为核心主导成员的助手和支持者而加入的。

这种创新创业团队组织的优点有：结构紧密，向心力强，核心主导人物在组织中的行为对其他个体影响巨大；决策程序相对简单，组织效率较高；组织稳定性好。缺点有：容易形成权力过分集中的局面，从而使决策失误的风险加大。特别是当其他团队成员和核心领袖发生冲突时，核心人物的特殊权威，使其他团队成员在冲突发生时往往处于被动地位，在冲突严重时，一般都会选择离开团队，这会对创业活动产生较大的不利影响。

（二）网状创新创业团队

网状创新创业团队，也称群体型创新创业团队，一般是由志趣相投、有着较深厚友谊基础的好朋友共同组建的。拥有共同经验，或者具有深厚友谊，或者抱有共同兴趣的同学、朋友和亲属，在共同认可某一创新创业想法后，在就如何创新创业达成一些基本共识后，就会开始共同创新创业。在这种网状创新创业团队里，没有明确的核心主导成员。创新创业团队的成员根据各自的特长在不自觉中形成一定的组织角色分工，从而使新创办的企业运转起来。在网状创新创业团队中，团队成员的地位相对平等，有利于沟通和交流，但由于没有一个明确的、权威的核心主导成员，创新创业团队的决策效率可能低下，许多重要决策问题容易议而不决，并且在团队成员之间发生激烈冲突时，非常容易导致创新创业团队解散，所创办的企业也因而解体。

（三）虚拟星状创新创业团队

虚拟星状创新创业团队，也称协商型创新创业团队，在这种类型的创新创业团队里，有一个核心人物，其是由其他创新创业团队成员通过协商推举产生的。该核心人物在创新创业团队中主要发挥联络和沟通的作用，而不是自己在那里发号施令，其权威性的程度较低。虚拟星状创新创业团队是介于星状创新创业团队和网状创新创业团队之间的一种组织形式，如果其核心人物的沟通协调能力较强的话，可以打造一个非常有战斗力的创新创业团队，既能集中大家的智慧，又能及时进行决策；如果核心人物的沟通协调能力较弱的话，不仅不能集中大家的智慧，反而会导致创新创业团队内部冲突加剧，整个新创办企业的决策效率低下。

四、大学生创新创业团队的重要作用

（一）有助于创新创业人才的培养

在传统的教育观念中，本科学生的学习是以掌握知识为主，本科阶段的教学方法以单向灌输式为主，不强调研究型学习，大学生在本科阶段往往很难获得科学研究的训练，结果使得他们只能被动地接受知识，而不能主动地获取知识，而这显然不利于创新创业型人才的培养，也不利于国家经济社会的发展。创新创业能力的培养与兴趣有着密不可分的联系，兴趣是最好的老师，大学生创新创业团队的成员通常都来自不同年级、学科、专业和地域，对同一目标有着共同的兴趣爱好，而且有资深教师指导。在这样的环境中，学习是一种自发的习惯，学生不再只是被动吸收知识，而是主动学习和实践知识。为完成团队任务，使自己成为一名真正意义上的"创客"，团队每位成员必须要经历相对的独立研究、查询资料、自主学习等实践环节，而这些环节正是传统教学较为欠缺的，也是培养创新创业人才必不可少的环节。因此，大学生在创新创业团队中的学习是一种完全不同于传统的"我教你学"的灌输式学习，能极大地激发成员的潜能。无论是承接项目，还是参加各类比赛，或是参加各种服务活动，团队成员都能在实践中主动地学习，从而使得学生的创新创业能力在潜移默化中得到提高。

外脑会——创业者私人董事会

（二）有助于大学生适应社会发展的需要

随着社会的高速发展，社会分工越来越细，越来越专业化。要想成就一番事业，单靠个人努力或单打独斗获得成功的概率已经越来越低。无论科学研究还是创业都已经不再是一种个体行为，而是一种多人或集体成员间的合作，需要发挥互补优势和整体效应。现代研究表明，个人单枪匹马完成一项科学研究的成功可能性为5%，靠集体分工协作完成研究的成功可能性达80%，集体讨论比个人独立思考的效率要提高65%～93%。无论大学生走上社会后从事何种工作，或是自主创业，或是从事科学研究，在校参加创新创业团队活动都将有助于他们尽早适应团队生活，从长远看有助于事业的成功，从近期看则有助于就业。

（三）有助于培养大学生的团队合作精神

团队合作精神是公司、企业特别是跨国公司录用人才时最看重和必备的标准之一。大学生创新创业团队要实现自身目标，团队精神是不可或缺的重要因素。团队每位成员除了要承担与各自特长相适应的工作任务外，还必须与他人进行有效的协作，在这个过程中，每位成员都能认识到自己及他人的特长与不足，认识到团结合作的重要性，并在此过程中逐渐提升团队间的合作技能，这些因素可以从正面强化大学生的团队合作精神。如果团队成员的行为与目标不协调，团队就会对这些成员产生一种无形的压力来规范团队内部的合作与竞争行为，从而使得这些成员矫正自己的思想与行为。

【案例 4.1】

依托专利，"90 后"大学生成立创业团队

如今，大学生创业已经成为社会万众创新的一道亮丽风景线。但"90 后"的工科女生创业，并不多见。"作为工科女生，我们一开始对创业也没有底气。但我们的技术逐渐成熟，加上学校、社会各方支持，我们准备申请专利，开公司。"武汉科技大学资源与环境工程学院的高稚鸿和佃柳接受记者采访时表示，她们研发出了多功能静电除尘纱窗，组建了创业团队，开启了创业之旅。

雾霾天气激发创业的金点子

"如今，时常出现的雾霾天气让我们很苦恼，要是能给我们的房屋戴上一层口罩，让室内干净、空气流通那该有多好啊！作为环境工程专业的学生，我们就设想改良传统纱窗，给它加上净化空气的装置。"高稚鸿谈起最初迸发设计"多功能静电除尘纱窗"的灵感时说。

高稚鸿是武汉科技大学资源与环境工程学院环境工程 1201 班的学生。当她与同班同学佃柳交流后，两人一拍即合，组建了"多功能静电除尘纱窗"创业团队。

两人说干就干，查文献，做实验，经过 2 个月的努力终于做出样品。她们反复试验后开发出的"多功能静电除尘纱窗"可以根据用户的需求定制、安装，插上电就可以使用。利用喷尘机进行对比试验，纱窗对灰尘的吸附效果良好，可以达到空气净化器的效果。此外，它还具有杀菌、防蚊功能。

高稚鸿对自己的产品充满信心。她说："目前，室内空气净化设备以空气净化器为主，一般需要几千块，价格贵。而我们的产品每平方米仅 280 元，性价比高而且安全可靠。"

2014 年年底，她们的产品获武汉市第二届"都市环保杯"环保创意大赛优秀环保设计奖，从全省 578 支队伍的参赛作品中脱颖而出。在学校推出的"青山·青桐汇"创业活动中，她们的项目反响热烈，当场收到了 20 位投资人中 11 位投资人的邀请函，得到的邀请函数量最多，成为此次创业路演活动的最大赢家，这更加坚定了她们创业的信心，也成了团队从参赛到创业过渡的重要转折点。

创业团队准备依托专利开公司

2015 年 4 月 7 日晚，在武汉科技大学青山校区主楼一间空教室里，一个初具雏形的创业团队做了一个意义重大的决定：开公司。除了高稚鸿和佃柳，资源与环境工程学院一名博士

生和一名硕士生也加入了这个创业团队，之后团队又吸纳了两名会计专业大三学生和一名营销专业大三学生，按照一个完整的公司框架组队。

"我们的技术还不够成熟，注册公司是不是太早？""办公司挺简单的，我们要抓住时机，宜早不宜迟。""我们的专利申请今天才交上去，还是等三个月后拿到专利证书再办吧！"有了团队之后，她们的想法更加实际，最终团队达成了一致意见：专利申请下来再去开公司。

资料来源：袁于飞. 2015-4-25. 武汉科大："90后"女大学生用科研项目玩创业[N]. 光明日报。

【导师点评】

"90后"工科女生创业成功的案例给我们的启示是，大学生创业成功必须具备几个基本素质：一是要有良好的心理素质。不能因为暂时的成功或失败而影响自己前进的脚步。成功了不能骄傲自满，要更加努力才能有更丰硕的收获；暂时失败了不能气馁，一旦决定了就要坚持下去，说不定下一刻就会柳暗花明。二是要正确地识别与把握机会。创业成功不仅仅是靠运气，而更多的是靠个人的努力和正确地识别与把握机会，机会从来就是留给有准备的人，不能放过任何一个可能的机会，细心观察，从周围的事物发现问题，看到机会，对看到的机会进行评估，客观地判断其价值。三是要有创新精神。无论什么时候都要保持自己独立的想法和独立的思维，多思考、勤思考。四是要建立一支高效优质的团队。一个好的团队是创业的根本保障，集体的智慧是成功的法宝。五是要有"1+1=11"的智慧。每个成功的大学生创业者都是一个成功的资源整合者。除了魄力外，他必须能够有一双慧眼，于缝隙处发现机会，然后把外部资源、别人掌控的资源有效地整合起来，实现资源的最大价值，从而实现自己的创业理想。六是要制订详细的创业规划。有创业梦想是一件好事，敢于尝试创业的人是令人敬佩的，但是仅仅有想法、有激情而不深思熟虑后去干是不行的。

第二节　大学生创新创业团队组建

一、大学生创新创业团队组建的原则

（一）创新性与实践性

创新性与实践性是大学生创新创业团队区别于其他学习小组团队的最大特征。因此，在组建团队时应牢牢把握这一首要原则，开展团队学术活动也要紧紧围绕这一原则，切实提高大学生的科技创新能力与创业实践能力。团队组建之初所设立的研究领域不宜过窄，否则，可能会限制成员能动性的发挥，导致思想狭隘僵化；也不宜过宽，否则，容易导致团队成员研究过于分散，难有深层次突破。因此，团队需要在指导教师的指导下，确立恰当的选题，力争在研究方法和内容上有所创新。

创新离不开实践，只有实践才能不断促进创新。大学生科技创新团队不能闭门造车，应该坚持理论与实践相结合的原则。团队成员需要不断实践，把创新成果运用到创业实践中。要完成团队的实践环节需要社会多方面力量支持。首先，应建立大学生创新创业实践基地和平台，通过这一中间组织为团队提供实践机会；其次，应加强社会宣传，让企业了解并认可大学生创新创业团队，从而提供相关领域的实践机会和相关研究项目，实现"产学研"的充分结合；最后，团队成员也需要自力更生，凭借每个成员的人际关系，以及团队的研究和开发水平，吸引更多企业关注，让企业主动提供实践机会。

（二）基础性与前沿性

大学生创新创业团队在开展创新创业活动过程中，需要从实际出发，保证团队有扎实的研究和实践基础，这就要求团队成员去熟悉创新创业相关领域的基础理论。团队应该充分调动每个成员的积极性，让每个成员把自己的专业学习经验和基础理论知识与其他同学分享，从而夯实整个团队的理论基础，为后续的创新创业作好铺垫。

经常邀请本专业的指导教师对其现行研究进行方向指导，不定期参加各种前沿学术讲座，与学术大师近距离对话，利用外语水平较高的团队成员获取国外研究的最新进展。同时，定期举行团队内部的学术研讨，交流学术心得，使团队成员共同进步。由此，保证团队学术研究的基础性和前沿性。

（三）目标一致性与技能互补性

任何一个成功的团队都需要有共同明确的团队目标，大学生创新创业团队也不例外。团队的每个成员都要认可团队目标，这一目标应该具有挑战性，但同时也是在团队成员能力范围之内，应该具有可实现性。对团队目标取得共识之后，应进一步定义好团队成员角色，明确每个成员的责任和义务，制定好研究活动的执行方案。团队成员具有不同兴趣爱好和不同技能，他们倾向于在团队中作出某种特定模式的行为，从而影响团队中的其他成员，以及整体的相互作用模式。根据贝宾（R. M. Belbin）团队角色理论，每个成功的团队都有主导者、创新者、驱策者、监察者、协调者、执行者、贯彻者、资源查探者和专业者九种角色。大学生创新创业团队需要根据成员个体的不同特征，发挥优势，合理分工，协同作战。

（四）稳定性与可持续发展性

为了保证团队实现既定的目标，在一段时期内需要保持团队稳定性。稳定性既包括人员的稳定，也包括学术活动的稳定开展。人员的稳定，即团队在一定时期内（一学期或一学年）成员基本保持不变，否则不利于团队成员相互配合、不利于学术创新。团队成员应当遵守团队制度和规则，定期有组织地开展学术交流活动，共享学习资源。

团队成员分属不同年级，高年级成员毕业后，团队成员的更新是必然的选择，而且成员的更新也将带来新的思想、新的方法，从而使得团队更加具有活力和生命力。出于团队长远发展的考虑，组建团队的时候应该注意成员的年级搭配，不能因为某一两个成员的离开而出现团队断层甚至解散的情况。毕业后的团队成员也并非完全脱离团队，还可以继续通过网络等方式关注和支持团队的发展，担当团队的"咨询顾问团"，同时，他们还可能会提供更多的资讯和实践机会给团队成员。

二、大学生创新创业团队的组建过程

一个创新创业团队，其建设过程一般可分为初步建立、培养规范、稳定执行和均衡结束四个阶段。大学生创新创业团队也不例外。

（一）初步建立阶段

创新创业团队的成员由于各自背景、专业不同，而且创新创业团队的目标刚刚建立，对于实现目标的方法和手段仍在摸索。此时创新创业团队的绩效一般，改善速度有限。创新创业团队管理者应当立即掌握团队，督促团队成员进入状态，采取各种方式来减少创新创业团队中不安定的因素，促进团队成员在个性、能力等方面的融合。创新创业团队成员应当互相支持、互相帮助，努力营造和谐愉悦的团队氛围。

（二）培养规范阶段

创新创业团队应采用正确的团队培养战略和方法，团队凝聚力、团队精神、团队标准和团队价值观应被成员所接受。此时创新创业团队的绩效进入快速改善的阶段（正反馈开始启动）。创新创业团队管理者应当在创新创业团队中挑选一些核心成员，通过内部培训及多次参与创新创业团队项目等方式，培养和锻炼他们的创新创业能力。在可控范围内，对于短期的目标可以适当授权团队核心成员参与决策，但是要注意事前监督、事中控制、事后考核相结合。创新创业团队成员应当对创新创业团队的目标达成共识，努力提高创新创业能力。

（三）稳定执行阶段

进入稳定执行阶段以后，创新创业团队绩效逐渐达到平衡（负反馈开始启动）。创新创业团队管理者应当允许创新创业团队成员公开表达不同的意见，建立愿景，调和团队成员的差异性。创新创业团队成员应当以主人翁的姿态来参与创新创业团队的创新创业。

（四）均衡结束阶段

经历一段时间后，创新创业团队最终进入均衡的结束阶段。需要注意的是，结束阶段并不宣告创新创业的结束，而是指创新创业团队的研究对象和创新创业团队主要成员发生实质性的变化。创新创业团队管理者应当系统思考、综观全局，并时刻保持危机意识，促进创新创业团队不断学习，以保持成长的动力。创新创业团队成员应当对以前成功和失败的经验进行总结，提出改进的办法和建议。

三、大学生创新创业团队组建中要注意的问题

大学生创新创业团队的组建是一个相当复杂的过程，不同类型的创新创业项目所需的团队不一样，创建步骤也不完全相同。大学生创新创业团队不仅仅是作为一个状态存在才具有研究意义，更应该表现为一种动态的形成过程。大学生创新创业团队的建立过程经常是一个反复和不断调整的过程，团队成员之间的磨合和相互适应都会经过一些环节才能完成。在大学生创新创业团队组建过程中要注意以下问题。

（一）确立创新创业目标

大学生创新创业团队的总目标就是，通过完成创业阶段的技术、市场、规划、组织、管理等各项工作，实现企业的从无到有、从起步到成熟。总目标确定之后，为了推动团队最终实现总目标，要将总目标加以分解，设定若干可行的、阶段性的子目标。共同的价值观、统一的目标是组建创新创业团队的前提，团队成员若不认可团队目标，就不可能全心全意为此

目标的实现而与其他团队成员相互合作、共同奋斗。而不同的价值观将直接导致团队成员在创新创业过程中脱离团队，进而削弱创新创业团队作用的发挥。没有一致的目标和共同的价值观，创新创业团队即使组建起来，也无法有效发挥协同作用，将会缺乏战斗力。

（二）制订创新创业计划

在确定了总目标及一个个阶段性子目标之后，紧接着就要研究如何实现这些目标，这就需要制订周密的创新创业计划。创新创业计划是在对创新创业目标进行具体分解的基础上，以团队为整体来考虑的计划。创新创业计划确定了在不同的创新创业阶段需要完成的阶段性任务，通过逐步实现这些阶段性目标来最终实现创新创业目标。

（三）招募合适的团队成员

招募合适的人员是创新创业团队组建最关键的一步。关于创新创业团队成员的招募，主要应考虑两个方面：一是考虑互补性，即考虑其能否与其他成员在能力或技术上形成互补。这种互补性的形成既有助于强化团队成员间的合作，又能保证整个团队的战斗力，更好地发挥团队的作用。一般而言，创新创业团队至少需要管理、技术和营销三个方面的人才。只有这三个方面的人才形成良好的沟通协作关系，创新创业团队才可能实现稳定高效。二是考虑适度规模。适度的团队规模是保证团队高效运转的重要条件。团队成员太少无法实现团队的功能和优势，团队成员过多又可能产生交流障碍，很可能使团队分裂成许多较小的团体，进而大大削弱团队的凝聚力。一般来说，将创新创业团队的规模控制在 2～12 人为最佳。

（四）明确成员的职权划分

为了保证团队成员执行创新创业计划、顺利开展各项工作，必须预先在团队内部进行职权划分。创新创业团队的职权划分就是根据执行创新创业计划的需要，具体确定每个团队成员所要担负的职责及相应所享有的权益。团队成员间的职权划分必须明确，既要避免职权的重叠和交叉，也要避免无人承担造成工作上的疏漏。此外，企业还处于创新创业过程中，面临的创新创业环境又是动态复杂的，不断会面临新的问题，团队成员可能不断更换，因此，创新创业团队成员的职权也应根据需要不断进行调整。

【案例 4.2】

让"立方"品牌走向世界

2007 年 1 月，浙江省宁波市 3 位刚毕业不久的大学生袁立民、陈方敏、陈福敏携手踏上了创新创业之路。2009 年，他们创办的宁波立方金属制品有限公司生产的保险柜已享誉海内外，客户遍布世界各大城市。

2006 年，刚迈出大学校门的他们就有了创新创业的愿望，但由于遭到家人的反对，于是他们决定先打工，再创新创业。打工期间，他们省吃俭用、筹备创新创业资金，同时注意学习业务知识和借鉴别人的创新创业经验。2006 年年底，3 人参加了江北区劳动保障局举办的创新创业培训班。在培训班上，3 人比较系统地学习了创新创业理论和创新创业方法，还得到了专业人士的指导，进行了"实战"训练。培训班结束后，经过周密的市场调研，3 位大学生准备进军保险柜市场。2007 年 1 月，3 位大学生创办了宁波立方金属制品有限公司，开始了他们的创新创业之路。

"说实话，创新创业之初确实非常辛苦。"袁立民深有感触地说。那段时间，他们每天工作达 14 小时以上，半年来只休息过两个上午，有一次甚至三天三夜没合眼。"但我们心中始终抱有一种信念，那就是政府给了我们这么好的创新创业环境，只要我们齐心协力，创新创业一定会取得成功。"

由于 3 个人各自熟悉的领域不同，所以创新创业之初，他们就对各自的工作进行了明确的分工。袁立民负责产品设计和公司管理，陈方敏负责采购和发货，陈福敏负责经营业务。齐心协力加上良好的沟通，他们的公司从一开始就运转良好，各地订单纷至沓来。

公司订单多了，他们对自己产品的质量要求也更加严格，并开始树立产品的品牌。"品牌是公司发展的灵魂。知名品牌不仅是企业的无形资产，能给企业带来直接和长远的经济效益，也是社会宝贵的精神文化财富。"袁立民对品牌有着深刻的理解。他们对消费者的需求状况作了更加精细的调研，力争把握顾客的消费心理。经过分析，他们发现国内与国外消费者对保险柜的要求有不小差异。国内消费者注重保险和安全，比较传统，而国外的消费者更注重保险柜的性能和外观的人性化。针对这些差异，公司对产品也进行了差异化设计和生产。他们设计研制了各种各样世界领先的保险柜：礼品保险柜、高级壁画柜……这些特色保险柜为公司开辟了一条新的发展道路，也让他们在海外打响了"立方"的品牌。2008 年是公司丰收的一年，他们的产品终于在海外市场站稳了脚跟。国外许多城市的消费者都给他们发来了订单。到了 2009 年，他们公司产品的 90%都出口海外。与此同时，他们也在国内打响"立方"品牌。过硬的品牌质量、良好的售后服务让"立方"很快成为国内知名的品牌。

3 位年轻人深知激烈的市场竞争中，好的人才能为公司节约时间，获取更多利润，占领市场先机，形成良性循环。他们实施积极的人才战略。在公司，管理层都是大学毕业生，普通员工也拥有丰富的专业经验。"我们公司虽然不大，但我们所拥有的人才绝不亚于大公司。"他们自信地说。对于一个刚成立不久的小公司来说，最大的困难还是怎样留住人才。袁立民坦言："待遇和办公条件都不是我们的优势，我们就在企业文化建设方面下功夫。"公司每个星期举行两次会议，重心是关注员工的思想，把公司的近、远期规划都告诉员工，让他们看到公司发展的前景和自己的未来。公司还为员工盖了一幢三层楼房，配备了电视、电脑和淋浴设备等生活设施。"要留住人心，必须先关心、爱护人才，以人为本。"袁立民说。每年公司都会把盈利的 5%作为奖金分给员工们，而公司民主的管理制度，宽松优良的工作环境，管理人员亲切的态度和开明的思想增强了员工的归属感。如今，立方公司人员稳定，人际关系和谐，如同一个大家庭。

有一批海外稳定客户，有技术创新的能力，有人性化的管理机制，加上一支强大齐心的创新创业团队，对未来，3 位年轻人充满信心。他们给自己的公司定下了宏伟发展目标：在 10 年间资产达到 15 亿元。

资料来源：赵华琼. 2010-5-28. 让"立方"品牌走向世界[N]. 中国劳动保障报。

【导师点评】

创新创业团队的组建和管理是一个相当复杂的过程。案例中的大学生袁立民、陈方敏、陈福敏 3 人通过系统地学习创新创业理论和创新创业方法，创建了网状创新创业团队并拥有了自己的公司（宁波立方金属制品有限公司）。团队创建伊始就有明确的创新创业目标和创新创业计划，团队成员之间也有明确的职责划分，同时，重视对团队的管理，不仅对自己产品的质量要求严格，注重树立产品的品牌，而且实施积极的人才战略和人性化的管理机制，这使得他们取得了成功。

第三节　打造大学生高效创新创业团队

一、高效创新创业团队的特征

创新创业团队，就是由少数技能互补、有共同目标、能相互承担责任而又自觉能动地进行创造性活动并产生一定价值成果的正式群体，团队的成员具有持续的创新能力和创新精神。有了创新创业团队的形式并不意味着一定能够实现高效率。明确高效团队的特征有助于形成高效创新创业团队。大量的调研资料表明，一个高效的大学生创新创业团队一般应具有以下几个方面的特征。

（一）较强的凝聚力

凝聚力的原意是指物质内部分子间的相互吸引力。分子间距离愈小，凝聚力就愈大。这一原理运用于社会现象，是比喻使人或事物聚合到一起的力量。创新创业团队是一个整体，成败关系到每个人的利益大小，若成员能够同甘共苦，经营成果能够公开且合理地分享，团队就容易形成较强的凝聚力。

（二）完美的专业技能搭配

团队的成员技能应互补，即领导能力、调研能力、公关能力、市场开拓能力、谈判能力、财务能力和协调能力等相互协调补充，就能使团队的各项工作都完美无缺。良好的合作精神和品质很重要，没有良好的合作精神和品德，即使具有精湛的技能也难以形成合作的团队。高效的团队往往是由一群具有精湛技能和良好品德的成员组成的。

（三）相互信任

创新创业团队成员的目标与团队的目标一致，因此成员之间的个人愿望是统一的。在此基础上形成良好稳定的信任关系，每个成员对其他人的品行和能力都确信不疑。相互信任有助于形成良好和高效率的工作氛围，实现团队目标。

（四）有效沟通

在前述特征基础上，创新创业团队内部形成了良好的沟通基础、渠道与形式，包括各种语言和非语言信息的沟通。在成员之间和管理者与团队成员之间形成了规范的、经常的沟通。这种有效的沟通，有助于指导和协调团队成员的行为和清除误解，使成员之间能够迅速而准确地了解彼此的想法和情感，避免内部矛盾消耗创新创业的资源。

（五）合理分享

创新创业团队通过恰当的形式将经营成果与团队成员进行合理分享，这是成功创新创业团队的重要特征之一。团队成员的个人努力需要通过经营成果的分享得到企业的认可，这种认可是个人目标和企业目标相一致的体现，也是对成员的一种激励措施，能够促使成员更加努力地工作，在实现团队目标的同时实现自我价值。

（六）正确领导

正确的领导能够不断鼓舞团队成员的自信心，带领成员克服困难，帮助团队成员发掘自己的潜力，朝着共同的创新创业目标前进。正确的领导能抓住机遇，实施变革，促使团队实现目标。这样的领导不是专断独裁式的领导，他们往往以团队的教练和后盾的角色出现，通过合理的授权与分工，领导团队实现目标。

二、大学生创新创业团队管理中的问题

据统计，近60%的大学生有创新创业意愿，但真正走上创新创业之路的大学毕业生不足1%，而其中走入市场的大学生创新创业团队在真正面对激烈的市场竞争时，由于对创新创业认识的不到位及自身的管理经验不足，在团队管理尤其是团队人力资源管理中出现了诸多问题，甚至导致了创新创业团队的解散和创新创业的失败。据调查了解，大学生创新创业团队管理中主要出现以下四个方面的问题。

（一）凝聚力下降

大学生创新创业者在团队创新创业的过程中出现了自我认知的失调，认为自己为团队所付出的努力远远大于从团队中获得的收益。根据调查，超过60%的创新创业团队成员认为他们团队创新创业过程中并没有得到自己最初想要从团队中得到的，当这种心理契约的违背出现时，团队的凝聚力就受到了威胁。

（二）团队成员离职

大多数的大学生创新创业团队在创新创业的初期所提出来的长期愿景，最终因为市场竞争的激烈性和残酷性而消退。而原先植根于成员心中的心理契约，在此过程中也因为得不到持续的确认而名存实亡。现代大学生面临着各种各样的选择，考研、考公务员、就业，这无形中会对创新创业团队的每个成员形成巨大的环境压力，而团队成员出于自身前途的考虑，放弃已经建立的心理契约，那么离职就不可避免了。

（三）矛盾集中爆发

50%的创新创业团队并没有建立有效的沟通协调机制，导致在创新创业中出现的一些意见分歧和矛盾不是被解决而是被隐藏起来了。随着创新创业的一步步深入，这些问题不仅能够造成心理契约的违背，积累到一定的阶段就会造成心理契约的破裂。在研究中我们发现，心理契约的未履行并不一定会造成团队成员的离开，但是问题只是被隐藏和积累起来了，在心理契约的违背达到一定程度后，矛盾就会集中爆发。

（四）内部管理混乱

面对不断变化的市场形势，大学生创新创业成员往往容易出现定位不清，即不清楚自己在团队中所扮演的角色，导致团队内部管理混乱，在处理出现的问题时相互推诿，这引发成员之间的相互猜疑和不信任，最终导致团队的分裂甚至解散。

三、打造大学生高效创新创业团队的路径

创新创业就是发现或创造市场机会，利用与开发潜在的市场机会来满足客户的需求。发现与利用机会，创造与分享租金，这需要创新创业团队具有发现市场机会的能力，要能够从各种要素市场上获得资源，并且要有能力组合与配置资源来开发利用机会。创新创业团队的产生源于对机会的开发利用。因此，建设一支高效的大学生创新创业团队应注意以下几个方面。

（一）强调志同道合，重视团队目标的制定

首先，团队成员要志同道合。志同道合是彼此合作的基础，志同道合的创新创业者之间形成的心理契约才会更稳固，也只有志同道合的创新创业者才能在创新创业的道路上相互体谅、共同承担、风雨同舟。志不同道不合很容易在合作的过程中产生分歧和争吵，而各自的信念和想法也很难融合在一起，即使是为了共同创新创业勉强融合，也会在今后的进程中逐渐暴露出不可调和的矛盾，使合作很难取得成功，而创新创业的成功就更遥不可及。

其次，制定科学合理的团队目标。在团队建设中，有人做过调查，问团队成员最需要团队领导做什么，70%以上的人回答：希望团队领导指明目标或方向；而问团队领导最需要团队成员做什么，几乎80%的人回答：希望团队成员朝着目标前进。从这里可以看出，目标在团队建设中的重要性，它是团队所有人都非常关心的事情。团队目标是一个有意识的选择并能表达出来的方向，它运用团队成员的才能和能力，促进组织的发展，使团队成员有一种成就感。因此，团队目标表明了团队存在的理由，能为团队运行过程中的决策提供参照物，能成为判断团队进步的可行标准，还能为团队成员提供一个合作和共担责任的焦点。团队目标是把团队成员凝聚在一起的重要基础，也是团队努力的方向，它能使团队成员在心理上彼此认同，产生一体感，集体意识增强，也能促进团队全体成员更容易迸发行动的力量，最大限度地为团队目标共同努力，从而产生团队精神。制定团队目标时应遵循"黄金准则"，即SMART 原则：明确性（specific）、可衡量性（measurable）、可接受性（acceptable）、实际性（realistic）和时限性（time and resource constrained）。

（二）注重优势互补，加强团队精神的培育

首先，团队成员要优势互补。团队成员之间需要了解彼此的优势和劣势，扬长避短，优势互补，在创新创业中充分发挥每个人的优势，使得"1＋1＞2"，从而实现整个组织所拥有的技能、知识、资源等最大化，使创新创业企业能够更快地步入正轨并稳步发展。

其次，培育团队精神。团队精神，简单来说就是大局意识、协作精神和服务精神的集中体现。团队精神的基础是尊重个人的兴趣和成就，核心是协同合作，最高境界是全体成员的向心力、凝聚力，反映的是个体利益和整体利益的统一，并保证组织的高效率运转。团队精

神的形成并不要求团队成员牺牲自我，相反，挥洒个性、表现特长，才能产生真正的内心动力，进而保证完成任务目标。团队精神是组织文化的一部分，良好的管理可以通过合适的组织形态将每个人安排至合适的岗位，充分发挥集体的潜能。如果没有正确的管理文化，没有良好的从业心态和奉献精神，就不会有团队精神。

（三）创新创业团队的冲突管理

冲突是指某种不一致或对立状况而使人们感知到彼此不相融合的差异。差异本身是否客观存在并不重要，只要团队成员感觉到差异的存在，就处于一种冲突状态。在创新创业团队运行过程中，各种冲突会不断产生，必须正视各种冲突风险，寻找有效的解决措施，不然，就会有团队分离、创新半途而废的危机。创新创业团队所面临的冲突风险主要有两个层面，即团队内部冲突和团队外部冲突。

当然，冲突是一种自然而然出现的现象，任何团队都无法避免，但它未必是消极有害的，也可能成为一种潜在的创造力并最终成为创新的来源和动力。团队冲突的存在对企业团队建设与管理会产生一定的影响，其影响作用有的是积极的、建设性的，有的则是破坏性的，可能造成团队分离。冲突的具有建设性作用，可以从以下几点判断：①冲突双方对实现共同目标都很关心；②冲突双方都愿意了解和听取对方的观点和意见；③冲突双方都以争论问题为中心，互相积极交换情报信息，力求找到较好的解决方法。

总之，在遇到团队冲突时，不能盲目地去消除，而应该首先认清楚冲突的性质。通过协调冲突双方之间的关系，消除破坏性冲突，并引导建设性冲突向有利于创新思想产生的方向发展，而防止其转变为破坏性冲突。让冲突双方站在有利于团队发展的共同基础上来，这是解决各种冲突的根本。

（四）强化团队学习，注重学习型团队的建设

首先，团队成员要重视学习。大学生在学校学习的知识毕竟有限，因此，创新创业并不是学习时期的结束，而是新的学习的开始。所谓厚积薄发，只有不断地学习吸收新的知识和掌握更多、更宽广的技能，才能保持创新创业团队的生命力和创造力。团队中每个成员都需要意识到自己的劣势，通过不断的学习来完善各方面的不足，在团队中形成浓烈的学习氛围，从学习中汲取更多的营养和资源，从而促进整个创新创业团队的强大及创新创业企业更高效和快速的发展。大学生不仅要学习与创新创业相关的专业知识和技能，还要学习创建企业所涉及的法律知识和常识，如《合同法》《公司法》《经济法》《税法》等与经营活动相关的法律知识和工商管理的相关规定，这样才能顺利地创办新的企业，才能在遇到相应问题时妥善解决。

其次，注重学习型团队的建设。所谓学习型组织，是指通过培养弥漫于整个组织的学习气氛、充分发挥员工的创造性思维能力而建立起来的一种有机的、高度柔性的、扁平的、符合人性的、能持续发展的组织。这种组织具有持续学习的能力，具有高于个人绩效总和的综合绩效。企业要发展，必定会扩大队伍。当企业形成一定规模后，可能会出现原有团队成员退出和新成员加入的情况，这时候保持原有创新创业团队的学习力和创造力是非常重要的。

构建学习型团队可以增加企业的压力与动力，可以促进分工与协作，可以很好地保持创新创业团队的创造力和学习力。

（五）创新团队的工作方法

团队必须形成共同的工作方法，即在工作的各个具体方面及如何能把个人的技能与提高团队业绩联系起来等方面取得一致意见。如团队成员必须对相应的工作流程、团队内部沟通方法、协调方法、知识共享方法等问题有共识，知道应该怎样去做工作。有些工作方法是多个团队共有的，有些则是单个团队所特有的，如不同团队内部的不同沟通方法、协调方法等。团队必须通过培训等方式，加强对共同工作方法的认识。然而，对于大学生创新创业团队来说，往往面临一些比较复杂的系统创新，这类创新的不确定性和风险性都比较大，这些共同的工作方法不足以解决团队运行过程中出现的一些问题，如果没有一定的创新方法和工具的帮助，团队成员很容易产生无从下手的感觉，从而导致创新工作无法顺利进行。

随着信息技术的不断发展，各种协助创新的方法和工具开始不断涌现，因此，我们要充分发挥大学生的优势，利用现代信息技术，让计算机和信息网络发挥它们的作用来支撑团队创新。团队成员发挥人的形象思维和直觉思维的优势，再结合计算机给出的（或者挖掘出来的）信息或知识，作出判断，这是人机结合、以人为主的创新方法。

（六）规范制度管理，强化激励机制的建立

首先，建立规范的管理制度。建立一整套规范化的管理制度，做到"事事有人管，人人都管事，管理有标准，考核有依据"，既有利于团队精神的培育，也有利于明确今后的利益关系和分配原则。大学生创新创业团队的形成大多以情感为纽带，但是管理一个团队仅仅依靠友情支配是不够的，还需要理性的和有约束性的规章制度作为共同创新创业的行为准则，这样才不至于在企业发展过程中产生不必要的争议和纠纷，而损害整个创新创业团队的利益。

其次，建立有效的激励机制。良好的激励机制是团队精神形成与维系的核心动力。建立有效的激励机制，不仅是强化大学生的创新创业能力培养、激发大学生学习积极性和创造性的必要手段，也是调动大学生创新创业激情的重要手段。

【案例4.3】

高效优质创业团队成就"印客传媒"

2009年珠港澳青年创业大赛总决赛在珠海市电视台落幕，由中山大学2006级本科生丘兆瀚、周健强、黄腾达等组成的创业团队——"印客传媒"勇夺冠军，同时获得了5万元奖金和最佳创意奖。

曾有人做过统计，90%以上的大学生的创业尝试以失败告终，而这1/10的成功案例里又有一半会被中途放弃。但是丘兆瀚不这么想，创业大赛冠军在他看来只是一个阶段性的成果，是对自己的团队之前的艰辛努力的肯定，而未来对他来说无限广阔。

创意是必然与偶然的结合

外表白净斯文的丘兆瀚从小学开始，就一直担任班长。考入中山大学政治与公共事务管

理学院以后，也参加过学生会和其他社团的活动，但是不同于别人的是，丘兆瀚的父母需要供养他们姐弟俩读中山大学，同时还要抚养家里的两位老人。为了给家庭减轻负担，丘兆瀚刚上大一就申请了学校的助学金，每年 1000～3000 元不等。他还做过书籍团购，上门推销过电热棒，与人合作创办过工作室。虽然大多数工作只是维持一时，但他淡然地说："盈利不是最重要的，积累经验才是我的目的。"

他想要创业的理由简单而真诚："第一就是我比较喜欢创新，不想长大之后给人打工；第二个动力来自我的父母，他们为我付出了很多，我想让他们在晚年的时候享有更好的生活条件。"

大二时丘兆瀚在一堂专业课上找到了自己的创意。那是一堂由聂静红副教授讲的传播学理论课，课上老师讲了"免费DM报纸"的起源和成因。"由广告客户支付报纸的出版费用，并免费提供给读者。读者通过阅读报纸，获取广告信息。"这个别人看来无甚重要，只用来应付考试的知识点，在丘兆瀚心里点燃了火花。"既然报纸可以免费，校园里数量巨大的打印复印可不可以免费呢？如果采取第三方支付的方式就能实现！"

丘兆瀚与几个好友分享自己的想法后，大家一拍即合，决定以此创业。经过一个寒假的筹备，组队、扩充设备、联络赞助商、写商业计划书等，他们的创意得到不少人的支持，还邀请到一位市场营销专业的老师做顾问。"机会从来就是留给有准备的人的。"从第一个客户的"咕噜咕噜"饮品店开始，"印客传媒"的前身"福瑞印务"渐渐地被越来越多的同学所熟知，并在校内受到了热烈欢迎。

在学校赚到人生"第一桶金"

2009 年 3 月初，"福瑞印务"参加第二届"赢在中大"创业技能及策划大赛，荣获四校区总决赛季军，2009 年 8 月入驻中山大学科技园。他们成立了广州福印广告有限公司。公司旗下的子品牌，以"免费打印"为主要业务的"印客传媒"已经成功进驻广州大学城中山大学、广东外语外贸大学、广州中医药大学、广州药学院等多所高校。以"搭建一个全新的传播平台，打造一支高效的工作队伍，树立一个令人尊敬的传媒品牌"为宗旨，"印客传媒"在不断发展过程中形成了独具特色的"融洽，高效，担当"的团队文化。而丘兆瀚也从 2009年开始不用再申请学校的助学金了。

"除了父母始终如一的信任和支持，没有什么比一支好的团队更重要。"丘兆瀚说，"我们的队员来自不同院系，能力、思维方式等方面的互补，让我们在对实际问题的解决上更全面客观。"他还强调了一点："预见性也很重要。这一点是我一直坚持的。这让我们在创业过程中紧跟时代潮流，避免了栽大跟头。"

大的挫折没有，但是小困难是不可避免的。"印客传媒"团队在创业之初，有过一段资金缺乏的时期，商家觉得大学生创业没有经验，担心投资风险太大，因此大部分资金是丘兆瀚的朋友们慷慨解囊相助的。

记者问道："有没有想过万一项目失败了怎么办呢？"丘兆瀚爽朗一笑："这个问题还真没有想过呢。创业一直是我的理想，我永远不会放弃的。"

参加比赛让他们更了解自己

两次参加创业大赛都获了大奖，丘兆瀚表示自己和团队其实并没有特意做准备，只是将最真实的自己展现在评委面前。丘兆瀚说，比赛期间最辛苦的是三天两头地要在广州与珠海之间跑。"打比赛的这一个月，我几乎有大半个月是在珠海度过的。"

但是比起比赛的辛苦，丘兆瀚认为得到的意外收获比付出要多得多。"首先是我们通过参赛再一次确定了项目的价值，还认识了很多朋友，从选手、评委的意见中学到了更多不同领域的知识，也更加清楚自己的不足与优势在哪里。"

在创业时期，中山大学软件学院的黄明龙为了这个项目放弃了保研到华南理工大学的机会，而另一位队员黄腾达同学则面临着出国与否的选择，这两个队友经过与父母的协商最终都选择了留在丘兆瀚的团队里。他们对于这个团队的归属感与信任感，让丘兆瀚非常感动。他笑着说："我们经常一起出去唱卡拉OK、烧烤、郊游等，队员之间有时候会调侃地称我为'老板'，叫周健强就是'副总'，黄明龙就被戏称为'黄工程师'……"

资料来源：佚名. 2014-7-23. 大学生创业案例与启示. http：//wenku.baidu.com/.view/cf7fe15dcc175527072208dd.html。

【导师点评】

一个好的团队是创业的根本保障，而一个具有核心文化的创业团队则更具有生命力。案例中，"印客传媒"在不断发展过程中不仅形成了独具特色的"融洽，高效，担当"团队文化，而且通过核心文化创造了一种团结协作的创业氛围，充分发挥了集体的智慧。因此，"印客传媒"创业团队给人的印象就是"他们有一支高效、优质的团队"。而丘兆瀚选择队友秉承的一贯原则就是"不选最优秀的，只选最合适的。"事实也证明，经过此原则选出的"印客传媒"团队的队员们，经过了短暂的磨合期之后，一直"相亲相敬"。相较于其他团队遇到挫折时的"严重内耗"，他们合作得非常愉快。这些正是其成功的法宝。

思考题：

1. 简述创新创业团队的定义与构成要素。
2. 高效创新创业团队的主要特征有哪些？
3. 简述大学生创新创业团队三种典型模式的特征。
4. 简述创新创业团队建设的一般过程。
5. 简述大学生创新创业团队建设的路径。

资料参阅及链接：

包玉花. 2015. 如何组建创业团队[J]. 人间，（29）：188.

陈键. 2017. 大学生创业团队特征与创业结果研究[J]. 青年探索，（1）：3.

陈向东. 2016. 做最好的创业团队[M]. 北京：中信出版社.

储盈. 2012. 带好创业的第一个团队[M]. 北京：中华工商联合出版社.

戴冠宏. 2016. 打造超强创业团队[M]. 北京：中国铁道出版社.

高其胜. 2016. 互联网+时代大学生创业团队创业力及培养开发研究[J].科技创新导报，（13）：24.

金晶.2016. 大学生组建创业团队的实践研究[J].时代农机,（11）：98.

李坤益.2012. 基于团队角色理论的创业团队建设与岗位配置[J]. 中国商贸,（5）：30.

刘文超,辛欣,张振华.2013.大学生创业团队的组建动机与组建过程研究[J].管理观察,（12）：57-58.

刘燕.2008. 创业团队研究的理论视角及其进展[J]. 人类工效学,（3）：66.

马莉,周小虎.2016. 创业团队组建管理与激励机制研究[J]. 价值工程,（16）：35.

《商界非常道》栏目组.2014. 投资人与创业团队的那些事[M]. 北京：中国人民大学出版社.

徐畅.2016. 大学生团队创业模式的探索与研究[J].产业与科技论坛,（5）：15.

张文强.2014. 创业团队[M]. 北京：中国人民大学出版社.

赵建国,王学梅.2016. 大学生跨年级创新创业团队组建探析[J]. 创新与创业教育,（3）：39.

第五章
整合创新创业资源

> 我认为世界上有四种壁垒，第一是制度壁垒，比如中国移动，别人干不了，需要有牌照；第二是资金壁垒，动辄要几百亿美元，一般人干不了；第三是技术壁垒，有专利保护，别人也不能干。第四是稀缺性资源的占有，这就是我这个行业的壁垒，比如说整个写字楼我把它都占了，签了独家的协议，别人就很难干。
>
> ——江南春

【本章导读】

首先，阐述了创业资源的内涵，在此基础上从不同的角度对创业资源进行了分类，进一步分析了创业资源的特征。其次，介绍了影响创业资源获取的原因、创业资源获取能力分析及创业资源获取的途径。最后，介绍了具体创业资源整合的原则和方法。

【学习要点】

1. 理解创业资源的内涵及主要分类。
2. 了解影响创业资源获取的原因，掌握创业资源的获取途径。
3. 掌握创业者资源整合的原则和方法。

第一节　创业资源及分类

一、创业资源的内涵

蒂蒙斯创业
过程模型

什么是资源？资源就是任何一个主体，在向社会提供产品或服务的过程中，所拥有或者支配的能够实现自己目标的各种要素及其组合。一个资本家的资本是他的重要资源，一个工人的生产能力是他的重要资源，一个农民的土地是他的重要资源，一个生产型企业的资源主要包括人、财、物。什么是创业资源呢？创业资源是企业创立及成长过程中所需要的各种生产要素和支撑条件。例如，在案例 5.1 中所讲到的马云的"十八罗汉"、50 万元初始资金、来自资本方的融资等都是阿里巴巴的创业资源。而创业本身就是对创业资源的整合。简单地说，创业资源就是创业者所需具备的部分创业条件。

【案例5.1】

马云和他的创业资源

图 5.1 为 2009～2016 年淘宝天猫平台交易额的数据走势，短短七年，淘宝天猫平台的交易额从 0.52 亿元增长为 1207 亿元，增长了 2000 多倍。2016 年，阿里巴巴已经成为亚洲市值最高的上市公司和全球最成功的互联网企业之一。

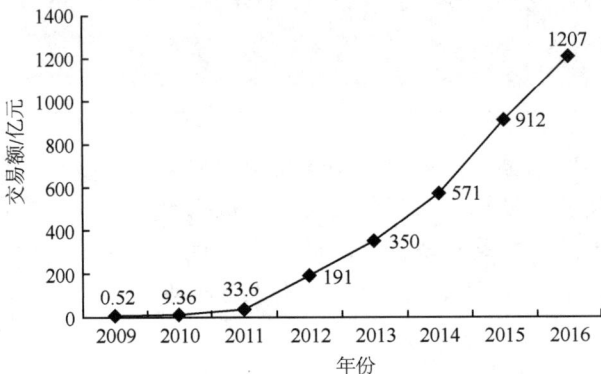

图 5.1　2009～2016 年淘宝天猫平台交易额数据走势

到底哪些资源支撑了马云的成功创业？阿里巴巴创业初期的"十八罗汉"是阿里巴巴成功创业必不可少的人力资源；在初创期马云和他的团队凑出的 50 万元是阿里巴巴的启动资金；运营中国黄页的经历使马云积累了宝贵的互联网公司运营经验，并在与原对外贸易经济合作部的合作中接触到了电子商务的理念；阿里巴巴的第一位首席财务官蔡崇信将阿里巴巴做成了公司，并以正式合同的形式，将最初"十八罗汉"团队的利益绑到了一起；阿里巴巴网站是马云提供产品和服务的载体，是马云创业过程中的核心产品资源，也是阿里巴巴商业模式中的重要一环；1999 年年底马云从软银获得的 2500 万美元的融资使阿里巴巴安然度过了 2000 年前后的互联网寒冬；2005 年马云从雅虎公司获得 10 亿美金的融资，以这笔资金为后盾获得了与 eBay 的在市场中的激烈竞争机会；2007 年阿里巴巴在香港联合交易所主板挂牌融资 17 亿美元，进一步开拓了阿里巴巴的融资渠道。所有这些资源都对马云的成功创业产生了至关重要的影响。

【导师点评】

创业活动的显著特点之一是在资源高度约束的情况下开展商业活动，大多数创业者在启动创业活动之初资源都相当匮乏，因此，资源整合和管理能力必然成为创业者开展创业活动的必修课程。在现实生活中，优秀的创业者在创业过程中所展现出的卓越的创业技能之一便是创造性地整合资源。案例 5.1 中马云所整合的创业资源如图 5.2 所示。

图 5.3 为蒂蒙斯创业过程模型。在蒂蒙斯模型中，商机是创业过程的源头和起点，团队是创业过程的执行者，资源是创业过程的支撑环境。如果我们把蒂蒙斯创业过程模型看作是一个铁三角，那么创业资源就是铁三角中的重要的一角，直接影响创业过程。如果商业机会是创业过程的核心驱动力，创始人或工作团队是创业过程的主导者，那么创业资源就是创业成功的必要保证。创业过程就是商业机会、创业者和创业资源三个要素匹配和平衡的结果，本质上是创业团队抓住商业机会、整合创业资源的一个过程。回顾马云成功创业的

过程，中国电子商务市场是商机，马云和他的"十八罗汉"抓住了这个商机，在不同的创业阶段通过对一系列创业资源的整合实现了成功创业，这一系列创业资源构成了马云成功创业的支撑环境。

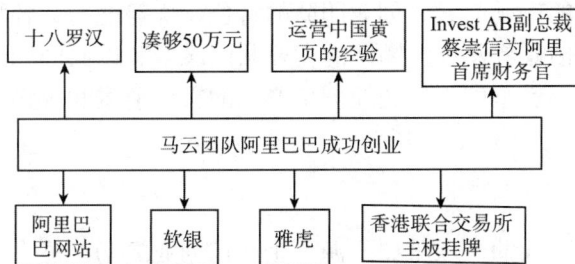

图 5.2　马云和他的创业资源

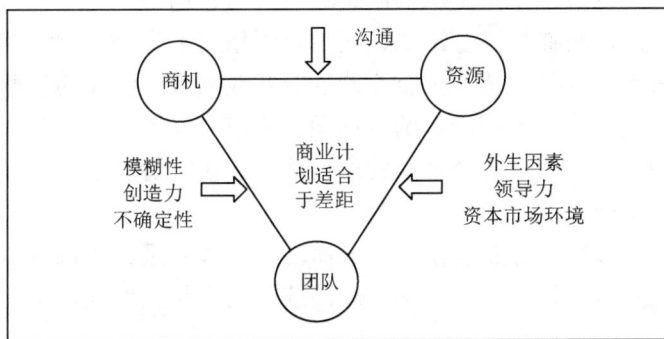

图 5.3　蒂蒙斯创业过程模型

资源是新企业创建和成长的生命线，然而由于资源的异质性，部分资源可通过市场购买，而另一些则难以通过市场渠道获取。也就是说，异质性的资源并不能直接为企业带来持续的竞争优势，这需要资源整合来创造价值。

二、创业所需资源

对于创业者而言，不可能拥有创业所需的全部资源。这就需要借助适当形式的市场联系和利益关系，在资源的控制者与创业者之间架起桥梁，将有关的资源有效地组合起来。创业者需要得到有效的商业计划，需要有促进企业创办的启动项目，需要有优秀的创业人才，需要有效地引入风险投资，需要得到足够的信息资源。

（一）优秀的商业计划

一般意义上的商业计划，常被认为是创业者吸引投资家投资的一份报告性文件，但事实上，商业计划对于任何形式出资的创业者都是需要的，因为创业并不是只凭热情、冲动，而是一种理性的行为。因此，在创业前，做一个较为完善的计划是有非常重要意义的。一份完善的商业计划可以成为创业者的创业指南或行动大纲，这本身就是创业企业的一种资源。除此以外，当然，商业计划也可以用来向风险投资家游说以取得创业投资。从这个意义上讲，一个优秀的商业计划也会成为创业者吸引资金的"敲门砖"和"通行证"，为创业者引来新的资源。

商业计划书作为吸引风险投资的必要文件，能够引起风险投资家的足够重视，吸引他进行进一步考察，从而作出投资决策，进入实质性合作阶段。一份优秀的商业计划书要将创业者的人品、素质、修养、能力、个人魅力等特性，创业企业所拥有的产品技术比较优势，产品后续研发能力、广阔的市场前景、创业团队的特色、优势能力、各种有利因素等编写得全面而有特色。可以说，创业者及创业团队的创业共同愿景和以共同愿景为基础形成的创业企业文化及创业企业的核心竞争能力、企业创新产品的市场前景和市场潜力，共同形成了商业计划书的"灵魂"。

（二）优先项目

优先项目也是创业企业的一项重要资源。企业在创业之初可能有一个或者几个项目，这些项目可能具有广阔的市场前景和丰厚的投资回报率。但是对于一个初创企业，同时选定几个项目进行开发和市场调研，无论是从初创企业的人力、物力还是从财力上来说都有些不切实际。企业在初创时期，面临着资金短缺、人力资源相对不足等问题，在这样的条件下。起步项目的选择就显得十分重要。从不少企业的创业实践来看，创业的失败多数是创业的启动项目选择不当引起的。因此，选择创业的启动项目应慎之又慎。

以产品项目为例，说明如何选择创业的启动项目。通常情况下，以产品项目为创业的启动项目，需要考虑以下问题：

（1）产品先进性、市场优势及前景。一般而言，功能先进、预期成本水平适当的产品才能算是先进的产品，同时要看该产品与同类产品或相近产品相比是否具有比较优势，是否具有广阔的市场前景。

（2）产品生产技术的先进性和成熟性。现实中不乏产品设计先进但产品成品落后，从而缺乏市场竞争力，造成新创企业不战自败的例子，其原因往往就在于创业者没有掌握先进、成熟的生产技术。

（3）特定产品项目的投入要求和生产许可。一般而言，推动任何产品项目，创业者总需要投入一定量的生产资金，需要征得政府有关部门的生产许可。

（4）项目预期的财务效益。起步项目可能产生的财务效益，是新创企业生存与发展的资金源泉，也是创业者的初衷所在，因此，选择起步项目就必须发自内心地关心它可能形成的财务效益。

（5）特定项目对于企业技术价值成长性的贡献。在企业创业特别是高新技术企业创业中，新创企业技术价值的成长性决定着企业未来的命运。如果企业的技术价值不具成长性，则随着新技术的不断涌现及技术进步的加快，其技术日趋陈旧，就必将被市场无情地抛出高新技术企业的行列。因此，企业在选择起步项目时，还必须预期特定项目对于新创企业技术价值成长性的贡献。

（三）创业人才

在创业要素中，人是最核心的要素，人力资源是任何企业中最宝贵的资源，经济学家称之为第一资源。

创业者作为创业企业的发起者和领导者，其个人品质、素质及能力对创业企业的成功起着至关重要的影响作用。对于一个创业人员来说，首先，要具备创业品质，这一品质包括具有独立性、勇气、吃苦耐劳、毅力、社会责任感及信用；其次，要具备一定的创业知识素质，比如要有一定的专业知识背景，了解有关创业的各种知识，有一定的市场经济理论基础；再次，要有一定的管理理论基础，懂相关的法律知识；最后，应具备一定的表达能力和人际交往能力，以及管理能力、经营能力和创新能力。当然，并不是说创业者必须要全部具备这些能力和素质，有很多创业者在创业之初也并非具备所有的这些能力，但是在创业企业中，具备这些能力的人才是必不可少的。

资金和市场是企业初创期最大的困难，因此，许多初创企业将大部分的精力都投在了融资和开拓市场方面，这样往往使他们没有更多的精力投在人力资源管理上。我们常常看见初创企业大量呈现靠同学圈、朋友圈组建的，管理完全是家族式的，更多地诉诸情感，而不是规范制度的粗放型人力资源管理。这种低层次的人力资源管理所隐含的弊端在企业初创期还不会凸显，但这并不是说就不会发生问题。在科技型的初创企业中由于中小企业规模小、人数少，加上知识型企业特有的工作性质，员工往往是一人多用，因此，哪怕是一名智力型人员的流失都有可能导致整个项目的中途夭折，给企业带来巨大的损失。所以，管理和激励智力型人员与企业建立长期稳定的关系，对于新创企业的长期发展有着重大意义。

（四）核心技术

企业的核心能力是企业获得持续竞争优势和推动企业不断成长的内在因素，作为核心能力要素中的第一要素的核心技术，是构成核心能力最核心的部分，世界级的大公司在研究开发的巨额投入中，倾向于投向一个或几个集中的领域以形成一项或几项核心技术。例如，NEC公司在数字技术，特别是超大规模集成电路技术和系统集成技术等方面形成了强大的竞争优势。本田公司的发动机技术使其在汽车、摩托车制造业中长期处于领先地位。英特尔公司在存储器和微处理器上所形成的核心技术，使其完成了从3101半导体存储芯片到1101和1103半导体存储器，再到286、386直至586微处理器和今天的"奔腾"二代、三代、四代微处理器等一步步的技术跨越，在计算机领域建立了牢不可破的优势。核心产品可能是由核心技术直接延伸的产品系列，或者可能由一个或多个核心技术支撑纵向延伸形成几大支柱产品，再通过市场相关的横向扩张形成更广的产品系列。拥有一项或几项核心技术能使企业在某一方面领先于同类企业，形成独特的竞争优势。

对新创企业而言，由于资金和人力资源的相对短缺，不可能像大公司和大企业那样在研发上投入巨额资金和大量人力来形成某项核心技术。新创企业的核心技术可能仅仅是在某项技术的某一个方面与其他同类企业相比具有比较优势，这也是新创企业的核心资源。同时，新创企业成立和发展所依赖的技术还包括起步项目需要的技术，发展到一定阶段后拓展业务需要的技术及解决技术瓶颈所需要的技术，这些都是企业的资源。

（五）创业资金

资金是企业运营的血液，没有资金，创业企业及创业管理团队就无法生存。创业过程的每一环节、每一阶段，都需要足够的资金支持。对于新创企业来说，企业的创业期表现为企业的高投入期，且任何不确定的风险因素都会直接或间接地转化为对投资增加的需求。创业家在设立企业和起步项目要求的资金是创业所需最基本的资金。设立企业过程中，种种费用如调研费、咨询费、公关费、注册登记费、办公设施费及人员招聘培训费等都是必需的。同时，使企业得以生存与发展的起步项目的运行同样需要各种费用，如技术获取费用、固定资产投资、运行费用、许可证费用和市场开拓费用等。

在创业的起步阶段，创业者通常要筹集一定量的自有资金，甚至是节衣缩食，以筹集创业起步的"开门资金"，这是国外创业者的常见做法。对于绝大多数缺少自有资金但持有技术的创业者而言，真正谋求起步的资金来源主要是以下几类。

1. 内筹

内筹即依靠亲朋好友筹集资金，但这多数是作为个人借款来筹集的，双方仅形成债权和债务关系。客观地看，改革开放初期，我国不少民营新创企业就是依靠这类筹资方式起步的。

2. 外募

这主要是以个人财产作为抵押，向商业银行或非银行金融机构贷款，后者如信托投资公司、信用社及向有闲置资金的企业贷款。

3. 所有权融资

这主要是吸引新的拥有资金的创业同盟者加入创业团队；或者是吸引风险投资者的股权资金投入；或者是吸引拟拓展新事业、新业务的既有企业以股东身份向新创企业投资，参与创业活动。目前在我国，这一融资方式是最为可取的技术企业融资方式，因为它可以将资金的拥有者与技术的拥有者或持有者紧密地联系在一起，通过整合资源，达到共同创业的目的。

4. 政府的投资

政府的投资是我国科技创业资本的重要资金来源，特别是对高新技术企业而言，如果新创企业具备核心技术竞争能力，且具有良好的外部经济性，那么就可以申请政府的资金支持，这一资金渠道发挥着无可替代的作用。

（六）社会联系

创业离不开人际关系。"社会联系较多者创业的个人成本较低"是一个公认的事实。换言之，只要有四个人，即懂市场的人、掌握技术的人、社会联系特别是与政府联系较多的人、能筹集到资金的人，就可以创办一家企业。由此不难看到广泛的社会联系对于创业活动的重要性。创新创业社会资源指由于创新创业者或创新创业团队的人际社会关系网络而形成的关系资源。社会资源可以说是人力资源的一部分。

当然，创业者不可能拥有创业所需的全部资源，这就需要借助适当的方式，在资源拥有者、控制者与创业者之间架起桥梁，将有关资源有效地整合起来。这要么借助外部市场交易的方式，要么借助内部管理交易的方式。

三、创业资源的分类

（一）形态角度：有形资源和无形资源

根据创业资源的形态，可以将创业资源分为有形资源和无形资源。有形资源是指可见的、能用货币直接计量的资源，主要包括物质资源和财务资源，如阿里巴巴初创时期的50万元启动资金、马云的"十八罗汉"。无形资源是指企业长期积累的、没有实物形态的、甚至无法用货币精确度量的资源，通常包括品牌、商誉、技术、专利、商标、企业文化及组织经验等，如阿里巴巴初创时期马云运营中国黄页的经验。在初创期，有形资源和无形资源同样重要，特别是对于目前初创企业中占比最多的轻资产企业来说，更要充分重视无形资源。

（二）利用方式角度：直接资源和间接资源

根据创业资源的利用方式，可以将创业资源分为直接资源和间接资源。直接资源主要包括财务资源、经营管理资源、人才资源、市场资源；间接资源主要包括政策资源、信息资源、科技资源。在创业初期，创业者对于间接资源也要给予足够的重视。比如，网约车国家政策的调整直接会对移动出行领域的运营模式产生影响，而来自竞争对手的信息资源能够对企业运营产生重要影响。

（三）重要角度：核心资源和非核心资源

根据创业资源的重要程度，可以将创业资源分为核心资源和非核心资源。核心资源一般具有以下特性：有价值，对创业者而言，有助于机会识别与开发的资源都具有价值，从管理角度讲，当一种资源对管理活动的效率和效果有帮助时，就可以被视为有价值的；稀缺性，如果有价值的资源已经被大多数竞争者所拥有，这种资源就不足以形成竞争优势了，稀缺性实际上是供求不平衡的状态；难以模仿性，稀缺的资源很重要，但最好还是难以模仿的资源，或者是竞争对手需要付出极大的代价方能复制的资源；不可替代性，管理的一项重要任务是做好资源之间的替代，追求更好的效果，而且大多数资源之间具有替代关系，不可替代的资源是无法被一般性资源所取代的战略性资源，不可替代性往往与稀缺性紧密相连；可延展性，可以使企业进入相关市场进行竞争。在案例 5.1 中我们讲到蔡崇信是阿里巴巴的核心人力资源，具有稀缺性，为企业所特有，具有可延展性，为阿里巴巴搭建了与高盛及硅谷相关资源的桥梁，为阿里巴巴制定了规范的股份结构。核心资源和非核心资源会随着企业所处发展环境和发展阶段而改变，如雅虎为阿里巴巴提供的 10 亿美元的融资在阿里巴巴与 eBay 激烈的角逐阶段属于核心资源，但是到了阿里巴巴准备赴美国上市时又带来了股权和控制权方面的麻烦。

（四）控制主体角度：自有资源和外部资源

根据创业资源控制主体的不同，可以将创业资源分为自有资源和外部资源。自有资源来自企业内部积累，是创业者自身所拥有的可用于创业的资源；外部资源可以包括朋友、亲戚、商业伙伴或其他投资者的资金，还包括借到的人、空间、设备，或通过提供未来服务、机会等换取到的资源，甚至包括社会团体或政府资助的资源。比如，阿里巴巴来自软银、雅虎的资源就属于外部资源。需要大家注意的是，外部资源的充分使用能使企业发展借助外力，实现快速发展。

（五）内容角度

从企业资源的内容角度出发，可以将企业资源分为：人才资源、资金资源、信息资源、市场资源、人脉资源、物质资源、组织资源和技术资源。

（1）人才资源。在创业过程中，需要考虑到的是组建结构合理优势互补的创业团队，如马云和他的"十八罗汉"，马化腾和他的"四大金刚"。除此之外，还要考虑其他需要用到的各类人力资源。

（2）资金资源。资金是创业过程中必不可少的资源。无论是产品研发还是生产销售，无论是市场开拓还是渠道建立，无论是新客户资源开发还是老客户关系维护都需要资金。马云拿到了雅虎的 10 亿美元的融资才战胜了 eBay，滴滴推广背后离不开腾讯等资本方的大力支持。初创企业特别是轻资产类初创企业，没有可抵押资产很难从银行贷款，如何形成稳定的商业模式、探索有效的盈利模式、产生自我造血功能，如何开拓资金来源引进外来资金，是创业企业需要重点关注的内容。

（3）信息资源。信息资源是创业企业进行科学决策的重要依据。收集掌握企业内部的信息有利于掌握企业自身的运营状况。收集整理客户信息，才能精准发现细分领域客户，有利于准确把握客户需求、解决客户痛点、提高客户体验。收集竞争对手信息，有利于在竞争中占据优势地位。收集政策信息，有利于把握政策带来的机遇，降低政策带来的风险。特别是在大数据时代背景中，如何利用新技术、新模式获取有用的信息是创业企业需要重点关注的内容。

（4）市场资源。市场资源是指企业所控制或拥有的与市场密切相关的资源要素。主要包括各种有利的经营许可权、企业现有各种品牌、企业现有销售渠道、企业现有顾客及他们对企业产品或服务的忠诚度，以及其他各种能为企业带来竞争优势的合同关系等。阿里巴巴最核心的市场资源就是阿里巴巴平台上集聚的买家用户和卖家用户，滴滴补贴占领的是司机端用户和乘客端用户资源。这些都是市场资源。

（5）人脉资源。创业离不开人脉。美国有一句流行语："一个人能否成功，不在于你知道什么，而在于你认识谁。"马云通过蔡崇信在美国投资界的人脉资源成功从高盛拿到了第一笔天使投资。马化腾在最困难的时期通过团队在香港投资领域的人脉关系拿到了 220 万美元的融资。

（6）物质资源。物质资源是指企业的有形资产，包括厂房、软硬件设备、原材料等。除了某些稀缺产品，物质资源的缺乏一般可以通过资金来解决。

（7）组织资源。组织资源指企业中实际存在的组织运行机制、管理制度及创业者所拥有的管理经验、知识和管理能力。例如，韩都衣舍作为较有影响力的时尚品牌孵化平台，通过产品小组的组织形式，有效解决了服装行业库存大的难题。

（8）技术资源。技术资源是指对企业具有商业价值的科技成果、生产工艺过程或作业程序等。创业企业要注意通过申请专利等形式来保护本企业的技术资源。

第二节　创业资源的获取

一、影响创业资源获取的原因

新创企业在获取创业资源的过程中，有的企业获取创业资源的能力强，而有的企业获取创业资源的能力弱。以阿里巴巴的发展为例，影响企业获取创业资源的能力因素主要包括以下几个方面：一是对创业资源的敏锐性、创新性，马云在经营中国黄页及与原对外贸易经济合作部的项目合作中接触到了电子商务的概念，敏锐地抓住了商机，创立了阿里巴巴；二是成功创业的欲望，马云在初创期就对他的"十八罗汉"发表演讲，要创立具有世界影响力的电子商务企业，创业成功的欲望使他在创业过程中保持着对获取创业资源的原动力，从组建核心团队到拿到高盛的第一笔融资，从引入软银到获得雅虎的支持，马云一直在如饥似渴地获取创业资源；三是创业团队人员综合能力，回顾马云在软银融资的过程，马云及其团队正是通过其企业的综合能力打动了投资者，这就是著名的三分钟洽谈融资2500万美元的故事；四是人脉关系，马云能拿到高盛的融资正是因为蔡崇信有人脉关系；五是企业的成长能力，马云在企业发展过程中说服投资者的最重要的原因就是企业的成长能力，包括后期说服雅虎放弃决策权也是通过企业的成长能力来实现的。

二、创业资源获取能力分析

（一）创业主体分析

对于创业主体分析，需要分析的因素主要包括：创业者的素质（如马云的坚持与执着，程维的长袖善舞）、创业团队的组合（如阿里巴巴有马云和他的"十八罗汉"、腾讯有马化腾和他的"四大金刚"、滴滴有程维和柳青的最佳拍档）、专家、顾问的影响力（如马化腾对于程维的帮助）、公共关系能力（如马化腾对于李克强总理关于网约车的合法化问题的建议）。

（二）创业客体分析

对于创业客体分析，需要分析的内容主要包括：产品的创新性、产品的市场前途、产品的预期收益和企业的成长能力四个方面。

（三）创业环境分析

创新创业环境是指创业者周围的境况，是在创新创业者在创新创业的整个过程中，围绕着创新创业企业生存和发展变化，对其产生影响或制约创新创业企业发展的一系列外部因素及其所组成的有机整体，是创新创业者及其企业产生、生存和发展的基础，是创新创业活动的基本条件。其构成要素主要涉及金融支持、政府政策（地方政府对创业的积极政策、税收优惠）、政府项目支持（政府项目中的资金和政策类支持项目）、教育与培训（创业与工商管理教育）、研究开发转移（新技术从发源地的转移）、商业环境和专业基础设施、国内市场开放程度、有形基础设施、文化与社会规范等几个方面的因素。目前，对于创业环境的分析主要包括市场发展程度、政府政策支持、基础设施状况和配套服务水平四个方面。

三、创业资源获取途径

（一）获取技术资源的途径

新创企业获取技术资源的途径主要包括：吸引技术持有者加入创业团队；购买他人的成熟技术，并进行技术市场寿命分析；购买他人的前景型技术，再通过后续的完善开发，使之达到商业化要求；购买技术和吸引技术持有者加入；自己研发。

（二）获取人力资源的途径

人力资源特别是构建创业团队核心人力资源的获取途径，十分复杂和随机。目前，新创企业获取人力资源的途径一般包括：利用学习、工作及生活的社交圈；参加校园活动、创业大赛；拜访最优秀的人、猎头公司等。

（三）获取营销网络的途径

新创企业获取营销网络的途径主要包括：借用他人已有的营销网络，使用公共流通渠道；自建营销网络与借用他人营销网络相结合，扬长避短。

（四）获取外部资金资源的途径

新创企业获取外部资金资源的途径主要包括：依靠亲朋好友筹集资金，双方形成债权债务关系；抵押、银行贷款或企业贷款；争取政府某个计划的资金支持；所有权融资，包括吸引新的拥有资金的创业同盟者加入创业团队，吸引现有企业以股东身份向新企业投资，吸引企业孵化器或创业投资者的股权资金投入；通过详尽可行的创业计划吸引风险投资基金股权投资。

第三节　创业资源的整合

【案例 5.2】

借力修天桥

在天津生活的人都知道国际商场——天津市第一家上市公司。国际商场紧邻南京路，是一条十分繁忙的主干道，道路对面就是滨江道繁华的商业街。在国际商场刚开业时，门口并没有过街天桥，行人穿越南京路很不方便也不安全。"应该修建天桥"，估计经过那里的人都会很自然地这么想。但是，估计绝大多数有这样认识的人会觉得这个天桥应该由政府来修建，所以想想、发发牢骚也就过去了。有一天，一个年轻人也产生了这样的想法，他没有认为这是政府该干的事情，而是立即找政府商量，提出自己出钱修建过街天桥，希望政府批准，前提是在修建好的天桥上挂广告牌。不花钱还让老百姓高兴，再说天桥也不注明谁出资修建，政府觉得不错，就同意了。这个年轻人拿到政府的批文，立即找可口可乐这些著名的大公司，洽谈广告业务。在这么繁华的街道上立广告牌，当然是件好事情。就这样，这位年轻人从大公司那里拿到了广告定金，用这笔钱修建了天桥还略有剩余。天桥修建好了，广告牌也挂上去了，年轻人从大公司那里拿到余款，这就是他的第一桶金。

【导师点评】

借力修天桥这样一个真实的故事，是一个"无中生有"的故事，也是一个近似于"空手套白狼"的故事。故事中的主角，看到了修天桥防止行人横穿马路的客观需求，这位年轻人没有钱，也没有花自己的钱，却把天桥修起来了。修建天桥的钱是著名的大公司出的，为什么大公司愿意出钱？因为它们要做广告，这是一笔广告经费投入。这位年轻人是怎样把各方面资源撬动起来的呢？资源整合是企业战略调整的手段，也是企业经营管理的日常工作。整合就是要优化资源配置，就是要有进有退、有取有舍，就是要获得整体的最优。在战略思维的层面上，资源整合是系统论的思维方式，就是要通过组织和协调，整合企业内部彼此相关但却彼此分离的职能。

把企业外部既参与共同使命又拥有独立经济利益的合作伙伴整合成一个为客户服务的系统，取得"1+1＞2"的效果。在战术选择的层面上，整合资源是优化配置的决策，就是根据企业的发展战略和市场需求对有关的资源进行重新配置，以凸显企业的核心竞争力，并寻求资源配置与客户需求的最佳结合点。资源整合的目的是要通过组织制度安排和管理运作协调来增强企业的竞争优势，提高客户服务水平。

根据资源整合的不同层次，可以将创新创业资源整合分为宏观创新创业资源整合和微观创新创业资源整合。宏观创新创业资源整合是指与创新创业有关的政府部门或其他机构（如孵化器）所进行的资源整合工作，其目的是为所有（或者至少是一部分）创新活动或创业企业的成长与发展提供更加便利的条件；微观创新创业资源整合则是指某一个具体的创业企业或创业团队所进行的资源整合工作，其根本目的就是自身的发展。

资源整合是指企业对不同类型资源进行识别与选择、汲取与配置、激活和融合，使之具有较强的柔性、条理性、系统性和价值性，并创造出新的资源的一个复杂的动态过程，是指企业对不同来源、不同层次、不同结构、不同内容的资源进行选择、汲取、激活和有机融合，使之具有较强的柔性、条理性、系统性和价值性，并对原有的资源体系进行重构，摒弃无价值的资源，以形成新的核心资源体系。资源整合主要包括以下四个方面的内容。

（1）内部资源与外部资源的整合。一方面，识别、选择、汲取有价值的、与企业内部资源相适应的诸如隐性技术知识等外部稀缺资源，并把这些资源融入到企业自身资源体系之中；另一方面，实现外部资源与内部资源之间的衔接融合，激活企业内部和外部资源，从而能够充分发挥内部和外部资源的效率和效能。

（2）个体资源与组织资源的整合。一方面，零散的个体资源进行系统化、组织化，能够不断地融入组织资源之中，转化为组织资源；另一方面，组织资源也能够被迅速地融入个体资源的载体之中，能够激发个体资源载体的潜能，提高个体资源的价值。

（3）新资源与传统资源的整合。新资源可以提高传统资源的使用效率和效能，反过来，传统资源的合理利用又可激活新资源，促进隐性技术知识等新资源的不断涌现，如此循环往复、螺旋上升。

（4）横向资源与纵向资源的整合。横向资源是指某一类资源与其他相关资源的关联程度，纵向资源是指某一类资源的广度和深度方面的资源。它们的整合，对于建立横向资源与纵向资源的立体架构，具有十分重要的意义。

一、创业资源整合的原则

原则一：尽可能多地搜寻出利益相关者。美孚石油公司（标准石油）创办人、超级资本家约翰·D. 洛克菲勒有句名言："建立在商业基础上的友谊永远比建立在友谊基础上的商业更重要。"资源是创造价值的重要基础，资源交换与整合显然要建立在利益的基础上，要整合外部资源，特别是对缺乏资源的创业者来说，更需要资源整合背后的利益机制。利益相关者及其相关理论也许有助于帮助我们分析资源整合背后的利益机制。

既然资源与利益相关，要整合外部资源显然要关注有利益关系的组织或个人。利益相关者是组织外部环境中受组织决策和行动影响的任何相关者。要更多地整合到外部资源，就要尽可能多地找到利益相关者；同时，这些组织或个体利益关系越强、越直接，整合到资源的可能性就越大，这是资源整合的基本前提。创业者之所以能够从家庭成员那里获得支持，就因为家庭成员之间不仅是利益相关者，更是利益整体。

原则二：识别利益相关者的利益所在，寻找共同利益。在修天桥的故事中，年轻人利用的利益相关者有政府部门、可口可乐等著名的大公司、行人等。事实上，这个故事中的利益相关者可能还会有许多，多个利益相关者的参与更需要有效的利益机制设计。利益相关者之间的利益关系有时是直接的，有时是间接的，有时是明显的，有时是隐含的，有时还需要创造出来，这与机会识别有很多相似之处。在修天桥的故事中，年轻人和政府、大公司之间的利益关系显然没有那么强，否则天桥早就修建起来了。把相对弱的利益关系变强，多数情况下会有利于资源整合。

利益相关者是有利益关系的组织和个体，有利益关系并不意味着能够实现资源整合，还需要有共同的利益或者说利益共同点。为此，识别到利益相关者后，逐一认真分析每个利益相关者所关注的利益非常重要。在修天桥的故事中，年轻人和公司关注的是经济利益，政府部门关心的是百姓的安全、方便和政绩，修建天桥成为实现各方面利益的共同载体。

原则三：共同利益的实现需要共赢的利益机制做保证，共赢多数情况下难以同时赢，更多是先后赢，创业者要设计出让利益相关者感觉到赢而且是优先赢的机制。有了共同的利益或利益共同点并不意味着就可以合作，只是意味着具备了前提条件。资源整合是多方面的合作，切实的合作需要有各方面利益真正能够实现，这就必须能够寻找和设计出使多方共赢的机制。对于在长期合作中获益，彼此建立起信任关系的合作，双赢和共赢的机制已经形成，进一步的合作并不很难。但对于首次合作，特别是对受到资源约束的创业者来说，建立共赢机制需要智慧。

让我们再看看前面的例子。在修天桥的故事中，年轻人打算修天桥的主要目的当然是挣钱，他的技巧是把挣钱的目的藏起来，从满足对方的利益入手，不让政府出钱还说是政府修的天桥，拿着政府的批文找企业，增强了可信度，让大公司享受在黄金地段做广告的好处。

原则四：沟通是创业者与利益相关者之间相互了解的重要手段，信任关系的建立有助于资源整合，降低风险，扩大收益。资源整合的机制要有利益基础，还要有沟通和信任来维持。沟通往往是产生信任的前提，信任成为社会资本的一个重要因素。卢曼（Luhmann）将信任区分为人际信任和制度信任，认为人际信任建立在熟悉度及人与人之间的感情联系的基础上；而制度信任是用外在的，利用诸如法律一类的惩戒式或预防式的机制来降低社会交往的复杂性。福山等学者进一步认为，人际信任是存在于人际关系中的保障性的信任，而制度信任是由对外的社会机制的信任而产生的一种对人的基本信任，这两种信任共同构成了社会的信任结构。

儒家文化和农耕文化的交互作用，决定了中国社会关系网络的亲疏有序，形成所谓的差序格局特征。在这样的关系网络特征背后，隐藏的就是华人对外信任预期的差序格局，即对血缘关系为纽带的家族成员形成了"起点上的信任"。个体对其家族成员的信任预期与生俱来，尽管这种信任水平可能随着时间的推移，相互作用次数的增加而发生改变，但毫无疑问，这是以情感认同为出发点的信任。正因为此，才决定了华人家族企业创立成长初期运营的高效率，储小平把它叫作家族信任。然而，对家族成员以外的其他人，华人在交往互动过程中不断地将与其有着地缘（如老乡）、业缘（如同事）、学缘（如同学）等联系的外人予以"家人化"，变成"一家人不说两家话"，信任边界在不断扩展着，储小平称其为泛家族信任。这种信任的产生主要来自两个方面，一是双方过去交往的经验，如你来我往，礼尚往来，通过长期交往来形成对他人行为的主观预期，从而产生信任；二是社会相似性而产生的信任，因为相似的社会背景往往意味着相近的行为规范，容易相互理解，在交往或交流中容易达成共识，从而形成信任关系。

区分不同的信任关系，充分认识信任的重要性。作为创业者，要尽快从早期的家族信任，过渡到泛家族信任，进而建立起更宽广范围的信任关系，获取更大规模的社会资本。

二、创业资源整合的方法

哈佛大学教授史蒂文森致力于研究成功创业者利用资源的独特方法。他指出，创业者在企业成长的各个阶段都会努力争取用尽量少的资源来推进企业的发展，他们需要的不是拥有资源，而是要利用这些资源。在实践中，关于人才的吸引和利用，有这样的观念转变，"不求所用、但求所有"，这是早期落后的观念，之后逐渐演变为"不求所有、但求所在""不求所在、但求所用"。观念的变化与时代发展相契合，值得认真思考。

专门研究创业与成长型中小企业的《公司》杂志在 2002 年 2 月刊上发表了题为"零起步"的报道性文章，介绍了一位名为格雷格·简福蒂（Greg Gianforte）的创业者结合自身创业经历对创业的观点。简福蒂认为，缺少资金、设备、雇员甚至缺少产品，实际上是一个巨大的优势，因为这会迫使创业者依靠自有资源，把精力集中于销售，进而为企业带来现金。为了让公司坚持下去，创业者在每个阶段都要问自己，怎样才能用更少的资源来获得更多的利益。

缺乏资源是多数创业者面临的初始条件，缺乏经营业绩、未来发展不确定等一系列因素都使得新创企业与既有企业、大公司相比，在资源获得方面处于劣势。创业者可以创造条件积极争取获取资源，但可行的逻辑是充分利用好已有的资源、身边的资源、别人不予重视的资源，发挥资源的杠杆撬动作用。

（一）控制好资源利用

多数创业者由于受到可用资源的限制而寻找创造性的方式开发机会创建企业，并促使企业成长。学术界用 bootstrapping 一词描述这一过程中创业者利用资源的方法，主要指在缺乏资源的情况下，创业者分多个阶段投入资源，并且在每个阶段或决策点投入最少的资源，也被称为"步步为营"。美国学者杰弗里·康沃尔（Jeffrey Cornwall）2010 年出版的《步步为营：白手起家之道》（Bootstrapping）一书指出，步步为营不仅是一种做事最经济的方法，还是在有限资源的约束下获取满意收益的方法；不仅适合小企业，同样适用于高成长企业、高潜力企业。步步为营活动包括：创业者在资源受限的情况下寻找实现企业理想目的和目标的途径；最大限度地降低对外部融资的需要；最大限度地发挥创业者投在企业内部资金的作用；实现现金流的最佳使用。其启动和发展创业企业的基本逻辑如图 5.4 所示。

步步为营的策略首先表现为节俭，设法降低资源的使用量，降低管理成本，这和拼凑策略有很多相似之处。但过分强调降低成本，会影响产品和服务质量，甚至会制约企业发展。为了求生存和发展，有的创业者不注重环境保护，盗用别人的知识产权，甚至以次充好，在消费者中形成很差的印象。这样的创业活动尽管短期可能赚取利润，但显然没有长期发展的潜力。所以，"保持节俭，但要有目标"的原则很重要，节俭很重要，但更重要的是实现目标。

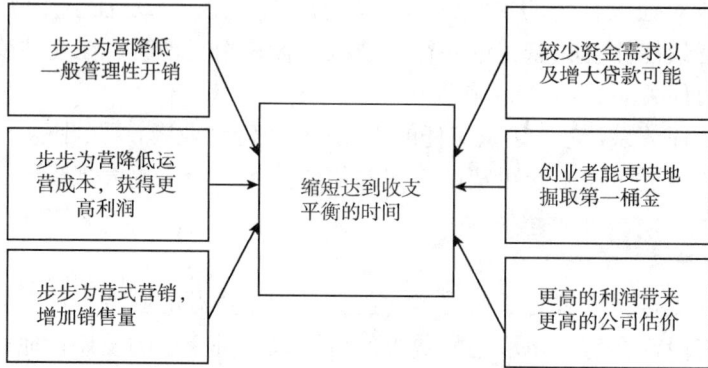

图 5.4　步步为营与收支平衡

本着"保持节俭，但要有目标"的原则，创业者在实施步步为营策略时所采取的措施多种多样。为了降低运营成本，创业者们采取外包的策略，让其他人承担运营和库存的开支，减少固定成本的投资，防止沉没成本过高降低自身的灵活性，利用外包伙伴已形成的规模效益和剩余能力为自己降低成本，有时甚至可以利用外国的低成本优势。

为了降低管理费用，创业者们来到孵化器或创收服务中心，享受那里提供的廉价办公场所，和别的创业者共享传真和复印设备，同时结交更多的创业者。创业者们雇用临时工甚至租借员工，使用实习学生以降低管理费用。为了实现创业目标，创业者们可以想出各种有效的办法。

步步为营策略还表现为自力更生，减少对外部资源的依赖，目的是降低经营风险，加强对所创事业的控制。这和经常说的内涵式发展接近。步步为营是一种进取而非消极的策略，较少的资金需求反而有助于获得贷款的可能性，图 5.4 所反映的启动与发展逻辑就是积极的策略。

（二）创造性地利用资源

许多创业者都是在资源匮乏的制约下挣扎产生的，白手起家、因地制宜的故事层出不穷。创业者通常利用手边能够找到的一切资源——尽管这些资源的质量也许不是最好的——去构建企业梦想帝国的第一步。有许多耳熟能详的例子：惠普公司和苹果公司从车库中出发；吉利公司用榔头敲出第一辆汽车。面对资源约束的创业者有可能利用手头已经存在的资源，创造出独特的服务和价值，或创造性地利用资源。这些资源也许对他人来说是无用的、废弃的，但创业者通过自己的经验和技巧，整合各种资源，最终实现了新的目标。特德·贝克（Ted Baker）和里德·纳尔逊（Reed Nelson）拜访和记录了 40 家独立的中小企业，进行了 757 小时的田野调查和 167 次访谈，发现总有一些企业能够在很少的资源下运营并获得生长。于是他们挑选出 20 家特别的企业和 9 家对照企业进行了为期两年的跟踪研究，发现拼凑（bricolage）能够很好地描述创业者资源利用方面的独特行为。

1. 拼凑的概念和要素

bricolage 一词最早于 1967 年由人类学家列维·施特劳斯提出，说明早期人类对现实世界的理解是一个递进的过程，在已有的神话元素基础上，不断替换其中的一些要素，形成新的认识。这样的思维方式称为"修补术"或"打零活"，中文翻译成"修修补补""拼凑"。

拼凑自提出后，被广泛运用于众多学科，如文化人类学、法律、教育学、社会学、生物学、计算机软件科学等方面，描述在各个领域中创新概念或行为的实现过程。例如，生物学家认为，基因的形成就是拼凑的结果。生物进化就是"从腿上长出翅膀，或者从下颚生出耳朵"。长期存在的普通的基因组或者基因片段，作为拼凑的基础材料，在进化过程中产生了新的功能和物种。进化经常利用同样的元素，或者有所调整，在这儿或那儿改变，把不同的组件整合成新的对象，或者增加复制度。

拼凑还包含了以下几层意思：一是通过加入一些新元素，实现有效组合，并因此改变结构。二是新加入的元素往往是手边已有的东西，也许不是最好的，但可以通过一些技巧或窍门组合在一起；三是这种行为是一种创新行为，会带来意想不到的惊喜。

学者发现，创造性拼凑有以下三个关键要素。

（1）手边的已有资源。善于进行创造性拼凑的人常常拥有一批"零碎"，它们可以是物质，也可以是一门技术，甚至是一种理念。这些资源常常是免费的或廉价处理品。手边的已有资源经常是通过日积月累慢慢积攒下来的。当时创业者也许并不十分清楚它们的用途，只是基于一种习惯，或是"也许以后用得着"的思法。而那些根据当前项目的需要、经过仔细调研而获得的资源，不属于手边资源的范畴。很多创业者都是拼凑高手，将手边"破铜烂铁"妙手回春，改造为早期的设备。

很多高新技术企业的创业者并不是科班出身，出于兴趣或其他原因，对技术略知一二。但后来往往就是凭借这个"一二"敏锐发现机会，并将这一手边资源迅速转化成生产力。中国电脑行业老大联想的掌门人柳传志毕业于军校，专业是和计算机没有丝毫关系的雷达系统，但在中国科学院计算机研究所工作期间耳濡目染的一些相关知识，成为他日后掌舵联想的重要基石。

（2）整合资源用于新目的。拼凑的另一个重要特点是为了其他目的重新整合已有资源。市场环境日新月异，对企业是一个挑战也是机遇，环境的变化使得一些前所未闻的问题层出不穷，但同时机会也接踵而来。机会稍纵即逝，任何企业的资源结构不可能适合于所有情况，也没有企业总是能够在第一时间找到合适的新资源。于是，整合手边已有的资源，快速应对新情况，成为创业者的利器。拼凑者有一双善于发现的眼睛，洞悉手边资源的各种属性，将它们创造性地整合起来，开发新机会，解决新问题。这种整合大多不是事前仔细计划好的，往往是具体情况具体分析、"摸着石头过河"的产物。

（3）将就使用。出于成本和时间的考虑，拼凑的载体常常是手边的一些资源。这种先天不足从一开始就注定了拼凑出的东西品质有限。将就使用，特德·贝克和里德·纳尔逊在他们的文章中使用了英文 making do，意味着经常利用手边的资源将就。拼凑者需要突破固有观念，忽视正常情况下人们对资源和产品的常规理解，坚持尝试突破。这种办法在资源使用上经常和次优方案联系在一起，也许是不合适的、不完整的、低效率的、不全面的、缓慢的，但是在某种程度上是我们能够唯一理性选择的。这种方案的产出是混杂的、不完美的、半成品，也许看上去不精致，有很多缺陷、阻碍和无用的成分，但是它们已经尽到职责，并且还可以改进。拼凑的东西会频发事故，需要一次次尝试，然后才能满足企业的基本需求。拼凑有时候就是在一次次不完美中逐渐蜕变出辉煌。

2. 全面拼凑和选择性拼凑

所谓全面拼凑，是指创业者在物质资源、人力资源、技术资源、制度规范和顾客市场等多方面长期使用拼凑方法，在企业现金流步入稳定后依然没有停止拼凑的行为。这种行为导致企业在内部经营管理上难以形成公正有力、符合标准的规则章程，在外部拓展市场上也会因为采用低标准资源而遭遇到阻力，使企业无法走上正轨。

此外，全面拼凑的企业还表现出如下特点：往往过分重视"零碎"，经常收集储存各种工具、材料、二手旧货等；偏重个人技术、能力和经验；不太遵守工艺标准、行业规范、规章制度；不遵守在社会网络中的传统角色，顾客、供应商、雇员、亲戚、朋友等角色都是可以互换的，并且形成了一种"互动强化模式"。创业者在每个领域都采用拼凑手段，久而久之容易被大众认定成标准低、质量次的"拼凑型企业"，一旦拼凑型企业定位形成，企业往往在同一人际关系圈中打转，很难拓展新的市场，因而可能丧失更有利润的顾客群，阻碍了企业进一步成长。

与全面拼凑的表现和效果大不相同的是另一种方式——选择性拼凑。顾名思义，选择性拼凑是指创业者在拼凑行为上有一定的选择性，有所为，有所不为。在应用领域上，他们往往只选择在一到两个领域内进行拼凑，以避免全面拼凑的那种自我加强循环；在应用时间上，他们只在早期创业资源紧缺的情况下采用拼凑，随着企业的发展逐渐减少拼凑，甚至到最后完全放弃。由此，企业摆脱拼凑型企业的阴影，逐步走向正规化，满足更广泛的市场需求。

3. 拼凑策略

受到资源限制的创业者一般有三种选择。首先，应对环境的限制，企业可以从外部寻找并获得符合标准的外部资源，以满足新挑战的需求。其次，另一些企业——包括那些尝试资源搜寻但失败了的——转而逃避新挑战。例如，拒绝新挑战或者某些极端的例子，缩减规模或者解散。最后，就是采用拼凑，通过整合手头的资源将就，去应对新的问题或者新的机会。之后创业者又面临了两种选择，即全面拼凑和选择性拼凑。

【案例 5.3】

毕克畏巧卖八爪鱼

2004 年，30 岁的毕克畏接管了父母创办的企业，主营鱼、贝和虾等产品的加工出口，年销售额 2000 多万元。随着原料及生产成本不断上涨，公司利润越来越薄。于是毕克畏在大连的公交车上打出招商广告，寻找更多机会。

2006 年 9 月，某日本企业代表于洋找到毕克畏，以成品章鱼每吨 6000 美元的价格，准备签一份 50 万美元的订单。毕克畏没有接下这笔生意，因为大连本地的章鱼八条腿长短不均，肉质厚，不是客商需要的品种。10 月，于洋送上一张 50 万美元的信用证，催促他尽快寻找原料。11 月，毕克畏南下福建，找到曾炳东收购章鱼。在曾炳东的帮助下，毕克畏顺利在福建收购了 150 吨的章鱼原料，按照日本客户的要求进行加工。这单生意，毕克畏赚到 4万多美元。更重要的是，以后每月都有 20 万美元的订单。其他的海产品加工还照常生产，一下子工厂产值就翻了一倍。

出口到日本的是章鱼头和章鱼爪，剩下的脖子和爪尖成了规格外的产品，毕克畏将其卖给章鱼丸子销售商，每年增加了 20 万元利润。同时，毕克畏希望摆脱单纯靠加工产品挣加工费的经营方式，他想做自己的产品，直接销售。2008 年春节，毕克畏把鱼虾类产品装进礼品盒子组合销售，放在王振东卖高档海参鲍鱼的十家专卖店。之后，毕克畏销售低端海鲜休闲食品，与高档海参产品互为补充。不到一个月，毕克畏的海鲜休闲食品销售额就突破 10万元。

【导师点评】

毕克畏在创业的过程中，不断利用手边资源寻找新的机会。其三大主营业务：传统鱼虾出口加工、章鱼出口加工、国内海鲜休闲食品，都可以看到拼凑策略的影子。突破习惯思维方式，毕克畏试图开辟新的市场，但他并没有天马行空，而是利用现有的基础寻求突破；手边资源的再利用，他利用的是剩余的生产加工能力，卖给章鱼丸子经销商的产品，用的是堆放在库房无用的下脚料；将就，在开始探索国内市场初期，毕克畏并不知道利用海参专卖店的可能性，所以最早的产品是礼盒包装，只是在推销海鲜礼盒的过程中结识了王振东，形成销售海鲜休闲食品的概念；资源整合，毕克畏和王振东合作的过程，就是典型的整合双方资源来实现的，毕克畏缺乏的渠道对王振东来说是现成的，毕克畏提供的产品和王振东原有的品种形成良好的互补，吸引更多顾客。

突破习惯思维方式。毕克畏试图开辟新的市场和机会，但他并没有天马行空，而是利用现有的基础寻求突破。传统概念中，出口加工企业一般两头在外，只是专注控制成本，很少去考虑市场和销售的问题；考虑产品组合、渠道，是内销企业的事情。毕克畏却突破了这一观念，一脚伸进了另一个行当。而把出口章鱼的下脚料卖给章鱼丸子经销商的过程，激发了毕克畏开发国内市场的想法。

手边资源的再利用。为日本客商出口章鱼，利用的是剩余的生产加工能力；卖给章鱼丸子经销商的产品，用的是堆放在库房无用的下脚料。也许换其他人，去除章鱼头、爪之后的废料早就丢弃了。但毕克畏硬是在日常生活中寻找到机会，变废为宝，也正是这次机会让他看到国内市场的广阔天地。

将就。将就不是凑合，而是在一个并不十分完美的情形下积极行动，并随着事情的进展不断改进。在开始探索国内市场初期，毕克畏并不知道利用海参专卖店的可能性，所以最早的产品是礼盒包装。只是在推销海鲜礼盒的过程中结识了王振东，形成销售海鲜休闲食品的概念，才变成最后两元钱一小袋的产品形态。最终确定的产品、包装、渠道、定价，都是尝试和改进的结果。

资源整合。毕克畏和王振东合作的过程，就是典型的整合双方资源实现。"1+1＞2"的效益的过程。毕克畏缺乏的渠道对王振东来说是现成的，毕克畏提供的产品和王振东原有的品种形成良好的互补，吸引更多顾客。双方都没有损失，但收获更多。

不是所有的领域都在拼凑。通常情况下，创业企业能够在多个领域拼凑。比如，利用种种现成的物质资源，通过自学获得技巧和能力，利用现成的人际关系网混淆员工、朋友和顾客的界限以获得更多订单和市场，突破标准制度和规范的限制等。但是，我们在前文中提到，全方位的拼凑往往形成互动强化模式，使得企业陷入不断的新项目中，不利于建立稳定和标准化的日常程序，使得企业难以成长。在这个例子中，我们发现毕克畏在所有新市场中的新客户都没有采用拼凑，而是通过正常的商业交往建立合作关系。这种关系更利于建立纯粹的、稳定的商业关系，合作的双方不会因为"人情"降低对产品品质的要求。在此基础上，不拼凑也容易让企业建立基于需求的规范和流程，使得这种合作是长久的。

4. 发挥资源的杠杆效应

杠杆效应（leveraging）是以尽可能少的付出获取尽可能多的收获。创业者要能在创业的过程中形成杠杆资源效应的能力。美国著名的投资银行家罗伯特•库恩（Robert Kuhn）说过："一个企业家要具有发现价值和创造价值的能力，要具有在沙子里找到钻石的功夫。"识别一种没有被完全利用的资源，能看到一种资源怎样被运用于特殊的方面，说服那些拥有资源的人让度使用权，这意味着创业者并不被他们当前控制的或支配的资源所限制，用大量的创造性的方式撬动资源。杠杆资源效应体现的方面包括：能比别人更加延长地使用资源；更充分地利用别人没有意识到的资源；利用他人或者别的企业的资源来达成自己创业的目的；将一种资源补足另一种资源，产生更高的复合价值；利用一种资源获得其他资源。

杠杆可以是资金杠杆，可以是资产杠杆，也可以是时间杠杆，可以是品牌形象杠杆，可以是公共关系杠杆，还可以是能力杠杆。对初创者来说，由于资金缺乏、时间紧迫，所以最合适的杠杆就是创业者个人的素质和能力，善于利用一切可以利用资源的能力。这些方式的具体形式，包括借用、租赁、共享、契约及资源外取等。万向集团的创始人鲁冠球说："企业资源的组合和利用过程，实际上是一个资源转换的过程，谁的转换效率高，谁就是赢家。万向能够在国际市场站稳脚跟，产品进入通用、福特等世界一流的跨国企业，并不是我们做到了世界最好。在国外，我们的技术、质量比不过优秀的同行；在国内，我们的成本、价格比不过很多的小厂。但我们为什么能够稳定快速地发展，根本原因，在于我们打通了国内外的资源，使企业成了多国资源的结合体。"今天的万向集团已经发展成为这样一家企业：设备是德国的，原材料是美国的，管理人员是日本的，厂房和劳动力是中国的，这些资源通过跨国转移融为一体，其国际生产成本和价值都得到了更明确的体现和更充分的提升。

对于创业者来说，容易产生杠杆作用的是其社会资源或社会资本。社会资本有别于物质资本、人力资本，它存在于社会结构之中，为社会结构之间的行为者进行交易与协作等特定活动提供便利的资源。创业者个人的社会网络提供了开拓不同市场的信息，将企业有关的信息通过网络中的亲友关系传递给创业者，提供了创业者创业的机会。其实，大公司也不只是一味地积累资源，而是更擅长于用资源换取资源，进行资源更新和重整，积累战略性资源。创业者应该学习其中的经验和技能。

三、创业资源整合的过程

资源整合有其内在的逻辑过程，一般而言，资源整合过程包括几个方面：认识资源、积累资源、配置资源、自我反馈、能力的形成与提升。其中资源配置过程是个复杂的阶段，需要调动组织内外部资源，对资源配置过程进行自我反馈，以进一步指导企业管理者去认识及积累关键的资源。

（一）认识资源

认识资源是企业资源配置的前期准备阶段。企业首先需要对资源加以把握，以期认识哪些资源是企业运营过程中的重要资源，哪些资源是企业比较充足的，哪些是企业稀缺的，等等。然而，认识资源的过程是困难的，因为外部环境是不断变化的，企业资源的价值也在不断变化。认识资源的目的在于为企业提供一个资源清单，让企业了解目前资源组合的优势与不足。

（二）积累资源

积累资源是企业在掌握内部的资源信息后，根据目标及企业发展需要优化资源组合的过程。积累资源的意义在于提高企业资源的难以模仿性，为企业提供长期的资源储备，因为外部要素市场并不能为企业提供所需的一切资源，企业需要经历持续的内部资源累积、外部资源补充的过程，以优化资源组合。在激烈的市场竞争中，企业维持竞争优势的重要途径是不断完善自身的核心资源。然而，企业核心资源的积累并不是一朝一夕之事，主要通过两种形式加以实现，一种是外部合作，另一种是内部学习。

（三）配置资源

资源的配置过程和配置方式是资源整合的核心内容。企业的资源整合主要解决的是，如何调动资源以提高企业运营效率，为企业创造更多的价值。根据 Sirmon 等的观点，资源整合可分为三种方式：稳定调整、丰富细化和开拓创造。稳定调整资源整合方式是指对现有能力进行微调，以维持竞争优势；丰富细化资源整合方式是指拓展和完善现有能力，如通过学习新的技能来扩展现有技能水平；开拓创造资源整合方式则是一个独特的过程，涉及整合全新的资源，需要探索性的学习来完成。

（四）自我反馈

自我反馈是对整个资源整合过程的反思和改进过程。一方面，适时地对资源配置过程进行反思，可以使得管理者更加了解组织内部所拥有的资源情况，以便获取相应资源，调整对资源的决策。另一方面，自我反思过程也是积累资源的过程，促进企业加强关键资源的积累。自我反馈过程可通过不间断的内部总结来实现。管理者可充分交换意见，对资源配置效率较高的方面予以激励，对配置过程或方式不利的方面予以改进。企业通过不断的资源配置和配置效果反馈，增加了管理者间的沟通和互动，极大提升了资源配置能力。

（五）能力的形成与提升

资源有效配置的过程也是企业能力的形成与提升过程，如市场能力、生产能力、财务能力、创新能力等方面的形成与提升。能力的形成与提升可帮助企业为顾客创造更多的价值，不同方式的资源整合带来了企业独特的能力，这些独特能力的形成可提升企业的竞争优势，为顾客带来更多的价值。

思考题：

1. 简述创业资源的内涵，并指出其主要包括哪些内容。
2. 简要分析创业企业获取外部资金的途径有哪些。
3. 请给出进行创业资源整合的主要原则。
4. 创新创业资源整合的方法有哪些。
5. 简要回答为什么初创企业要运用步步为营的方法整合资源。
6. 社会实践：以小组为单位，调研本地区的某一新创企业，了解该企业在创业初期所具备的创业资源有哪些，该企业是如何通过资源整合的方法解决创业初期资源缺乏问题？结合调研了解的内容写一份 800 字左右的调研报告。

资料参阅及链接：

布鲁斯 R. 巴林杰. 2016. 创业计划书：从创意到方案[M]. 陈忠卫，等译. 机械工业出版社.

郭必裕.2011.大学生创业的初始资源与机会型创业的选择[J]. 现代教育科学（高教研究），（5）：7.

何桂玲.2015.新常态下大学生创新创业的资源支持研究[J]. 佳木斯职业技术学院学报，（7）：152.

李俊，秦泽峰. 2016. 创业管理[M]. 北京：北京大学出版社.

李凯. 2008. 创业资源整合与创业企业核心竞争力[J]. 现代商业，（9）:104.

李伟. 2017-2-9. 聚合全球创新资源打造创客社群. [N]. 科技日报，8 版.

刘铸，盛春辉. 2016.校友资源开发促进大学生创新创业的探究[J].中国大学生就业，（24）：34-38.

马俊志，郑金萍. 2016. 创业 22 堂课主编[M]. 北京：清华大学出版社.

梅强. 2016. 创业基础 [M]. 北京：清华大学出版社.

任泽中，左广良. 2017.大学生创业资源协同模式研究[J]. 高校教育管理，（2）:49-55.

张谦. 2017.基于创业资源视角的大学生返乡创业障碍分析与对策研究[J].现代经济信息，（12）：36.

第三单元 创新创业的实际操作

第六章
编制创新创业计划

计划工作就是预先决定做什么、如何做和谁去做。计划工作就是在我们所处的地方和所要去的地方之间铺路搭桥。

——哈罗德·孔茨

【本章导读】

美国成功学大师安东尼·罗宾斯曾提出过一个成功的万能公式：成功＝明确目标＋详细计划＋马上行动＋检查修正＋坚持到底。大学生创新创业必须编制一份切实可行的计划书。创新创业计划书不仅仅是一种业务构思的策划和一份信息披露，更是一份吸引投资者投资的宣传书，是以后公司运作的指导书。创新创业计划对投资者甚至对其招聘新员工都很有价值，他们通过创新创业计划，了解企业的发展目标、产品开发、市场营销等各方面的信息，从而进行其行为决策。因此，大学生在选定了创新创业目标后，在资金、人员、市场等各方面的条件均已具备的情况下，就必须提出一份完整的、高水平的创新创业计划书。

【学习要点】

1. 掌握创新创业计划书的含义。
2. 了解撰写创新创业计划书的作用。
3. 了解创新创业计划书的撰写过程和内容。
4. 创新创业计划书撰写中应注意哪些关键因素和环节。

第一节　创新创业计划书概述

一、创新创业计划

（一）创新创业计划的内涵

踌躇满志的大学生要把创新创业的梦想变为现实，必须绘就一幅蓝图，把自己的理想和希望具体化，有步骤地加以实施。所谓计划，就是通过对组织外部环境与内部条件的分析，制定出组织在未来一定时期内要达到的目标及实现目标的方案、途径。而创新创业计划就是对与创新创业项目有关的所有事项进行总体的部署安排，包括对人员、资金、技术、物资等各种资源的有效整合、前景展望、战略确定等。创新创业计划作为一种商业计划，是整个创新创业活动过程的行为指南。

大学生的创新创业计划不能好高骛远，要在充分进行市场调研的基础上，有理有据地说明企业的发展目标，实现目标的时间、方式及所需资源。尤其是对计划的可行性必须进行充分的论证，让合作者或客户相信新企业的投资价值，从而予以合作。

（二）创新创业计划的特征

新创一个企业、开发一个新产品，必须要进行详尽的全方位筹划，统筹安排好人员、资金、技术、营销、管理等各项活动。创新创业计划既具有计划的一般特征，又有其自身的特殊性，归纳起来，创新创业计划的特征表现在以下几个方面。

1. 预见性

善于预见，是创新创业成功的重要条件。所谓预见，就是事先知道，是在事情发生之前对事物的出现和出现的大体过程所作的判断。大学生创新创业不是要先干，而是要先想。要未雨绸缪、成竹在胸，要在行动之前对行动的任务、目标、方法、措施作出预见性的确认，这就是计划。预想不是空想，它来自经验和推理。比尔·盖茨、乔布斯、李嘉诚、马云等企业精英的成功，无一不与他们的非凡的预见能力相关。可见，善于预见是创新创业者的一项重要基本功。因此，准备踏入创新创业门槛的大学生，必须要加强自身的理论修养和科学知识的学习，不断提高思维能力，学会调查研究，从市场的变化中发现商机。

2. 目标性

创新创业的目标一般包括三个层次：一是选择方向，即确定干什么；二是确定方法，即准备怎么干；三是预测结果，即预期结果。有目标才会有成功，创新创业计划目标选准了，成功就有希望。没有目标的创新创业计划只能如同脚踩西瓜皮——滑到哪里算哪里，后果必将不佳。大学生在编制创新创业计划时，不能笼统地写出一个总目标，还必须将创新创业计划细化，分为若干阶段，给每一阶段都设定不同的目标，明确企业努力的方向、具体操作方法及可能面临的困难。当然，细分阶段的目标必须保持前后的连续性。

3. 可行性

可行性是和预见性紧密联系在一起的，预见准确，在实践中才真正可行。创新创业计划是实事求是的产物，是客观要求的产物，必须建立在充分的可行性研究之上。创新创业项目实施的可行性包括市场发展前景、技术、财务、效益分析等。制订创新创业计划时空话、套话、大话连篇，进行市场调研时蜻蜓点水，论证时马马虎虎，这样会把项目引入歧途。例如，某学生创业团队计划建一缫丝厂，计划前工序设备进一台煮茧机，后工序设备进一台缫丝机。这一计划在内行看来，存在明显漏洞，一般一台煮茧机产量足以供十台缫丝机使用，前后工序存在产能不协调，明显会造成浪费。

4. 创造性

计划的可行性并不是指计划四平八稳、因循守旧。计划在遵循规律的同时，必须富有创造性，以新颖奇特来创造新的商机。例如，英国伦敦的威廉创业之初仅是一名小商贩，经过一段时间的调查，开了一间"左撇子用品商店"。这是伦敦独一无二的一家特种商店，销售的左撇子用品一应俱全。威廉获得了成功，生意兴隆。目前，该商店的营业额每年达数亿英镑。

5. 整体性

创新创业计划不是组织内的部门计划，而是整个创新创业过程的整体计划，因此，创新创业计划要周全、缜密，要瞻前顾后，考虑缜密，注意计划的完整性，相互协调，使具体目标、阶段目标与总体目标、长远目标相衔接。计划的完整性还强调，要抓住重点、关节点、难点，对轻重缓急，胸中有数。

二、创新创业计划书

风险投资

（一）创新创业计划书的内涵

创业计划书起源于风险投资。20 世纪六七十年代后，美国的一些创业者为了吸引资本投向蕴藏着失败风险的高新技术及其产品的研究开发领域，促使高新技术成果尽快商品化、产业化，编制创业计划书，向投资者全面介绍新企业及项目的情况及未来的发展潜力。

按照熊彼特的说法，创新即构建一个新的生产函数。其实，创业也是构建一个新的函数，在这个函数里，"建立新组织"这一变量的作用不可轻视，甚至要足够重视。我们认为，创业的本质是创新，甚至在某些时候，一些创新唯有以创业的形式来实施才可能实现。因此，创业便是创新的实现方式之一。在某些时候，如果没有创业，就不可能有后续一轮又一轮的创新。乔布斯有不少创新，但如果没有苹果公司的建立，也就不可能有苹果公司后续的一系列创新。因此，从这个意义上说，创业计划书就是创新创业计划书。

创新创业计划书是商业计划书的一种。商业计划书的英文名称为 business plan，它是公司、企业或项目单位为了达到招商融资和其他发展目标，在经过前期对项目科学地调研、分析、收集与整理有关资料的基础上，根据一定的格式和内容的具体要求而编辑整理的一个向投资者全面展示公司和项目目前状况、未来发展潜力的书面材料。商业计划书是以书面的形式全面描述企业所从事的业务。它详尽地介绍了一个公司的产品服务、生产工艺、市场和客户、营销策略、人力资源、组织架构、对基础设施和供给的需求、融资需求，以及资源和资金的利用情况。

编写商业计划书的直接目的是协调风险投资家、技术专家、投资者的关系。其主要阅读对象不外乎以下两类。

一是创业者及其团队。对创业者及其团队来说，撰写一份具有明确愿景的创新创业计划书十分重要。一些创业者认为撰写计划书是在浪费时间，计划赶不上变化。其实不然，一份有价值的计划书能让团队仔细考虑新创企业的目标、架构等方方面面，与企业愿景达成一致，增强团队的凝聚力。

二是投资者和其他外部资源相关者。投资者、潜在商业伙伴、潜在客户、前来应聘的关键员工等是新创企业的外部利益相关者。利益相关者的加盟是新企业发展的必要条件。但他们的加盟是有条件的，吸引他们的是企业发展的美好未来。因此，在计划书中，最吸引他们的是建立在事实基础上的可行性分析结论，以及具有竞争力的独特商业模式的描述。

（二）创新创业计划书的类型

对计划书的类型，我们可以从编写目的及篇幅的长短加以划分。其大致可以分成以下几种类型。

1. 争取风险资金投入的计划书

这一类计划书主要针对投资者，特别是风险投资者。争取风险资金投入是创新创业计划书最主要的目的。风险投资主要投向以高新技术为基础的技术密集型项目。风险资本的主要来源是养老基金、保险公司、商业银行、投资银行、大公司、大学捐赠基金、富有的个人及家族等。在融资阶段，风险投资者最关心的是，项目有足够大的市场容量和较强的持续盈利能力，有一个完善、务实和可操作的项目实施计划，有完全具备成功实施项目的管理团队并且具备项目成功运营的保障。因此，撰写争取风险资金投入的计划书必须注意，以投资者需求为出发点，让投资者对投资项目的运作和效果心中有数，这样才能吸引其投资。

2. 吸引人才加盟的计划书

这一类计划书主要针对新创企业急需的优秀人才。创新创业融资固然重要，但资金和技术跟着人才走，人才资源才是第一资源。为了吸引优秀人才加入创新创业团队，计划书不仅要清晰地阐明企业的商业模式和未来发展规划，更要对如何吸纳新的合作伙伴、如何针对这些合作伙伴分配利益和权限作出说明。例如，采取技术入股、干股、期股等方式，在更大的范围内寻找创业伙伴。

3. 争取政府支持的计划书

针对大学生创新创业，各级政府都有一系列的支持政策。为了得到政府的政策支持，创业者必须研究、编制、提供一份创新创业计划书。计划书应当强调企业的项目投资可行性，尤其要着重突出企业的社会收益和生态效益，只有项目有利于经济社会发展，符合国家鼓励发展的产业方向，才有可能获得政府的人才引进奖励、低息贷款、税收优惠等政策支持。编制这类计划书，必须认真研究国家的宏观经济政策，瞄准产业结构调整的主方向，以创新促进创业，加快转变经济发展方式。

4. 争取合作伙伴的计划书

这类计划书主要是针对企业大型客户群体、原材料供应商、行业协会等可能合作的对象。在创业过程中，有效的合作关系对创业者的帮助是非常大的。为了有效获得这些合作关系，在必要的时候，创业者也往往需要向合作伙伴提交计划书，阐明自身的优劣势及双方进一步发展合作关系的有利之处。基于这一要求，计划书就要有针对性地指出具体的合作方案及合作双方可能获取的利益。

5. 略式计划书

略式计划书是一种比较简明、短小的计划书，包括企业的重要信息、发展方向及小部分重要的辅助性材料。略式计划书的篇幅通常有 10～15 页，其对关键问题点到为止，只给予扼要切实的回答。大学生准备创新创业时，可以先编制略式计划书，一方面便于寻找有意向的合作者，另一方面为撰写详尽的计划书进行必要的分析准备。

6. 详式计划书

详式计划书要求创业者能够对整个创业思想进行比较全面的阐述，尤其能够对计划中关键部分进行较详细的论述。它主要面向企业内部读者，它是企业经营的蓝图。详式计划书的篇幅一般有 30～40 页，并附有 10～20 页的辅助文件，其最大特点在于涵盖大量细节信息。

详式计划书是建立在一系列假设基础之上，而这些假设又都是以编制者对现状的理解为前提的。一旦主客观情况发生改变，计划就不得不随之改变。这种情况下，详式计划书反而是个累赘，既花费精力，又限制了企业应变。所以，刚开始创业的大学生还是先编制略式计划书为好。

（三）创新创业计划书的功能

大学生作为初创者，虽然经过大学阶段的学习，掌握了一定的理论知识，但缺乏实践的锻炼。为了减少盲目性，大学生应写创新创业计划书，这有利于弄清楚我们是谁（who）、要做什么（what）、为什么要做（why）、什么时候做（when）、在什么地方做（where）和怎样做（how）等相关问题，增强项目成功的概率。具体来说，创新创业计划书的作用有以下几个方面。

1. 明确目标和路径

著名风险投资家克莱纳（Eugene Kleiner）曾说："如果你想踏踏实实做一份工作的话，写一份创业计划，它能使你进行系统的思考。有些创意可能听起来很棒，但是当你把所有细节和数据写下来的时候，它自己就崩溃了。"这说明创新创业计划制订的过程是一个冷静思考、理性思维的过程，因为在编写计划书的过程中，必须进行充分的调研、深入的分析。例如，目标是否可行，有利和不利的因素有哪些，怎样进行筹资，如何打开市场，等等。这让初创者既看到成功的希望，增强必胜的信心，又保持清醒的头脑，不盲目、不冲动，确保创新创业不偏离预定的方向。

2. 争取外部合作支持

新企业发展的每一步都离不开外部的支持。初创者通过编写创新创业计划书，可以清楚地了解自己所需的资金、设备、人员等各方面的情况。如何赢得外部支持、获得创新创业的资源？这就需要有一份能够打动合作者的计划书，通过其与供应商、经销商等中介机构进行沟通，充分介绍创新创业的构想，让他们看到对未来企业投资和经营的商业价值，从而有钱的愿意投资，有技术的愿意入股，有本事的愿意加盟。

3. 提高项目的成功率

教育部的一项报告指出，在全国比较早的一批大学生创业企业中，盈利的约占17%；学生创业的公司在5年内，有70%倒闭，仅有30%生存下去，而且生存情况大多举步维艰，只有较少的企业业绩良好。失败的原因是多方面的，其中一个重要原因，未谋而先动，计划缺乏可行性。

有一项研究表明，在美国快速成长的企业中，有68%是从商业计划书开始的；有商业计划书的企业与没有商业计划书的企业相比，从快速获得收入来看，其成功率提高了69%；制订了商业计划书的企业与没有计划的企业相比，有50%企业销售额更高，有12%获得更高的利润。

可见，制订一个好的创新创业计划，可以帮助初创者进一步明确其目标，明确行动的路径，采取可行的措施，增加创新创业的成功率。

【案例6.1】

商业计划书引来400万元风险投资

2013年12月，24岁的林茂读完香港理工大学人文学院的硕士研究生回到重庆，与同学合伙在渝中区临江门洪崖洞开了家鲜榨果汁店。通过网络和地推，小店的业务不断提升，但仍然难抵高昂的装修费和租金等成本。他们干了4个月，便花完了30万元创业金，小店只好关门。

虽然洪崖洞的小店关门了，但林茂对这门生意的前景却没怀疑。"我们总结了经验，微信预售订单开始推广后，销售额明显提升，说明市场还在前景也不错，只是市场来得晚了点，店面关门主要还是租金等成本太大。"林茂说。因缺乏资金，于是他们想到了找风险投资。

经过大量调查求证，林茂与合伙人写出了一份50页的商业计划书。没有风险投资公司的人脉，他们选择广撒网的方式。先是在网上搜索"中国风险投资排名""中国天使投资"，获取国内风险投资公司联系方式。随后，他们向200多家风险投资公司投送了他们的商业计划书，最终回信的有21家，约谈的5家，结果还不错。

2014年3月，英飞尼迪基金公司两次找到他们长谈。对方在看过商业计划书后表现出浓厚兴趣，前后大约1周，就把事情定了下来：总共投资400万元。分四期投入，首期投资50万元，2015年1月，最后一笔200万元资金已到账。

在林茂看来，短时间就能打动投资人，靠的还是他们的商业计划书，这一点也得到英飞尼迪基金投资经理许琳的证实。计划书里林茂与合伙人，从项目的财务预期、盈利模式、管理框架、产品本身四个方面，详细分析了果汁店的经营方式。

能写出这份成熟的商业计划书，林茂将其原因归结为，他和合伙人都曾有在上海的知名咨询管理公司工作实践经历。当然，洪崖洞小店的创业经历，也为他们能拿出实际又准确的市场数据提供了支撑。

资料来源：万里. 2015-6-18. 小伙创业失败后做商业计划书[N]. 重庆晚报.

【导师点评】

写创业计划书，有的是为了融资，有的是为了参加创业大赛，还有的是为了申请政府各类基金或奖励等，不同的计划书有不同的标准。林茂的商业计划书成功获得 400 万风险投资，主要原因是从项目的财务预期、盈利模式、管理框架、产品本身四个方面进行了详细可靠的分析，并以实际又准确的市场数据提供了支撑，从而打动了投资者。失败商业计划书的通病往往是死板抄袭，泛泛而谈，大而空，毫无特色，前后矛盾，缺乏数据支撑，无法引起投资者的兴趣。

第二节 创新创业计划书的编制过程

一般来说，大学生编制创新创业计划书主要有以下几个步骤。

一、经验学习

教你打造十页完美商业计划书

大学生编制创新创业计划书绝非易事。创新创业计划书的编制是对大学生素质和能力的综合考量，它既需要会经营、懂管理、有实践经验，还需要会领导新产品开发。所以，大学生编制计划书的第一步就是学习。

一是选修创新创业课程。现在，绝大多数大学都为大学生开设了企业管理、财务管理、市场营销、人力资源管理等系列知识课程和受挫能力、合作能力等创业能力课程，对有志于创业的大学生提供创业知识和创新能力的综合培养。

二是参加创新创业实践。在校大学生可以积极参加专业技能的培训，开展社会实践活动，通过多种形式的实践活动，学习创业知识、了解创业政策、掌握创业技巧、规避创业风险，不断提高自己的创新创业能力和水平。大学生还可以走出校门，拜创业成功人士为师，请他们谈创业经验和体会，对大学生进行细心的辅导，回答在创新创业过程中遇到的问题。

三是参加创新创业大赛。创业计划竞赛起源于美国，又称商业计划竞赛（business plan competition）。1983 年，美国得克萨斯大学奥斯汀分校举办首届创业计划竞赛，之后该竞赛风靡全球高校，麻省理工学院、斯坦福大学等世界一流大学在内的 10 多所大学每年举办这一竞赛。

在我国，大学生可以参加各级各类的创新创业大赛。"挑战杯"中国大学生创业计划竞赛是 20 世纪 80 年代在我国高校兴起的以推动成果转化为目标的活动。它借助风险投资运作模式，要求参赛者组成学科交叉、优势互补的竞赛团队，就一项具有市场前景的技术产品或服务，以获得风险资本的投资为目的，完成一份完整的创业计划书。

始于 2012 年的中国创新创业大赛是科技部、教育部、财政部、中华全国工商业联合会共同指导举办的一项全国性、公益性创新创业类赛事。中国创新创业大赛整合创新创业要素，搭建为科技型中小企业服务的平台，引导更广泛的社会资源支持创新创业，促进科技型中小企业创新发展，已经越来越受到社会的关注。

二、企业构思

好的企业构思是创业成功的开始，是避免风险和失败的第一道防线。如果没有正确的理念和好的企业构思，无论你投入多少钱，企业注定是会失败的。好的企业构思的关键是创新。创新可以是引入一种新的产品或提供一种产品的新用途，可以是采用一种新的生产方法，可以是开辟一个新的市场，可以是获得一种原料或半成品的新的供给来源，也可以是实行一种新的企业组织形式。

创新创业构思是根据社会、自然环境、技术发展动向结合顾客的需要提出来的，其主要内容包括：在哪个行业创业？选择什么样的产品？采取什么样的商业模式？企业规模有多大？形成一个好的创新创业构思必须注意以下几个方面。

首先，充分了解市场环境。一是要了解创新创业的环境。任何机遇都存在于一定的环境之中，分析创新创业机遇，应了解政治经济社会环境，认识影响企业计划实施的各种影响因素。二是分析面临的机遇。创新创业是一个发展变化的过程，要分析机遇和挑战，从自身条件出发，紧紧把握发展的机会，加入创新创业的潮流。当经济发展到某一水平时，人们的生活方式会发生变化，需求结构也将随之变化。人均国内生产总值超过 2000 美元出现旅游需求，超过 4000 美元时有购买小汽车的需求；进入温饱型社会后，人们开始对保健、美丽、改善居住有需求；某种新科技的出现，可能影响人们的生活，如汽车、电视、电脑、空调、4G 手机的出现使人们的生活改变；当下流行的是环保，以瘦为美，休闲。

其次，要客观认知自己的能力与不足。要利用好自身的经验和知识，避难就易。主要是要深入思考以下几个问题：我是谁？我的优势到底在哪里？我喜欢干什么？我能干什么？环境允许我做什么？我的生活目标是什么？

最后，认真检验企业构思的优劣势。最行之有效的方法就是对企业构思进行 SWOT 分析。SWOT 是优势（superiority）、弱(劣)势（weakness）、机会（opportunity）和威胁（threats）四个英文字的第一个字母。SWOT 分析是个通用工具，它可以用于人生、事业、就业、创业等方面的分析。

superiority——优势。它指的是打算创办的企业是否具备这些优势。例如，产品、服务竞争力强、比竞争者们都好；商店地理位置非常好；员工技术水平很高、经验丰富；大学生业主年轻能吃苦。

weakness——弱（劣）势。它指的是打算创办的企业较之竞争对手处于劣势地位的方面。例如，你作为大学生可能无力支付广告费用；刚刚创业无力提供足够好的售后服务；刚出校门缺乏企业管理知识。

opportunity——机会。它是准备开办企业将能获得的有利时机、地位、支持和商业交易对象。例如，产品、服务可能占有越来越大的市场份额；竞争对手因为某种原因丧失竞争力；获得了新的物美价廉的代用原料；附近没有类似企业、新建小区顾客量将上升等。

threats——威胁。威胁与机会相反，是准备开办的企业将遭遇到可能的种种不利。例如，原材料紧缺导致成本上涨；新产品、服务正在涌现，顾客日见减少等；产品、服务有强大的竞争对手。

【案例6.2】

只开了 20 天的火锅店

某大学一个宿舍的四名女生，在看到其他同学创业时突然决定：她们也要创业。创什么业呢？

她们四位有一个共同的爱好，就是吃火锅。于是她们决定开一家火锅店。

说干就干：她们四位分别向家长借款 5 万元，凑齐了 20 万元的启动资金。她们开始选门面装修，在办理各种手续时，由于不知如何办理，还托了亲戚和家长的朋友帮忙。她们办好了所有工商、税务、环保、卫生等证件和手续，经过了一个多月的辛苦，总算可以风风光光地开店了。

可是火锅店刚刚开张 20 天，四位小姑娘就一个都不见了：家长忙问她们为什么不去店里了。她们几个回答得出奇一致：开火锅店原来这么脏哦！

【导师点评】

机会总是留给有准备的人。而准备，是一个悠长而枯燥的过程。创业也是如此，它不是心血来潮的产物，必须经过一定时期的准备酝酿，有一个切实可行的创业计划，不能想到哪儿做到哪儿。创业不是一件易事，要了解创业的艰辛，要有超乎寻常的付出，要有经受挫折的心理准备，正如俗话所说，不打无把握之仗。

三、市场调研

所谓的商业机会只是创业者对市场的一个大致判断，具体情况如何，必须通过对市场的充分调研，广泛收集有关市场现有的产品、现有竞争者、潜在市场、潜在消费者等具体信息。例如，你的投资项目中的产品或服务处于产品生命周期的哪一个阶段？是市场发展阶段，还是市场成熟阶段？它的市场前景如何？有多少竞争者？竞争对手的情况如何？市场环境如何？政府有何政策规定？如何进入现有市场？如何与竞争者展开竞争？

以上信息的收集既可以通过直接调研方式，也可以通过间接调研方式获得，如问卷、直接观察、座谈、研讨会、展销会、媒体等。其中，网络调研是一种有效、便利和节约的市场信息搜索方式，它可以为行业分析、竞争者分析和市场分析提供大量有价值的信息。

在市场调研中，作为调研主体的大学生要注意全面把握、客观公正，不要只收集对自己有利的信息，而不去收集或者故意忽略对自己不利的信息，或者夸大有利的因素，而缩小甚至忽略不利因素。尤其是要认真分析消化各部分的信息，找出相互之间的内在联系，把握住市场调研的核心问题。例如，创新创业计划的核心和灵魂在于对市场机会、竞争现状和竞争战略的分析，那么市场信息的收集就必须围绕这些问题而展开。至于财务计划、生产计划的制订完全决定于市场收入和市场增长率，则可以稍后考虑。

四、方案起草

在市场调研的基础上，起草创新创业计划。

计划书的主要内容包括创业项目、产品研发、市场竞争、营销计划、组织架构、企业管理、技术工艺、财务计划、融资方案及风险预测等。对上述内容不应简单地罗列，必须进行充分的可行性分析，从而形成一份较为完整的创新创业计划方案。

计划书的阅读对象是战略合伙人与风险投资人，因此，撰写者要学会换位思考，紧扣风险投资人和合作伙伴所关心的问题，按照他们的思路去谋篇布局，内容要客观真实，语言要简洁平实，让合伙人或投资人看到一个切实可行的良好商机，从而选择积极参与。

五、修改完善

这一阶段应广泛征询各方面的专家对计划书的意见（如项目管理师、企业法律顾问、会计师等），进一步修改和完善。所以，在这一阶段要检查计划书是否完整、务实、可操作，是否突出了项目的独特优势及竞争力，包括项目的市场容量和盈利能力，项目在技术、管理、生产、研究开发和营销等方面的独特性，创业者及其管理团队成功实施创新创业项目的能力和信心等，力求引起投资者的兴趣，并使之领会计划的内容，支持创业项目。

在计划书修改完善过程中，要借用外脑，如请法律顾问仔细审阅创新创业计划，以保证信息披露的准确性，防止不必要的法律纠纷。同时，还可以请成功的企业家、风险资本家、专业会计人士或学校的专业课老师进行审阅，请他们提出修改完善意见。

六、检查定稿

要进行认真的检查和修改。检查和修改是编制计划书的一个重要步骤和重要阶段。检查和修改的过程是对创业计划书进行提升和提炼的过程，是进一步理清创业思路的过程，也是一个进一步夯实创业准备工作的过程。通常可以从以下几个方面对计划书加以检查和修改。

1. 进行格式上的检查

计划书的主体格式尽管并不固定，但是其主要的内容、主要的纲目却是必需的、不可或缺的。特别是由于商业计划书的商业价值，对商业计划书主封面的要求也是非常规范和严格的。在主封面应该写明项目名称和项目编制人（或单位），特别是应该标明版本及保密级别。版本表示计划书的修改情况，保密情况反映创业项目的安排、战略策划和整体设想。

2. 进行文字上的检查

商业计划书应该是创业者真实的、完整的、准确的意思表示。因此，计划书中的用词、用字、标点和相关的数字计算都要十分准确。应尽量用简单而准确的词语来描述每件事、每件商品及其属性的定义。段落要清晰。阐述问题的逻辑层次要清楚。该用图表说明的地方应该用图表说明。创业计划书如果较长，还应该有目录。

3. 进行内容上的检查

内容上的检查是检查的重点，是修改的基础。内容的检查分两个层次，一个是通盘检查，也叫整体检查；另一个是重点检查。正确的做法是：在整体检查的基础上进行重点检查；在重点检查并进行重点修改后，再进行通盘检查并定稿。

第三节　创新创业计划书框架内容

创新创业计划书是详细分析新创企业各种要素的一份书面文件，篇幅在 25～30 页，内容要尽可能既简洁明了又充实完满，主要内容应包括封面和目录、计划摘要、公司简介、产品服务、行业分析、市场分析、营销计划、人员及组织结构、产品制造、财务规划、风险分析、退出机制等。

一、封面和目录

封面是计划书的门面，因此，封面设计要有艺术性，要有美感，力争给阅读者留下良好的第一印象。

封面内容一般包括公司名称、地址、电子邮件地址、联系电话、日期、主创业者的联络方式等信息，如果企业有自己的网站的话，还应写明企业网址。

目录紧随封面，其作用是便于查找计划书的内容，因此，目录需要列出计划书的主要章节、附录和对应页码。

二、计划摘要

摘要在计划书的最前面，其重要性由此可见一斑。摘要是计划书的精华的浓缩，必须一目了然、引人入胜，让投资者和合作者阅读完摘要后，产生渴望得到更多的信息的想法，从而去阅读详尽的计划书。

计划摘要一般包括以下内容：公司介绍、主要产品和业务范围、市场概貌、营销策略、销售计划、生产管理计划、管理者及其组织、财务计划、资金需求状况等。

在计划摘要中，必须要回答下列问题：①企业所处的行业，企业经营的性质和范围；②企业主要产品；③企业的市场在哪里，谁是企业的顾客，他们有哪些需求；④企业的合伙人、投资人是谁；⑤企业的竞争对手是谁，竞争对手对企业的发展有何影响。

在摘要部分，应该重点向投资者传达以下几点信息：①你的基本经营计划是正确的，是合乎逻辑的；②你的经营计划是有科学根据和充分准备的；③你有能力管理好这个企业，你有一个坚强有力的领导班子和执行队伍；④你清楚地知道进入市场的最佳时机，并且预料到什么时间适当退出市场；⑤你的财务分析是实际的；⑥投资者不会把钱扔到水里。

撰写摘要应该注意的事项：①提炼要放在最后完成。动笔写摘要之前，先完成整个商业计划书主体的抛光润色。然后反复阅读几遍主体文章，提炼出整个计划书的精华所在之后，再开始动笔撰写摘要部分。②要有针对性。一般来说，银行等投资者对企业以前的业绩感兴趣，而风险投资者则对新技术的前景感兴趣。所以在撰写摘要之前先要对投资者进行一番调查研究，突出投资者最感兴趣的方面。③要文笔流畅生动。要开门见山、吸引眼球，要简洁明了、重点突出。切忌行文含蓄晦涩，让人难以琢磨。

三、公司简介

通过公司简介，投资者可以对创业企业有初步的了解。公司简介应重点介绍公司的发展历史、现状和目标，让投资者和合作者在较短的时间内对公司的概貌有所了解。公司简介主要从下面几个方面加以阐述。

1. 业务性质

简单介绍公司所从事的主要业务，并对相应的产品（服务）作简要描述，尽可能用最简洁的文字让投资者了解新创公司的产品或服务。

2. 业务发展历史

对公司经历的各发展阶段作简明扼要的介绍。回顾历史，不是记流水账，要写具有里程碑意义的大事，阐述公司在同行业中能引以为豪的亮点，篇幅不宜太长，具体细节可以面谈。

3. 业务展望

按时间顺序描述创业企业的未来业务发展计划，并指出关键的发展阶段。可以这样描述：未来四年内您是否希望进入您所在行业的十强公司之列？未来两年内您是否希望拥有十名员工？您是否希望到第五年时总收入达到××元？您是否希望到第二年末即获得投资回报？要明确和量化这些目标。

4. 公司组织结构

简要说明企业的所有制性质和附属关系，如说明企业是股份制还是合伙制，并简要介绍公司的组织结构图。

5. 供应商

主要介绍企业生产所需原材料及必要零部件供应商。一般可以用表格形式列出 3～4 家（以后可能需要列出全部供应商）最大的供应商及其供应的材料或零部件名称。风险投资人通常会给名单中的部分或全部供应商打电话，以确认该名单的真实性。

6. 协作者或分包人

从研发、生产到销售公司产品过程中，公司有哪些协作者或分包人，其名称、环节、贡献及其影响力。

7. 专利与商标

本部分要对企业持有或将要申请的专利和商标进行详细描述。通过对专利与商标的描述，让投资人了解自己企业的独特性。也可以列出企业的专利和商标清单，让投资人自己来判断这种独特性。

四、产品服务

在进行投资项目评估时，投资人最关心的问题之一就是，风险企业的产品、技术或服务能否及在多大程度上解决现实生活中的问题，或者风险企业的产品（服务）能否帮助顾客节约开支、增加收入。因此，产品介绍是创业计划书中必不可少的一项内容。通常情况下，产品介绍应包括以下内容：产品的概念、性能及特性；主要产品介绍；产品的市场竞争力；产品的研究和开发过程；发展新产品的计划和成本分析；产品的市场前景预测；产品的品牌和专利。

在产品（服务）介绍部分，企业家要对产品（服务）作出详细的说明，说明要准确，也要通俗易懂，使不是专业人员的投资者也能明白。一般地，产品介绍都要附上产品原型、照片或其他介绍。

一般地，产品介绍必须要回答以下问题：①顾客希望企业的产品能解决什么问题，顾客能从企业的产品中获得什么好处？②企业的产品与竞争对手的产品相比有哪些优缺点，顾客为什么会选择本企业的产品？③企业为自己的产品采取了何种保护措施，企业拥有哪些专利、许可证，或与已申请专利的厂家达成了哪些协议？④为什么企业的产品定价可以使企业产生足够的利润，为什么用户会大批量地购买企业的产品？⑤企业采用何种方式去改进产品的质量、性能，企业对发展新产品有哪些计划等。

五、行业分析

在行业分析中，应该正确评价所选行业的基本特点、企业所在行业的市场需求、竞争状况，以及未来的发展趋势等内容。

关于行业分析的典型问题主要包括：该行业发展历史与发展前景如何？是什么因素决定着它的发展？该行业的总销售额有多少？总收入为多少？发展趋势怎样？价格趋向如何？该行业典型的回报率有多少？创新和技术进步对该行业的影响程度如何？行业竞争的本质是什么？采取什么样的战略？经济发展对该行业的影响程度如何？政府是如何影响该行业的？进入该行业的障碍是什么？如何克服？

六、市场分析

市场分析的核心内容是，在市场细分的基础上确定目标市场。例如，要让投资者了解：市场空间是否足够大，未来市场是否保持一定的增长速度，企业面临的竞争难度情况怎样，企业是否能够随着行业快速发展而实现自我的快速成长。主要是分析以下几个问题。

1. 市场规模

要使用具体的数字和百分比详细说明产品的市场规模。主要介绍目前市场处于何种发展阶段、未来市场发展速度如何、行业中生产企业的数量、排名前几名的企业的品牌及市场份额占比、竞争对手的产品之间差异如何、技术变动趋势是什么、市场结构情况、行业进入壁垒情况。

2. 市场细分

细分可以按照包括价格、质量、区域、客户年龄、收入、购买行为、行业或其他任何标准来进行。要确定这些细分市场是什么，并描述打算将哪些细分市场作为目标。将精力集中放在特定的细分市场可提高获得成功的概率。

3. 市场竞争

完整而全面地阐述竞争市场。谁是强大的竞争对手？他们有什么优势和劣势？要阐明产品和竞争对手产品之间的差异。他们的价格结构如何？有时供应商是竞争对手信息的一个很好来源。可以参观竞争对手的现场、网站、展台等来获取。信息往往是增强竞争优势的关键。

4. 市场预测

在对新产品或者服务作出市场前景预测时，应当注意以下问题：新产品所在行业的前景如何，该产品的市场需求有多大，影响市场需求的因素有哪些，新产品的潜在目标顾客和目标市场是什么等。同时，要保证预测是建立在科学的理论与充足的信息基础之上，另外，在分析潜在顾客时，创业者还要注意分析目标市场的人口密度、收入水准、消费倾向与习惯；预测市场需求变动时，要注意社会经济变化及其发展趋势。

七、营销计划

营销是新企业运营中最具挑战性的环节，市场营销决定了企业的生存与发展。一般来说影响营销的主要因素有消费者的特点、产品的特性、企业自身的状况、市场环境方面的因素等。

在计划书编制中，创业者应建立明确的市场营销策略，建立营销机构和营销队伍，选择营销渠道和构建营销网络，制定广告策略和促销策略、价格策略、市场渗透与开拓计划、市场营销中意外情况的应急对策等。在介绍市场营销策略时，创业者要讨论不同营销渠道的利弊，要明确哪些企业主管专门负责销售；主要适用哪些促销工具，以及促销目标的实现和具体经费的支持。

对大学生创业者来说，由于新创企业处于起步阶段，产品和企业的知名度低，很难进入其他企业已经稳定的销售渠道中去。因此，企业不得不暂时采取高成本低效益的营销战略。例如，上门推销，大打商品广告，向批发商和零售商让利，或交给任何愿意经销的企业销售。

八、人员及组织结构

在筛选一个合格的投资项目时，投资界人士比较看重以下三个方面：团队、市场、产品和技术，其中团队是重中之重，这恰恰是很多企业容易忽视的地方。所以，风险投资首先是投"人"，对此，美国风险投资之父杰纳勒尔·多里奥（General Doriot）说，可以考虑对有二流想法的一流企业家投资，但不能考虑对有一流想法的二流企业家投资。人员及组织结构重点介绍以下几个方面。

1. 管理团队

主要是对本企业董事会成员及业务经营的关键人物进行介绍。对小企业而言，一般介绍3位左右核心人物即可，对大企业来说，最多也不要超过6位，因为风险投资人寻找的是关键人物。

对管理层关键人物的介绍，关键看以下几个方面：①是否称职。即他们的经历和能力是否符合当前工作对他们的要求，以及他们是否有能力满足企业发展的需要。②过去有无成功的经历和业绩。企业领导层中如果有过去曾经获得成功经历的人，会增加投资者的信心，许多投资者在决定投资时往往不是看项目，而是看"人"。③个人特点是否适合现任职务，他们是否可以与领导班子其他人员互相配合。④是否能有效指导下属工作。是否有能力刺激员工的积极性，提高工作效率。

对管理层关键人物的介绍要实事求是，既不能夸张也不要过于谦虚，对其以往业绩的描述要恰如其分。

2. 管理机构

要将公司的管理机构，包括股东情况、董事情况、各部门的构成情况等，以一览表的形式或者其他明晰的形式展示出来。

对管理机构的介绍要把握以下几点：①责任是如何划分的。②经理有哪些职责和权限，哪些经理应该负责哪些员工。③产品或服务是通过生产线还是团队作业完成，每个员工是负责一部分工作，还是一组员工负责许多工作。

3. 团队凝聚力

计划书要重点展示公司管理团队的凝聚力和战斗力，让战略合伙人或者风险投资人认识到公司的管理团队是由一批具有丰富的管理经验和较高的职业道德的工商业人士组成，他们之间彼此尊重，互相团结合作，具有很强的凝聚力，公司的管理团队结构合理，在产品设计与开发、财务管理、市场营销方面都有极强的战斗力。公司优秀的管理团队将确保公司紧紧抓住好的商业机会，以有效的方式实现公司既定的工作目标。

九、产品制造

计划书应尽可能把新产品的生产制造及经营过程展示给投资者和合作者。主要的内容包括以下几个方面。

1. 介绍的重点

主要是对产品生产全过程及影响生产的主要因素进行介绍。重点是生产成本的分析与介绍。此外，风险投资人需要企业家对产品销售成本的构成作出分析。

2. 生产特征

要回答下面主要问题：产品生产过程及生产工艺复杂与否，成熟与否？是否需要员工具有特殊生产技能？生产过程中哪几个环节最为关键？生产所需的零部件种类繁多还是只有少数几种？哪一种或哪几种最为关键？产品实际附加值有多高？

3. 设备情况

主要内容包括：本企业已有或打算购买的主要设备；概要说明固定资产总额及可变现价值；说明使用现有设备能达到的产值和产量；设备采购周期。

4. 厂房和生产设施

主要描述企业所拥有的房地产或租用的办公室和工厂。指出工厂的面积大小和单位面积价格及相关固定资产和生产设备等。风险投资人需要通过本部分判断现有厂房和生产设施能否满足风险企业增长的需要。

5. 基础设施

主要对水电供应、通信、道路等配套设施的情况作一概略介绍。

6. 生产情况

正在计划什么样的生产过程？生产量将有多大？需要什么样的生产工具？需要什么稀有材料？从第三者手中购买什么原料、部件或服务？单位生产能力有多大？在短期内如何调节你的生产量？生产量的扩张需要多大的成本？在计划中有怎样的质量检测手段？如何管理产品存货？

十、财务规划

财务规划需要花费较多的精力来做具体分析，其中就包括现金流量表、资产负债表及损益表的制备。流动资金是企业的生命线，因此，企业在初创或扩张时，对流动资金需要有预先周详的计划和进行过程中的严格控制；损益表反映的是企业的赢利状况，是企业在一段时间运作后的经营结果；资产负债表则反映在某一时刻的企业状况，投资者可以用资产负债表中的数据得到的比率指标来衡量企业的经营状况及可能的投资回报率。

要完成财务规划，必须要明确下列问题：产品在每一个期间的发货量有多大？ 什么时候开始产品线扩张？每件产品的生产费用是多少？每件产品的定价是多少？使用什么分销渠道，所预期的成本和利润是多少？需要雇佣哪几种类型的人？雇佣何时开始，工资预算是多少？

十一、风险分析

企业经营要面临诸多风险，创业者在编写创业计划书时，要尽可能多地分析出企业可能面临的风险、风险程度的大小，以及创业者将来采取何种措施来避免风险，或者在风险降临时以何种行动方案来减轻损失。创业者需要将这些情况在创业计划书中列明，这主要包括：企业自身各方面的限制，如资源限制、管理经验的限制和生产条件的限制等；创业者自身的不足，包括技术上的、经验上的或者管理能力上的欠缺等；市场的不确定性；技术产品开发的不确定性；失败的可能性。创业者应该对企业所面临的各种风险都认真加以分析，不可因为其产生的可能性小而忽略不计。创业者最好针对每一种可能发生的风险提出相应的防范措施。

十二、退出机制

投资人投资是为了得到现金回报，并非为了投资而投资。计划书必须介绍怎样使风险投资人最终以现金的方式收回其对本企业的投资。

风险投资人收回投资大体有公开上市、兼并收购、偿付协议三种方式。计划书应对这三种方式进行描述，并指出哪一种是最可能的投资退出方式。

十三、附录

不适宜放入计划书正文但又很重要的材料可以放在附录中介绍，如管理团队的简历、产品或产品原型的图示或照片、具体财务数据和市场调查计划等。

【案例 6.3】

常州大学斩获全国大学生创业计划竞赛金奖

2014 年"创青春"全国大学生创业大赛终审决赛于 11 月 1 日至 4 日在华中科技大学隆重举行。经过激烈的角逐，常州大学斩获金奖一项，取得了在该项赛事中获奖级别的历史性突破。

"创青春"全国大学生创业大赛是由 1999 年开始举办的"挑战杯"中国大学生创业计划竞赛升级而来，每两年举办一届。本届"创青春"全国大学生创业大赛包括第九届"挑战杯"中国大学生创业计划竞赛、创业实践挑战赛、公益创业赛三项主体赛事，以及 MBA、移动互联网创业两项专项赛。大赛自 2014 年 1 月启动以来，全国 2000 多所高校参加了相关赛事，近 10 万件作品参与校级竞赛，近 2 万件作品参加了省级竞赛，最终来自 209 所高校的 385 件（含港澳组作品 19 件）创业项目进入全国终审决赛。

经过初赛、网评和现场公开答辩等环节，由常州大学制药与生命科学学院张跃、张继延、刘荣、辜顺林、严生虎，商学院陈玉荣、殷博益、郑国中等老师指导，制药与生命科学学院杨玫玫、薛鹏博、陈鹤升、谢彬彬，怀德学院邓洁、刘煜、朱彦蓁，史良法学院邱铮，华罗庚学院陆敏，国际教育交流学院张赛等同学参赛的作品《江苏胍泰安科技有限责任公司创业计划》荣获金奖。

【导师点评】

常州大学在"创青春"全国大学生创业大赛中获得金奖，绝非偶然。多年来，常州大学高度重视大学生创新创业工作，始终坚持把创新创业教育融入人才培养的全过程，把创新创业作为学业规划的重要抓手，逐步形成了"意识培育—实践激发—能力提升—成果转化"的大学生创新创业"四元"定位教育体系，设立基金，开辟基地，先后出台了一系列制度和政策支持、鼓励大学生的创新创业活动。2013 年 9 月，常州大学大学生创新创业基地获批为"江苏省大学生创业示范基地"，2014 年 5 月，学校进一步整合和集聚校内外资源，与常州市人力资源和社会保障局、共青团常州市委联合成立常州市大学生创新创业学院，完善创新创业教育的实施框架，使校园创新创业氛围变得更浓郁，不断激励学生发挥创新创业活力与激情，在创新创业中挑战自我、追求卓越。

第四节 创新创业计划书撰写方法

一、撰写原则

创新创业计划书要写得简明生动，既要勾画出项目的全貌，又要突出项目的重点；既要讲清了项目的先进性和可行性，又要讲清项目的商业价值和回报周期；既要看到企业的现实优势和目标愿景，又要看到清晰具体的实现路径。要达到上述要求，在撰写创新创业计划书时应把握以下几个原则。

（一）坚持市场导向

市场在资源配置中起决定性作用，这是市场经济的本质要求。大学生创新创业绝不能闭门造车，想当然办事，而必须迈开双腿走向市场。因为企业的创意来自市场，各种要素来自市场，利润也来自市场的需求，总之，市场是企业赖以生存的基础，所以一切脱离市场实际的创新创业计划书都是空泛的、毫无价值的。因此，创新创业计划书必须立足于市场导向，准确把握市场的现状及未来的走势，既分析市场的商机又分析潜在的风险。

（二）一切从实际出发

大学生创新创业不能从书本出发，凭主观想象，凭一时冲动，而是要从客观实际出发，要尽量用实际资料佐证，所有数据和分析要尽量客观、实际，切忌主观臆断地估计。因为大学生创新创业缺乏实践和经验，对创业过程缺乏必要的了解，撰写计划书时，往往是凭主观意愿高估市场潜力和报酬，低估经营成本和风险，从而盲目乐观，这是创新创业之大忌。

（三）树立系统观念

创新创业是一个系统工程，要求各个环节整体协同。因此，大学生在撰写计划书时，注意在市场定位、项目策划、市场营销、团队组建、财务体系等一系列领域要前后呼应，不能头大身子小，也不能虎头蛇尾，各个环节要相互衔接，不能前后矛盾，要自圆其说。

（四）要切实可行

创新创业计划书是大学生拟定的创新创业行动计划，因此，它必须切实可行，具有操作性。特别是研发计划、营销计划、组织结构、管理措施、应对风险的方法与策略等，绝不能纸上谈兵，必须可以付之于实施。

（五）要凸显竞争优势

撰写计划书的重要目的之一就是取得投资人或贷款人的信任，为新企业提供资金支持。因此，计划书要从市场机会、产品特点、营销措施、竞争状况、组织管理、投资回报、风险评估等方面凸显出具体的竞争优势。竞争优势的体现不是夸夸其谈，必须建立在对客观事实分析的基础上，通过比较分析的方法，用具体的数据说话，让投资者看到预期可获得的回报。

二、撰写要求

根据以上编制原则，为了使计划书让阅读者看得轻松、看得明白，编制者必须掌握一定的技巧，要注意以下几个要点。

（一）凸显计划主题

写计划书和大学生写论文其实是一个道理，要开门见山，围绕主题展开介绍。切忌东拉西扯，词不达意，讲一些与主题关联度不大的内容。要用真实、简洁的语言，围绕创业产品与服务的价值展开阐述，这就是计划书的主题所在。

新创企业或新产品的投资价值，就是计划书的主题，整个计划书也需要围绕这个中心思想而展开，在计划书的每一个部分、每一句话当中都要体现这一思想。所谓企业的投资价值，简单一点说就是企业的成长空间、成长能力及成长效率。风险投资人和合作者最关注的就是企业投资价值的增长空间、效率、速度、能力及风险。在创新创业计划书编制过程中，一定要重点介绍新创企业的生存和发展能力，即对市场、产品、竞争、管理、销售、财务等方面的掌控能力和增长能力，清晰地展现出新创企业的综合素质和发展态势。

（二）明确阅读对象

新创企业或新产品的投资价值的判断主体是读者，他可能是风险投资人、银行信贷人员、战略伙伴、主要客户或主要雇员。大学里可能有同学上过"心理学"课，应了解计划书的阅读者们心里想什么、要什么。古人云，天下熙熙为利而来，天下攘攘为利而往。经济人都是逐利的，必须让他在计划书上看到他们所期望的东西，眼睛为之一亮。如风险投资者对计划中的市场增长及盈利感兴趣；战略伙伴及主要客户关心产品业务、市场、盈利及管理团队的运作能力，主要雇员、管理团队主要关心今后的发展前景。因此，在撰写时必须事先搞清楚什么是他们最感兴趣的，什么是他们不感兴趣的，这样才能事半功倍。

（三）彰显竞争优势

市场经济的一个重要法则就是竞争。在竞争中，一些企业倒闭了，一些企业开创了，一些企业做大做强了。在众多的新创企业中，投资人为什么选择你？就是因为你有竞争优势，有你独特之处。所以，一份好的计划书必须要呈现竞争优势，用竞争优势说明新创企业的利润创造能力。要尽量展现管理团队的事业管理能力与丰富的经验背景，体现他们的能力优势。要显示该产品在产业、市场、技术方面的优势及未来良好的发展前景。要体现创业者对于新创企业内外部环境的周全考虑，以及对实现创新创业计划的信心。

（四）内容具体充实

计划书中的数字力求做到客观、具体。切忌只凭主观臆测，模棱两可，含混不清。在计划书中，创业者应尽量用事实说话，尤其是用第一手调查资料，用可供参考的权威数据与文献资料来说明。在行业、市场等分析中要用数字说话，如产品的市场容量、市场占有率、投资回报率、销售增长率等。不要不切实际地过分强调或夸大销售量、收益状况，缩短回报周期，减少经营成本和投资资金。为此，作为初创业的大学生需要认真作好市场调查研究，引证官方或学术研究机构的客观统计资料时，认真地消化分析。研发的新产品如果已有具体产品原型，可以让消费者先进行使用测试，并及时取得专家的检验意见，这样有助于提高计划书的可信度。

（五）论证周密严谨

一个商业计划总是沿着基本的商业概念逐步完善的。撰写创新创业计划书，主要是围绕"6C"展开。

一是概念（concept）。就是让别人知道你要卖的是什么。

二是顾客（customers）。顾客的范围要很明确，比如说认为所有的女人都是顾客，那么问一下自己：五十岁以上、五岁以下的女性也是我的客户吗？

三是竞争者（competitors）。需要问：你的东西有人卖过吗？是否有替代品？竞争者跟你的关系是直接还是间接的？

四是能力（capabilities）。要卖的东西自己懂不懂？譬如说开餐馆，如果师傅不做了找不到人，自己会不会炒菜？如果没有这个能力，至少合伙人要会做，再不然也要有鉴赏的能力，不然就不要做。

五是资本（capital）。资本可能是现金，也可以是有形或无形资产。要很清楚资本在哪里、有多少，自有的部分有多少，可以借贷的有多少。

六是持续经营（continuation）。当事业做得不错时，将来的计划是什么。

"6C"之间是一个完整的系统，必须要首尾呼应，前后一致，自圆其说。所以对创新创业计划必须进行周密分析和论和认真的可行性研究论证。对所提出的结论，要明确说明所采用的财务评估方法、会计方法，同时，也应说明市场需求分析所依据的调查方法与事实证据。计划前后的基本假设或预估要相互呼应、协调统一、符合逻辑。例如，财务规划必须要建立在市场分析与技术分析的基础之上，根据市场分析与技术分析的结果才能得到财务预估数据。

由于创新创业计划涉及的内容很多，应事先做好计划工作，写作过程才能有条不紊地进行。通常是成立一个编写小组，大家分工协作，各负其责，最后由组长统一协调定稿，以免出现前后脱节、遗漏、文风相异等问题。

（六）分析方法专业

大学生编制创新创业计划书时，要充分运用课堂上所学的一些专业分析方法，避免简单的文字描述。例如，在技术与产品分析中可以运用比较分析法、定性与定量分析法；市场客户的分析可以采用问卷调查法、观测法等；团队的分析要建立在团队理论与分析工具的基础上。

为了实现专业化的分析，可邀请老师或相关的专家（特别是有实际经验的专家）加盟或支援。在编制过程中，以 Word 文件为主，精心排版，使用表格、图形可以把所要表达的意思更直观地体现出来，让读者一目了然。

（七）保护知识产权

创新创业计划书是创业者辛勤的智力劳动成果，其内容往往具有较大的商业价值，其中可能还涉及一些技术专利或商业机密，因此，要保护好自己的知识产权，防止泄密，造成经济损失。保护知识产权的方法可以有多种选择，如要求收件的公司项目经理在保密协议书上签字，在计划书中增加保密条款。另外，还可以把关键的数据和方案不直接写在计划书里中，予以口头解释，使读者充分相信这些关键数据和方案的客观性和真实性。

（八）结构规范完整

计划书有一套规范完整的格式，各部分的内容应具有连贯性并严格按顺序编排。计划书应该备有索引和目录，以便投资者可以较容易地查阅各个章节。特别是概要部分，它是整个商业计划书的精华，也是打动投资人的关键环节，因此，绝不可对其粗心。许多投资人是看了概要部分之后才决定是否看全文。在主干内容上，产品业务的描述、行业分析、营销策略、创业团队等要尽量规范化、科学化，财务分析最好采用图表描述，以便形象直观。在附录部分，可以将管理团队的简历、产品或产品原型的图示或照片、具体财务数据和市场调查计划等列入其中。

德鲁克经典五问

三、注意问题

（一）过分强调技术，而忽略市场

新创企业的发展离不开技术，技术的发展需要市场的推广。企业、技术与市场之间是一种互相联系、相互促进、唇齿相依的关系。一些大学生创业者在编制计划书时，常常过分强调所熟悉的技术而刻意忽略不熟悉的市场或管理，花费一半以上的篇幅描述技术功能，而只用不到一页来说明市场营销；有的在计划书中，用营业额的 25% 从事研究开发，而营销推广费用寥寥无几。其实不然，创新成功需要实现研究开发与营销一体化，如营销部门应积极参与创新目标的确定、新产品构想的筛选、进行市场测试、创新预算的制定、商业分析和创新产品的商业化；要与技术部门共同研究市场需求状况以减少创新产品的盲目性，要参与编写技术手册和产品说明书、用户培训及售后服务工作，并向技术部门定期提供有关用户对新产品的意见、竞争对手的动向等信息。因此，在市场导向的背景下，计划书既要介绍新技术，更要介绍其市场需求，离开了市场，新技术的价值将无以体现。

（二）过分强调推介，而忽略说明

企业初创，一些计划书的编制者片面认为，计划书编制的目的就是推介自己，去进行融资或寻求战略合作者，它犹如产品广告向消费者推销产品与服务一样。因此，有些计划书花好几页纸描绘企业的前景、运营后会给投资人带来多少多少好处，并且不切实际地使用很多的形容词，王婆卖瓜式地自赞一番，这其实是不妥当的。计划书更像一份产品说明书，要切实地向投资人说明企业的产品与服务、商业模式、企业的成长路经，以及资金是如何推动企业成长的。事实上，投资人不是慈善家，他们会非常仔细地推敲计划书所提供的每一个数据，夸大销售、夸大利润的做法逃不过他们的眼睛。在计划书的编制中，应实事求是，态度诚恳，用事实和数据说话，这样才能得到投资人或合作者的认同和理解。

（三）过分强调项目，而忽略企业

计划书的核心内容是介绍企业，而不是介绍具体的项目。在大学生创业计划大赛中，一些计划书花大量的篇幅在介绍企业的某项技术、某个项目或某种业务，而忽略了对新创企业的全面介绍。因为对于投资人而言，所要投资的并非某一个项目或技术，而是一个有核心团队管理的具有良好前景的商业实体。新创企业有具体的业务、运作项目、新的技术等，但这些不能代表新创企业的全部。计划书的出发点是企业，是企业的整体经营，必须要说明企业在"做什么"（主营业务是什么）、"谁来做"（管理团队如何组成、如何管理）、"怎么做"（如何组织生产、销售、运营）等最基本的问题。

（四）过分强调个人，而忽略团队

创新创业计划能否得到有效执行，关键在于经营团队的组成，如果经营团队是一个能力互补、团结协作的群体，对于投资者而言这将是企业成功的保证。但一些计划书的编制者往往花大量篇幅介绍某一个人，或者把每一个人都变成孤立的个体，相互之间责任不明，能力与岗位不匹配。当然，这不是说对团队领军人物不能做重点介绍，而是说要从团队的角度去介绍每一个人，并且团队成员并非越多越好，三四人即可。尤其是要介绍管理团队的协精神，因为协作的结果大大超过其个人能力的累加，所以团队成员的协作精神在企业发展中有着非常重要的意义。

（五）过分强调收益，而忽略风险

风险性投资者选择的投资对象是一些潜在市场规模大、高风险、高成长、高收益的新创事业或投资计划，对于投资报酬的要求要高于一般水平，对于创业投资报酬的要求更高达50%以上。因此，创新创业者需要提出一份能够具体实现高报酬的创业计划书与财务规划，才有可能吸引创业投资者的兴趣。但是，计划书的财务预测分析与投资报酬率的预估，必须建立在充分的市场预测资料之上，同时还要包括敏感度与风险分析在内。计划书不能只讲良好的盈利前景，掩饰企业所面临的困难和风险。一个成功的投资者会同时考虑收益和风险，但尽量降低收益风险比，追求小投入、高回报。

（六）过分强调细节，而忽略变化

计划书做得太简单粗糙，就会失去它应有的价值，但过于详细烦琐也没有必要。因为过于详细、似乎无所不包的计划对创业行动有阻碍作用。变化大于计划，新创企业发展过程中，总会遇到这样或那样的困难，问题的解决绝不是靠一个一个现成的预案，而是要用创造性的办法，直至最终实现企业的目标。因此，过于僵硬死板的计划和一些实施细则，往往是纸上谈兵，并成为创造性思维的抑制因素。特别是风险资本参与或合作伙伴较多时，过于详细的计划中那些预先凭猜想设置的条款便成了束缚创业者的绳索。

在创新创业计划书编制中要注意的问题远远不止上述问题。在创新创业计划书编制中，大学生作为创业者要全身心投入、反复斟酌，并请创业合作伙伴或团队一齐参与，对计划的每一个细节都要尽量考虑周全，对计划的假设前提条件都要交代清楚，努力做到未雨绸缪，有备无患。

思考题：

1. 创业计划书是越详细越好吗？谈谈你的看法。
2. 假如你创业，会请代写机构写创业计划书吗？
3. 风险投资最关心的有哪几个问题？
4. 摘要是先完成，还是后完成，为什么？
5. 你如何做好参加创业计划大赛的准备？
6. 利用课余时间写一份略式创业计划书。

资料参阅及链接：

但汉愈. 2008. 我的商业计划书[J]. 中国大学生就业，（11）：44.

丁煜. 2012. 马丁 DE ZONE 创业计划书[J]. 江苏科技信息，（8）：54-55.

贡志国. 2002. 商业计划书及其编制的研究[D]. 西南交通大学硕士学位论文.

江蕾. 2010. 谈如何搞好人学生创业计划竞赛[J]. 中小企业管理与科技旬刊，（31）：207-208.

姜厚刚. 2013. 烘焙小屋创业计划书[J]. 校园创业手册，（1）：47-49.

李蓓. 2013. 淘淘吧创业计划书[J]. 江苏科技信息，（1）：55-56.

李明华. 2009. 如何写好商业计划书[J]. 江苏科技信息：科技创业，（1）：15-16.

陆楹赟. 2016. 双人便捷式提水器创业计划书[J]. 职业教育，（4）：9.

苏文涛，任玲. 2015. 大学生创业计划书中投入产出分析问题的几点提示[J].中小企业管理与科技，（7）：87.

提姆·贝利. 2009. 投资人要一份什么样的商业计划书[J]. 中国市场，（29）:31.

汪延. 2006. 商业计划书暗藏四大陷阱[J]. 中小企业科技，（7）：28.

王东翔. 2009. 科技型中小企业融资实务系列文章之二——撰写商业计划书的注意事项[J]. 国科技财富，（17）：20.

奚鑫明，洪佳明. 2016. 俏小渔无声手作坊创业计划书[J].职业教育，（7）：10.

徐斌，宋伟. 2006. 高科技产业商业计划书的编写[J]. 科技成果纵横，（4）：61-62.

郑磊. 2009. 商业计划书的"死穴"[J]. 理财，（5）：81-82.

第七章
申办创新创业企业

人们往往关注成熟企业的产品或运营，然而这些企业脱颖而出的时候，其明晰的战略定位和强有力的运营机制才奠定了企业最持久的竞争优势。

——拉姆·查兰

【本章导读】

"万事开头难"，大学生从事创业活动，必先从申办企业并开展实际的经营管理活动开始。再好的创业计划、再富于灵感的创意，如果不立足于具体的商业经营活动而加以实施，都只能是空中楼阁。在企业创立之初，大学生创业者有许多的战略构想和计划拟定需要完成，也有许多细致的工作需要一步步展开。创业大学生应该如何成立自己的创新创业企业？如何选择切合自身实际的企业形式？怎样为自己的企业确定一个符合规范而又心仪的名称？申办企业、登记注册有哪些流程？本章重点介绍企业申办的操作实务，助你在创新创业的路途上快速实现自己的"老板"梦。

【学习要点】

1. 了解新创企业的类型及选择法律形式的影响因素。
2. 掌握大学生申办企业进行名称登记的程序及相关内容。
3. 了解大学生新创企业设立的条件。
4. 熟悉新创企业登记的基本流程。

第一节　新创企业组织形式

一、新创企业组织类型

当意气风发的大学生们准备开创自己的事业时，一个很现实的问题会摆在你们面前。那就是：如何去申办一个企业呢？

申办新企业，首先从认识企业的基本属性和了解新企业的类型开始。

《公司法》修订

（一）新创企业定义

现代企业作为商品生产者和商品经营者，在不同的社会制度下具有不尽相同的社会性质，但也有很明显的共同特征。通常认为，企业即以市场为导向、以营利为主要目的、专门从事商品生产和商品经营的营利性组织。在现代的市场经济体制下，企业自主经营、自负盈亏、独立核算，是依法成立和经营的独立实体单位。

通常来说，新成立的企业（包括在一定的年限之内）都可以称为新企业或者新创企业。学术上相关的定义如下：Johnson 认为一个企业组织开始拥有独立的会计系统，并有全职人员为此企业工作时，该企业即为新企业；Lussier 认为新企业是成立时间在十年之内的企业。GEM 将新创企业定义为 42 个月以内的企业。一般认为，新企业的前三年是面临诸多不确定因素、运营风险很大的"危险期"。因此，只要还处于危险期，并且企业在达到规范化、专业化之前均可归为新企业。

（二）新创企业的相关组织类型

企业根据不同的属性划分有不同的分类方法。新成立的企业通常有如下一些类型：根据企业的财产组织形式可分为个体企业、合伙企业和公司制企业等，根据企业和其他合作企业的资产联结方式可分为独立企业、企业集团、连锁企业等，根据所有制形式可分为全民所有制企业、集体企业、私营企业、混合所有制企业、外商投资企业（包括中外合资经营企业、中外合作经营企业和外商独资企业），根据企业的生产经营领域可分为工业企业、商业企业、生产型企业、流通型企业、服务型企业和金融型企业，根据企业规模可分为大型企业、中型企业、小型企业。

（三）中小型及微型企业的界定

大学生新成立的企业多为中小企业。如果是以一定的技术成果和技术产品作为创业项目，还可以归属为科技型中小企业。对于这类企业，国家是有扶助和支持政策的。地方政府也会有一定的政策倾斜。对于中小企业的划分，国际上一般是根据员工人数和年销售收入等数值进行定量划分，如美国通常认为 500 人以下的企业为中小企业。我国的划分标准根据行业有所不同。按照 2011 年最新修改的《中小企业划型标准规定》，工业企业在人数 1000 人以内或营业收入 4 亿元以下均可称为中小企业，软件和信息技术服务业在人数 300 人以内或营业收入 1 亿元以下均可称为中小企业（其他行业不一一列举）。其中一些更小的企业可以进一步划为微型企业。微型企业按照行业的不同大致可以认为是人数在几十人，年营业收入在 300 万元以下的企业。小型和微型企业是当前国家高度关注和大力支持的创新创业企业形式。这也为大学生开展创新创业活动提供了前所未有的良好契机。

二、企业的法律形式

根据世界上大多数法律的规定，企业的分类标准主要依据一个基本的问题，这也是判断企业性质的一个根本前提，即企业是否为独立法人，是法人还是自然人。法人在法律上的概念是与自然人相对应的。法人是法律上人格化，享有权利与承担义务的社会组织。因为企业的独特属性和在市场经济中的主体地位，因此法律赋予它与自然人相似的独特地位。依照这一标准，最基本的企业划分方法为：个人独资企业（或个体企业）、合伙企业、公司三类。

其中公司又可分为有限责任公司和股份有限公司。

1. 个人独资企业（或个体企业）

个人独资企业是企业对外债务承担无限责任，尤其是个人独资企业解散后，原投资人对个人独资企指依照《个人独资企业法》在中国境内设立，由一个自然人投资，财产为投资人所有，投资人以其个人财产对企业债务承担无限责任的经营实体。相对而言，个人独资企业更能满足资金缺乏、又不愿与人合股或合伙的个人进行创业。但个人独资业存续期间的债务仍应承担偿还责任（注：债权人在 5 年）。因此，如果选择个人独资企业进行创业，更应注意加强控制企业的各类风险。个人独资企业属于自然人企业，由个人出资兴办，所有权和经营权属于自然人，收益和债务直接归属自然人，也就是我们俗称的"个体户"。常见的个人独资企业包括个体工商户、私人诊所等。

2. 合伙企业

合伙企业是指依照《合伙企业法》在中国境内设立的普通合伙企业和有限合伙企业。根据合伙企业法的规定，合伙企业有三种形式：普通合伙企业、特殊的普通合伙企业和有限合伙企业。普通合伙企业由普通合伙人组成，合伙人对合伙企业债务承担无限连带责任。它由自然人和法人组成，分为普通合伙企业和有限合伙企业。合伙企业只缴个税，按合伙人分别缴纳。

3. 有限责任公司

有限责任公司是指根据《公司法》登记注册的，由两个以上、五十个以下的股东共同出资，每个股东以其所认缴的出资额对公司承担有限责任，公司以其全部资产对其债务承担责任的经济组织。相对于承担无限责任的组织形式来说，组建有限责任公司的法律风险较小。有限责任公司对外承担有限责任，限定了创业者承担的法律风险不会超过注册资本金。首次出资额不低于注册资本的 20%，其余部分两年内缴足。注册资本最低限额为人民币 3 万元。股东可以以货币出资，也可以用实物、知识产权、土地使用权等出资。

4. 股份有限公司

股份有限公司是指根据《公司法》规定而成立的，由两人以上 200 人以下为发起人、采取发起设立或者募集设立方式成立的经济组织。其中，发起设立是指由发起人认购公司应发行的全部股份；募集设立是指由发起人认购应发行股份的一部分，其余股份向社会公开募集或者向特定对象募集。发起设立的股份有限公司注册资本为全体发起人认购的股本总额，首次出资额不得低于注册资本的 20%，其余部分两年内缴足；募集设立的股份有限公司注册资本为登记的实收资本总额。股份有限公司的注册资本最低限额为人民币 500 万元。股份有限公司由于把公司的资本均分成若干资金数额均等的股份，因此，便于认购、转让、募集等股权交易活动，有利于吸纳更多的社会力量参与到企业投资与企业经营中来，能够更有效地扩大企业经营规模，增强企业实力和可持续发展的能力。

三、选择新创企业法律形式的影响因素

大学生创立自己的企业应该如何选择合理的企业法律形式？大致可以从以下几个方面进行考量。

（一）税收政策

不同的企业组织形式所适用的税收政策是不同的，而且税收政策对企业的影响是长期的，也是非常重大的，因此，应比较不同组织形式的税率和征收方法。私营有限责任公司要双重征税，而私营独资企业和私营合伙企业，就可以避免双重征税的问题。因为按照法律规定，个人独资企业和合伙企业在缴纳税收的时候只需要按企业所有人为自然人主体缴纳个人所得税就可以了。合伙企业需要按合伙人分别缴纳。但公司制企业除了企业所有人需要缴纳个人所得税之外，还需要以企业为法人主体缴纳企业所得税。

大学生创业开办企业，资金来源是比较有限的，这时如果能在税收上提供一些便利条件，对于改善经营环境是很有利的。如果大学生创业开办公司是以个人的经营技能和经营活动为主，如个人工作室等，并且初步计划企业今后也不打算持续扩大再生产和进一步扩大经营规模，只是保持个人类似于"自由职业者"一般的经营特色，可以考虑个人独资企业；如果有几个志同道合的合作者，也可以考虑合伙企业。通常我们所见到的律师事务所、个人诊所等，以专门技能为连接纽带的小型服务机构型企业，都是合伙企业。

（二）承担责任

按照权利和义务相一致的原则，社会主体在应尽义务上履行较少，那么相应地在权利上也必定有所减少。企业法律也是如此。自然人企业和法人企业在承担责任上有着极大的不同。主要体现在：自然人企业对企业的债务承担无限责任。换句话说，像个人独资企业及合作企业，企业的所有者需要以个人资产清偿公司的所有债务；而公司型企业对企业的债务承担的责任是有限的。即公司只以其资产对公司的债务负清偿责任。这便是法人企业的最大优势。法人企业制度在建立之初就以法人这种独特形式规定了承担债务的有限性，从而有效地规避了企业经营者的个人风险，这样就能最大限度激发市场经济条件下创业者的活力和积极性。

对于大学生创业者来说，经营风险也是一个不得不考虑的问题。如果企业经营主要以自有资金为主，当然不存在负债风险的问题。但如果选择在一定规模下进行融资，随着负债金额的提高，企业经营的风险也将提高，这时公司的优势便显现出来。

（三）行业类型

选择何种企业组织形式，与创业者要进入的行业有很大关系。私营独资企业比较适合于零星分散的小规模经营，在个体农业、建筑手工业、零售业、服务行业和自由职业中所占比例较大。一些行业的创业者必须要有合作精神，要建立起合作的团队，这就需要考虑私营合伙企业，如创办律师事务所、顾问公司、培训机构等，如果没有合伙人，就很难开展业务。而对资金、技术依赖性强的行业，也不适合单干。适合有限责任公司的行业范围更广，如贸易、电子、化工等行业。

值得注意的是，原则上企业对于组织形式有选择的自由，但对于从事某些产业的企业，法律上会给予一定的组织形式的限制。例如，对于一些专门职业（律师等）被要求以合伙方式组成，其原因可能包括道德或者管理上的因素，如执业时对于客户的无限赔偿责任，基于信任的职业特点等。此外，如银行、保险等金融事业，亦基于特殊的行业特质或者管制要求，法律要求必须以公司的形式进行组织。

（四）资本需求

不同企业形式在组建时的资本需求是不同的，创业者应根据自己的资金情况选择。同时，不同企业形式的融资能力也不相同，追加投资时的难易程度也不相同。私营独资企业的初创成本要求最低，但融资能力也最差；公司制企业的初始投资大，但未来能募集到的资本也更多。

（五）创办与运营难易度

对于大学生创业而言，"万事开头难"，企业刚刚成立就需要面临许多经营上的问题。所以企业的创办和运营的难易度也是不可小觑的因素。对于精力有限、人手不足同时经验又极其匮乏的那些创业者来说，合伙企业是一个比较简便容易的形式。因为企业在创业初期所能吸引的资本有限，合伙这一组织形式在简单化、弹性化、非正式化及成本等方面，较其他组织形式有优势。合伙在处理事务时，不论是决策、沟通，皆较公司制度来的简单、迅速。对一个规模尚不大的企业而言，合伙可能是较适合的组织形式。此外，公司形式在运营成本上也较合伙制度来得昂贵，向投资者筹资的渠道亦然，不像合伙只要合伙人就相关条件谈妥即可，公司尤其是股份有限公司的增资扩股则涉及较为烦琐的法律程序和费用。

但是合伙企业在企业生命周期问题上存在一定缺陷，不易于发展壮大，更难于永续经营。因为合伙人系自然人，生命有限制，除非不断补入新合伙人，否则，合伙企业的寿命也有限。但法人却不同，除有法定解散事由或者决议解散外，原则上是可能永远存在的。此外，合伙的人的任何变动都将造成企业的解散。对于创业者来说，在成立企业的初期就应该想到这些问题。如果将来涉及大量创办人员的变动，且资金规模和经营业务范围有可能迅速扩大，在这种情况下如果不想放弃现在创办的原公司而"另起炉灶"的话，那么最好还是一开始注册一个公司型企业，这样比较妥当。

第二节　大学生新创企业名称选择

一、企业名称的构成

在工商行政管理部门申请的企业全名，与我们自己拟定的企业名称不尽相同。创业者自拟的企业名称在工商部门登记时严格说应称为"字号"。企业全名一般由四部分依次组成，"行政区划＋字号＋行业特点＋组织形式"，如"江苏远创达电子有限责任公司"。非公司制企业可以申请用"厂""店""部""中心""工作室"等作为企业名称的组织形式，如"江苏锐林技术开发中心"等。

"互联网＋"创业新形态

（一）行政区划

应当为本企业所在地县级以上行政区划的名称或地名。其中，如果使用"中国""中华""全国""国家"等字样或者不含行政区划的须由国家工商总局登记。这些企业大多为一些老字号企业或者外商投资企业。大学生创业者通常不会涉及。

（二）字号

应当由两个以上汉字组成，行政区划不得用作字号；需要指出的是，由于现代企业数目繁多，许多名称已经被注册。因此建议至少取三个以上的备用字号，审理时将按顺序依次查重，以首先不重名的名称为核准使用的名称。

企业字号等名称不得有损于国家、社会公共利益，不能对公众造成欺骗或者误解。一些带有敏感性的专有名词，如外国国家（地区）名称、国际组织名称、政党名称、党政军机关名称、群众组织名称、社会团体名称及部队番号不能够使用。此外大学生还应注意的是，企业名称应当使用符合国家规范的汉字，不得使用外国文字、汉语拼音字母、阿拉伯数字。用自然人姓名作为字号的，该自然人应是企业的投资人或股东。

（三）行业特点

内容应当与企业主营业务经营范围一致。企业经济活动性质分别属于国民经济行业不同大类的，应当选择主要经济活动性质所属国民经济行业类别用语表述企业名称中的行业。按照法律规定，只有企业经营业务复杂且高度多元化（达到国民经济行业五个以上大类或是企业集团母公司）才可略去行业名称。大学生创业者最好在企业中准确表述出自己的行业，以利于企业自身的定位，不至于发展方向过于分散。

（四）组织形式

组织形式具体的表述如下：如实根据《公司法》等申请登记的企业名称，可将组织形式部分表述为有限公司、有限责任公司或者是股份有限公司；依据其他法律登记的企业如合伙企业、个人独资企业的，如前所述，组织形式表述不得是有限公司、有限责任公司或者股份有限公司字样，而可以以"厂""店""部""工作室"等命名。

【案例7.1】

大学生创业：新创企业误区面面观

年轻大学生初成立公司，所涉及的问题和误区不在少数。

其一：陆先生是国内一所名牌大学法律专业的硕士研究生。今年刚毕业的他决定在上海自主创业，他为自己的公司取名为"上海资本家竞争力顾问有限公司"。结果在上海浦东新区工商局办理注册登记时遭到拒绝。理由是"字号、行业表述不当"。工商局认为："资本家"一词有特定的含义，用其作为企业名称有损于国家、社会公共利益，容易造成消极的政治影响。而且"竞争力顾问"属于行业表述不当。双方还引发了一场诉讼官司，最终陆先生以败诉告终。我国《企业名称登记管理规定》明确指出：有损国家、社会公共利益的、可能对公众造成欺骗和误解的内容和文字不得在企业名称中出现。如带有殖民文化色彩，有损民族尊严和伤害人民感情的，如"大东亚""大和"等；含有封建文化糟粕的，如"鬼都"等；有消极政治影响的，如"黑太阳""大地主"等；格调低俗甚至含有色情内容的；引起社会公众不良反应的，如"丑八怪美容店"等。

其二：一名大三女生王某因为个人爱好，对手工艺品产生了浓厚兴趣。逐渐有了开店创业的想法。于是在兼顾学业之余她在校园旁边开起了小店。她对企业的性质没有任何研究，只是想着自己一个人凭着爱好和特长干，便成立了个人独资企业。起初她兴趣浓厚，干劲十足，除了上课时间，其余时间都花在小店的打理上，甚至每天只睡四小时。生意逐渐变得红火，甚至每月收入超过数万元。但是好景不长，随着时间的推移，王某渐渐感到力不从心、精力透支。而且学业也受到了一定影响。在资金周转上，她也明显感觉到捉襟见肘。她了解到像她这样创业的大学生，许多也有类似的情况，在企业成立初期没有做好规划和设计，还有许多创业的学生没有找好一同创业的伙伴，导致企业运营路上步履维艰……

资料来源：淑君.2003.研究生想做资本家，工商局当场亮红灯[J].政府法制，（24）：6-7.

【导师点评】

企业取名不能一味求新求奇，为了"抓人眼球"而触犯现有法律和社会风俗习惯。企业取名宜端正高雅，纵观许多百年老字号企业，其名字并不是多么标新立异，而是符合大众的审美取向，同时与企业的经营理念、核心价值观息息相关。企业名称越简单朴素，越能深入人心，越能长久。

在创业企业成立之时，要结合企业的主营业务对企业发展做前瞻性设计。如果不是特别依赖于创办者个人的特殊技能或者专业技术，通常以公司制企业更为稳妥。这使得企业的扩大经营变得更为容易。另外，创业伙伴的遴选也是十分重要的。最好能够选择有共同的创业理想和诉求，而在主营业务技术能力、管理能力、交流与沟通能力等方面能够相得益彰、互通互补的若干人员，使得创业企业一开始就具备较为雄厚的"班底"，增强新创企业的核心竞争力。

二、企业名称与品牌

我国法律规定，选用合适的企业名称进行注册登记是企业应尽的义务，同时也是企业作为法人的权力。企业名称将成为企业的形象代表和无形资产。

大学生创业者在成立企业之前，大多都会殚精竭虑地为自己的企业想一个心仪的好名字，也会在企业名称中寄托自己创业的梦想和期望。为人父母的都知道，"赐子千金，不如赐子佳名"。企业的创立者自然愿意为自己的企业起一个中意的好名字。一个响亮好记、代表公司品牌形象且富于文化意蕴的企业名称，对于公司的长久发展有着不可低估的影响，代表了公司的形象、信誉和精神，代表着企业的价值取向和最高愿景。在市场竞争中，名称的力量更是不可小觑，很多时候它决定了企业产品能否像利刃一样闪电般切入市场，征服消费者。

需要提及的是，严格说来，为自己的新企业命名包括企业自身的名称及企业产品的名称。后者又被称为商标品牌名称。也有为数众多的企业将这两者合二为一。对于大学生创业者来说，公司名称往往和企业产品名称、商标名牌一致比较合适。因此，选定企业名称公司名称也往往意味着选定了公司的产品名称和企业品牌。这里不再严格区分，一并进行说明。

三、企业名称选择的技巧

那么，创业的大学生应该如何为自己的新企业及企业产品命名呢？其实也很简单，只要记住几个数字："零一二三四"就可以了。

（1）"零"：就是说企业的名称和企业产品的名称应该首先做到对消费者的认知"零距离"

"零障碍"。让大家能够一看便知，过目不忘。

一个好的名称有时真应和了那句话"文章本天成，妙手偶得之"。例如，美国"OIC"眼镜公司，表示"Oh，I see"（喔，我看见了！）；还有一个搬家公司名为"蚂蚁搬家"，都是不错的好名。那种顺口又响亮的企业和产品名称，才是能够深入人心、深植品牌理念的好名字。企业名称不要佶屈聱牙，让人看不懂，读不出，记不住。应该记住，你面对的市场和顾客成千上万，各种社会阶层和文化水平的人都有。这不是卖弄才学的地方，这是要让人迅速识记你的企业标志、进而迅速认可和接受你的企业的时候。不论你的企业名称有多少内涵，得让人过目不忘，这才是正道。

在这一点上，娃哈哈可谓个中翘楚。这一名称堪为企业和产品的"第一推销员"。红遍大江南北的新疆民歌《娃哈哈》可谓深入人心。这使得顾客先入为主，迅速记住和认可了这一名字。同时，这一名字宣传的理念也十分符合中国人的价值需求：一切为了孩子，为了孩子能够笑开颜，能够健康茁壮成长。不言而喻，这一名称不仅锁定了自己的核心目标客户群——青少年和年轻顾客群体，而且其他中年及以上的顾客群体也欣然接受，毫不反感。从音韵学角度看，三个字全是开口音，发音响亮，而且极其类似人类发出笑声时的发声，世界各国人民的语言中无不如此。据说当时在给企业海选名称时，因为过于另类，这个名字并不被看好，而企业掌门人宗庆后独具慧眼，果断拍板，选定了娃哈哈作为企业及产品的名称。这才有了以后不断走向强大的娃哈哈王国。无独有偶，小霸王公司原总经理段永平，曾以"打工皇帝"的美称扬名全国，他在离开小霸王后，另起炉灶，创立了广东立高公司。后来，"立高"便易名为"步步高"。《步步高》是一首著名广东乐曲。以乐曲名作为学习机名称可谓恰到好处，"百尺竿头，更进一步"当然是广大学生和家长的心声。

还有许多例子，不胜枚举。例如，浙江老板集团原名"红星"，尽管质量不错，销售却不见起色。最后改名为"老板"。"老板"是国内口头用语，极易记忆和传播。电视观众只要看一次"老板"的广告便容易记住，而对于"红星"，恐怕看一个月的广告也难有深刻的印象。又如，在日本的胶卷市场上，樱花曾是行业的第一品牌，富士只是配角。但富士后来居上，令人百思不得其解。经市场调研发现，"樱花"虽然看似不错，但隐含有"小而模糊""含糊一片"的视觉效果和心理感受；而"富士"令人联想到蓝天白云，颜色鲜明，对比度大，符合人们对于照相机取景清晰明朗的心理特征。

（2）"一"：就是说对于新创企业及尚无多少知名度的企业而言，最好能让企业名称和主营核心产品名称相同，或者至少在形象定位上做到接近或一致。

对于大学生成立的新企业来说，因为企业尚无多少影响力和知名度，这时尽量使企业名称和品牌名称相同或基本一致，这样可以提高企业经营中的营销效率。为企业确立一个比较响亮顺口、含义隽永的好名称就显得尤为重要。从企业识别（corporate identity，CI）的理论角度看，新公司要建立起较为鲜明的企业形象识别，并非一朝一夕之功。在企业认知度不高的时候，将企业名称与产品名称统一、协调起来，有利于拓展市场、推广产品，树立企业形象。例如，日产汽车公司之前在海外采用的名称为"DATSUN"，以至于很少人知道这种汽车是日产公司生产的。最后公司为了强化企业名称，统一将世界各地的产品名称更名为"NISSAN"。

当然，企业名称和产品的名称做到一致也不是绝对的。当企业要拓展多元化的产品发展路线时，或是企业的产品线十分丰富、要追求差异化营销效果时，也许企业和产品的名称进行"错位"选择更合适。这其中一个显著的例子便是美国宝洁公司。其丰富的洗化产品类型如"飘柔""潘婷""汰渍""碧浪",每一种产品都有自己独有的名称和独具特色的产品特点,极大满足了顾客对于洗化用品的多种个性化需求。然而这样做的劣势也很明显,就是公司本身的品牌知名度反而不高。同时,诸多产品名称也给企业的有效营销带来了难度,产品各品牌之间难以形成合力。后来宝洁公司吸取了教训,在给新产品做广告的同时,也不忘在显著的位置强化"宝洁"这一企业名称,这样一来企业名称知名度大增,提高了产品的整合力。

（3）"二":是指为企业和产品命名时不要只想着中文名称,还要多考虑英文的名称。要兼顾企业和产品名称在二元语境下的协调一致,达到"两全其美"的满意效果。

在全球化经济的背景下,为自己的企业取名时不仅要起中文名,琢磨一个备用的英文名,还要力求中英文名称有联系,能适合各自的文化背景和语言环境,不要有不吉利的歧义等。例如,美国的Cocacola公司是研究了四万个汉字才找到发音相近、读音悦耳、寓意恰当的"可口可乐"四个中国字,而现在这四个汉字已经带着它独特的美式文化在中国大地上深深植根。昆明有一位创业的大学生,将自己的蛋糕店命名为"由你啃",这是英文"unique"的音译,可谓颇费了一番匠心。其突出的特色是诙谐、俏皮。正如这位大学生所言:天津有"狗不理",昆明有"由你啃"。当然,企业名称也与企业产品风格定位、企业文化定位息息相关。比如,上面这位蛋糕店"老总",若是要将自己的经营风格定位得稍显平和、优雅一些,选用"优乐可"等名称,倒也显得不错。

又如,法国的白兰地（brand）和英国的威士忌（whiskey）都是世界名酒,但在香港市场上前者销量竟高出后者近20倍。原因是香港人对产品名称的蕴含意义一向都很看重,且非常忌讳不吉利的隐含意义。"威风的绅士都忌讳"自然不如"白兰花盛开的芳草地"让人乐于接受。

在确立英文名称时,一定要考虑在国际市场中的知识产权问题。最好避免使用已经成文的英文单词。因为这样的商标可能在国外早就大量注册。例如,联想最初使用的"Legend"名称,就是因为这样而在国际业务拓展中屡屡受阻而改名"Lenovo"。而且改后的名称与英文中的"创新"非常类似,兼有音译和意译的妙处,从而在国际上顺利地建立了知名度。

（4）"三":是指企业和产品名称要有点文化内涵,简单地说最好有点"嚼劲",能让人"三思",让人有"余韵不绝""绕梁三日"的感觉。

荣居"全国十大名牌服装"的无锡红豆集团,其"红豆"品牌名称曾被评为"中国十大文化价值品牌"。而1983年起家时它仅仅是拥有8台纺织机械的乡镇企业。其神话般的崛起速度得益于独具魅力的"红豆"商标文化。毫无疑问,该名称来源于王维的诗作《相思》:"红豆生南国,春来发几枝。愿君多采撷,此物最相思。"王维诗作是为了凭吊南朝梁太子萧统与一位慧如尼姑的爱情故事,萧统为了祭奠慧如,在太湖边亲手植下两颗红豆相思树。在英语中,红豆则被巧妙地翻译为"love seed",爱的种子。这一名称无疑令全世界的青年男女都心向神驰。2001年,红豆集团斥巨资筹办第一届红豆相思节,在业界引起巨大反响。"品牌的一半是文化"。文化的意蕴不需要太直白,而消费者偶尔的咀嚼和品味便足以起到"桃李不言,下自成蹊"的营销效果。

商品是承载文化韵味的消费品,如果名称不雅,就会给人"低劣""粗俗"之感,让文人雅士敬而远之。云南有一种享誉多年的果酒叫杂果酒,以酸石榴、山楂、橘子等果汁酿制而成，酒味醇美、营养丰富。但"杂果"二字美中不足，给人"低档""杂乱"之感，容易让人认为是杂七杂八的果品酿制而成。在历次酒产品评比会上，杂果酒常因为没有评委愿意品尝而名落孙山。后经过成功的商标策划，杂果酒改为"六果液"。这和原来的名称简直是天壤之别。"六果液"的名称类似于"五粮液"，表明是取各种果品之精华荟萃而成。这既点明了产品特色，又使人联想到"琼浆玉液"。当年"六果液"即被评为部优产品，销路也随之打开。

（5）"四"：是指应该为企业的名称建立起坚实的四面壁垒，与其他的企业或者产品名称完全区分开。应该注意保护自己的知识产权，同时也应注意不要侵犯别人的知识产权。

大学生创业开办公司，肚子里"墨水"有限，在企业和产品命名时难免向现有知名公司看齐，有时便拾人牙慧取一个和大企业很类似的名字。如模仿"肯德基"的快餐店，便出现了"麦肯基""麦香基"之类。这种"攀龙附凤"的取名方式有明显的山寨意味，虽然短时间内博人眼球、鱼目混珠，但对于企业和品牌的长期建设来说，不利于消费者对企业的认可，充其量只是一个蹩脚的噱头企业而已。更加不妥的是"傍大款""傍名牌"，利用市场上已有知名度的企业和产品名称来进行经营。这样的后果往往会引来一些不必要的侵权纠纷甚至断送创业前途，实在得不偿失。如果你设计的商标与大公司的驰名商标比较接近，也会带来纠纷，如奔驰公司曾和三一重工就商标近似进行过商标异议或诉讼。

建议大学生及其他创业者在成立企业之初，可以多想几个可以利用的名称一起注册。因为对企业及产品的名称，不应浅尝辄止，满足于想出一个派上用场就足够了。善于深谋远虑的企业，会预先想好许多名称并申请商标注册，以备将来之用。这种"储备名字"的做法在一些大公司尤为突出。丰田公司就有储备名字4000多个。而娃哈哈公司将"娃哈娃""哈哈娃"一股脑全部都注册了。而美国YAHOO!公司也曾因为未在中国全面注册中文的"雅虎"商标而和苏州一家也注册了"雅虎"商标的公司打起了官司，而后者也有根有据，认为其"雅虎"商标来自明代苏州著名文人唐伯虎。他们指出，"YAHOO!"出典于英国小说《格列佛游记》中的人形兽YAHOO，其实与雅虎一词内涵不符。因此，"雅虎"与苏州的渊源绝对比前者来得正宗。最终苏州的"雅虎"成功注册。

第三节 新创企业登记的条件

新创企业登记必须符合国家相关法律规定的必要条件。企业性质不同，设立的条件也不尽相同。

《公司法》规定，设立有限责任公司必须具备下列五个条件：①股东符合法定人数；②股东出资达到法定资本最低限额；③股东共同制定公司章程；④有公司的名称，建立符合有限责任公司要求的组织机构；⑤有固定的生产经营场所和必要的生产经营条件。

《合伙企业法》规定，设立合伙企业应当具备下列条件：①有二个以上合伙人。合伙人为自然人的，应当具有完全民事行为能力。②有书面合伙协议。③有合伙人认缴或者实际缴付的出资。④有合伙企业的名称和生产经营场所。⑤法律、行政法规规定的其他条件。

《个人独资企业法》规定：设立个人独资企业应当具备下列条件：①投资人为一个自然人。②有合法的企业名称。③有投资人申报的出资。④有固定的生产经营场所和必要的生产经营条件。⑤有必要的从业人员。

大学生新创企业登记，在确定新创企业组织形式后，根据企业设立要求的条件，准备好相关资料。

一、经营场所

经营场所指企业法人主要业务活动、经营活动的处所。企业法人住所和经营场所的法律意义是不同的，企业法人住所指的是企业法人主要办事机构所在地。根据我国《民法通则》规定：法人以它的主要办事机构所在地为住所，"主要办事机构是指企业法人的核心组织，住所应具体到市（县）、区（镇、乡）、路（村）、号"。而经营场所是指企业具体从事生产经营活动的地点。但是在实际工作中，企业法人住所和经营场所往往是同一地点。经营场所是企业进行生产、经营、服务的基本条件，厂房、店堂的大小是确定企业经营规模大小的依据之一。企业经营场所的产权属于企业自己所有的，应当提交产权证明；如果是租用场所，则应提交租用合同。

大学生创业者应当注意的细节是，租用经营场所应当租用专用的办公写字楼，签订租房合同，并让房屋的产权人提供房产证复印件，再到税务局买印花税。税率是年租金的千分之一，将印花税票贴在合同的首页。

随着创业门槛的放宽，民用住宅也可以注册公司，关键看注册公司的类型，民用住宅可以作为常规的贸易公司和科技公司的注册公司的地址，但不可以作为加工生产型企业的注册地址。民用住宅注册公司需要以下证件：房产证复印件；住改商证明，由社区居委会开具证明，说明已征得周围业主同意；如果是租用要有租赁合同。备齐以上的资料就可以用民用住宅来注册公司了。

二、注册资本

注册资本是企业法人自身所有的财产的货币表现。自 2014 年，国务院实施注册资本登记制度改革方案，进一步放松对市场主体准入的管制，降低准入门槛，增强经济发展内生动力。其体现在登记程序对注册资本上的要求主要有以下几点：

一是将注册资本实缴登记制改为认缴登记制。除法律、行政法规以及国务院决定对公司注册资本实缴有另行规定的以外，取消了关于公司股东（发起人）应自公司成立之日起两年内缴足出资，投资公司在五年内缴足出资的规定。取消了一人有限责任公司股东应一次足额缴纳出资的规定。转而采取公司股东（发起人）自主约定认缴出资额、出资方式、出资期限等，并记载于公司章程的方式。二是除对公司注册资本最低限额有另行规定的以外，取消了有限责任公司、一人有限责任公司、股份有限公司最低注册资本分别应达 3 万元、10 万元、500 万元的限制。不再限制首次出资比例以及货币出资比例。三是股东认缴出资额、公司实收资本不再作为登记事项。公司登记时，不需要提交验资报告。

简言之，这些改革措施都意在加大对年轻创业者和创业行为的鼓励和支持力度，进一步减轻了青年创业者的资金压力。因此，有人认为，在新政策的规定下，"一元开公司"在理论上也是成立的。但我们认为，开办一家公司，必要的启动资金仍然是必需的。原先 3 万元的资本门槛其实在当前社会也并不算太高。缺乏一定数额的注册资金，可能会使企业在一开始的运营中就缺乏现金流，显得捉襟见肘。

另外，改革中针对银行业金融机构、证券公司、期货公司、基金管理公司、保险公司、保险专业代理机构和保险经纪人、直销企业、对外劳务合作企业、融资性担保公司、募集设立的股份有限公司，以及劳务派遣企业、典当行、保险资产管理公司、小额贷款公司等，仍实行注册资本实缴登记制。

三、经营范围

经营范围是指国家允许企业法人生产和经营的商品类别、品种及服务项目，反映企业法人业务活动的内容和生产经营方向，是企业法人业务活动范围的法律界限，体现企业法人民事权利能力和行为能力的核心内容。《民法通则》规定，"企业法人应当在核准登记的经营范围内从事经营"。这就从法律上规定了企业法人经营活动的范围。经营范围一经核准登记，企业就具有了在这个范围内的权利能力，企业同时承担不得超越范围经营的义务，一旦超越，不仅不受法律保护，而且要受到处罚。核定的企业经营范围是区分企业合法经营与非法经营的法律界限。

因此，创业者应当注意，经过申请并得到核定的企业经营范围是企业法定的业务活动领域。在斟酌确定和申报填写的时候一定要谨慎，并要具有一定的前瞻性。不要把自己的经营范围限定得太小太死，这样容易使自己的企业发展和业务拓展处于被动。在申报时可以分别写明主营业务和兼营业务，主营业务可以和企业所属行业相一致，兼营业务在政策许可的范围内可以适当拓展，但不能和主营业务跨越大的类别。根据经营范围，工商行政部门审定企业的经营是合法经营或是违法经营。因此，大学生创业者注意，应当在确立经营范围之后坚持按照这一范围开展企业的经营管理活动。

四、公司章程

公司章程是指公司依法制定的、规定公司名称、住所、经营范围、经营管理制度等重大事项的基本文件，也是公司必备的规定公司组织及活动基本规则的书面文件。公司章程是公司设立的必备条件之一，无论是设立有限责任公司还是设立股份有限公司，都必须由全体股东或发起人订立公司章程，并且必须在公司设立登记时提交公司登记机关进行登记。

公司章程的内容不仅要对投资人公开，还要对包括债权人在内的一般社会公众公开。通过章程，企业公开向社会声明自己的性质、宗旨、任务、组织制度、活动方式、业务范围等情况。章程是企业登记时必须提交的基本文件之一。

按照新的《公司法》，有限责任公司章程应当载明下列事项：①公司名称和住所。②公司经营范围。③公司注册资本。④股东的姓名或者名称。⑤股东的出资方式、出资额和出资时间。⑥公司的机构及其产生办法、职权、议事规则。⑦公司法定代表人。⑧股东会会议认为需要规定的其他事项。

第四节　新创企业登记设立流程

公司登记是指公司在设立、变更、终止时，依法在公司注册登记机关由申请人提出申请，主管机关审查无误后予以核准并记载法定登记事项的行为。

【案例7.2】

大学生创业：理想很丰满，现实很骨感

23岁的小苏是"达尔西科技发展有限公司"的创办人，2007年从西安工程大学电子信息专业毕业，和许多大学毕业生一样，他跑过招聘会、托过家人找工作。后来虽然有一份不错的工作，但他却选择了辞职，他想在自己的专业上有所发展。

今年年初，小苏和同学、朋友等8人筹资7.8万元，开始创办自己的公司。4月21日，这家主营域名注册、网站建设开发等项目，并取得了一种环保防水手电陕西总代理的公司成立了。"把一件平凡的事做好就不平凡，把一件普通的事做好就不普通——这是我们公司的宗旨。"公司成立当天，小苏信心十足。公司先后招聘了20多名员工，而且大多数都是在校大学生，他们代理的产品也在不断地拓宽市场。但是经营公司和上学完全是两回事，短短几天时间，小苏就感到了压力，而且当初承诺办理公司注册手续的代理公司在拿了他1万元后杳无音讯，一时资金短缺成了这家刚刚起步公司的绊脚石。

4月29日，小苏一天没有吃饭，他拖着疲惫的身体跑学校、跑银行，但是没贷来款，"原因很简单，现在我没有房子、汽车做抵押，也没公司当担保"。在这个困境中，小苏没有跳出来，而是作出了一个决定，通知媒体，召开记者招待会让公司"破产"。

其实，由于注册一直没办下来，从严格意义上来讲，小苏的公司还未成立便告夭折。

【导师点评】

这是一个非常典型的大学生创业的例子。大学生富于激情，在创业活动中能创造无限可能，闯出一片天地。但是经验的匮乏往往使创业遭受挫败。在进行创业之前，需要对所创业的行业进行详细的调查、分析，认真做好市场调研、市场地位及公司的选址，创业资金要充足，对创业进行可行性分析，这些是创业初步成功的基础。注册公司的流程不能草率和马虎，如果委托代理机构办理，一定要选择正规机构，不要以为都是事务性的程序，就可以敷衍了事。如果选择不可靠的代理机构，"遇人不淑"，导致在注册的关键环节上出了纰漏，将会为日后企业的运营带来一些不必要的麻烦，甚至蒙受重大损失；在选择创业合伙人及招聘人员方面，要避免全部选择自己的同窗好友。如同一帮打天下的"三国群英会"。要知道，这是办企业，不是跑江湖。"江湖式进入，商人式退出"的经验告诉我们，选择互补型、商业伙伴型的企业合伙人更为妥当；创业过程中要有很大的抗压能力，应当懂得坚持。创立企业关闭并不意味着创业活动的失败。要利用时间多多实践、体验社会，继续考察市场，寻找创业机会。

一、公司核名

管理企业名称登记工作的相关部门是国家的各级工商行政管理局。相关的法律条文和管理办法有《企业名称登记管理规定》等。注册公司核名在注册地所在的工商行政管理局进行办理。核名分为以下三步：①咨询后领取并填写《名称（变更）预先核准申请书》《投资人授权委托意见》，同时准备相关材料；②递交《名称（变更）预先核准申请书》、提供全体投资人身份证原件及复印件、确定公司注册资本（认缴制，不需要验资）和约定认缴期限30年、确立公司经营范围等相关材料，等待名称核准结果；③领取《企业名称预先核

准通知书》。

公司核名管辖实行分级登记制度。

国家工商行政管理总局管辖范围是名称中含有"中国"、"中华"、"国家"、"国际"等字样的，名称中不含行政区划的。

市工商行政管理局登记管辖范围是市人民政府批准设立或者行业归管理部门审查统一由政府各部门设立的企业；企业集团；专门从事进出口业务、劳务输出业务、对外承包工程的企业或者资产评估机构、验资机构、审查机构、典当机构、中小企业信用担保机构、工商注册代理机构、专业经济组织、因私出境中介机构、境外就业中介机构、征信机构；股份有限公司；国有独资公司；注册资本 3000 万元（含）人民币以上的有限责任公司；出资额在 3000 万元（含）人民币以上的个人独资企业；外商投资企业。

区县工商行政管理局登记管辖范围是受理上述企业以外的其他企业、内资企业分支机构及个体工商户的名称登记，分局根据市局的复核意见进行核准。

二、申领营业执照

营业执照是企业或组织合法经营的凭证。《企业法人营业执照》也是法人类型企业在市场经济中获得法人资格的直接凭证。营业执照通常为正副两本。正本和副本具有同等法律效力。以公司等法人类型的企业为例，其持有的营业执照为《企业法人营业执照》。营业执照的正副本具有同等法律效力。在使用方面，《企业法人营业执照》正本或者《营业执照》正本应当置于公司住所或者分公司营业场所的醒目位置。副本一般用于外出办理业务使用，如办理银行开户、签订合同等。

在申请营业执照时，企业需要提交的材料包括：公司法定代表人签署的《公司设立登记申请书》、董事会签署的《指定代表或者共同委托代理人的证明》、由发起人签署或由会议主持人和出席会议的董事签字的股东大会或者创立大会会议记录（募集设立的提交）=股东会决议（设立）、全体发起人签署或者全体董事签字的公司章程、自然人身份证件复印件、董事、监事和经理的任职文件及身份证件复印件、法定代表人任职文件及身份证件复印件、住所使用证明、《企业名称预先核准通知书》。

从 2015 年 10 月 1 日起，江苏省新设立的各类市场主体由过去分别向工商行政管理部门、质量技术监督部门、税务部门申请办理工商营业执照、组织机构代码证、税务登记证改为直接向工商行政管理部门（市场监督管理部门）申请注册登记，其核发加载统一社会信用代码的营业执照。

三、篆刻公司印章

印章是国家党政机关、军队、企事业单位（包括个体工商户）、社会团体及其他组织证明其合法资格的，具有法律效力的载体。注册公司需要篆刻的印章有：企业公章、企业财务章、企业法定代表人个人印鉴、企业合同章、企业发票专用章。

篆刻公司印章需要准备材料：①营业执照副本原件及复印件。②法人身份证原件及复印件。③委托人身份证原件及复印件。

四、银行开设公司基本户

企业作为市场经济中的独立法人，必须有用于经营活动的资金。这样就必须建立企业自己作为法人的独立银行账户，也就是我们俗称的"开户"。根据中国人民银行的规定，企业开户时可以自由选择银行。由于企业本身是从事营利性经营活动的，所以选择好开户银行、处理好银企关系就显得至关重要。选择一个好的开户银行就犹如选择了好的助手和参谋。

新办企业开户手续如下：①银行交验证件。②客户如实填写《开立单位银行结算账户申请书》，并加盖公章。③开户行应与存款人签订的人民币单位银行结算账户管理协议，开户行与存款人各执一份。④填写关联企业登记表。⑤下级银行会送报中国人民银行批准核准。中国人民银行核准并核发《开户许可证》后，开户行会将《开户许可证》正本及密码、《开户申请书》客户留存联交与客户签收。

大学生创业者在选择开户银行时，可根据企业经营范围适当选取相关业务银行。比如，企业从事农业项目可以选择中国农业银行，一般工商业务可以选择中国工商银行、中国建设银行，从事外贸等业务可以选择中国银行。还应该选择结算方便快捷的银行。比如，选取距离企业较近的银行，办理提现等业务相对安全可靠、节省时间。选取结算方式齐全的银行。比如，办理信汇、电汇、票汇等，可以满足企业办理结算的需要。同时，应该选择与企业汇款、划款频繁的合作单位相同的开户银行，这样可以大大减少结算环节，尽快收回货款。

对于创业者而言，还有一个较为头疼的问题，那就是开户是和银行打交道，属于市场行为，因此许多创业之初的中小企业常常遭遇银行设置门槛甚至不接纳小企业开户的尴尬。针对此，大学生创业者可以向当地政府咨询和求助。因为许多地方政府为了扶持中小企业发展，优化地方创业环境，常常有一些倾斜于小企业开户的对口银行和优惠政策。选择那些成立了专门的小企业部、简化了账户管理业务流程的银行，对于大学生创业者来说更为方便。

五、税务登记

按照行业办理税务登记，建筑业、房地产、酒店服务业等只要办理地税登记即可，商业、制造业、加工修理业、交通运输、现代服务业等需要缴纳增值税，因此需要同时办理国税和地税登记。在办理税务登记时，需要提交的材料包括：营业执照、开户许可证、法人身份证、股东身份证、公章、财务章、扣税协议、CA 证书、租赁协议、租赁发票、办税员身份证。申请领购发票时，如果公司是销售商品的，应该到国税去申请发票；如果是服务性质的公司，则到地税申领发票。每月必须按时进行税务申报，即使没有开展业务不需要缴税，也要进行零申报，否则会被罚款。

思考题：

1. 大学生创业一般选择哪种企业组织形式为好？

2. 谈谈你对企业"法人"权利和责任的理解。

3. 常州大学的学生创新了一款新产品——"口袋空调"，请你为新创企业取个名字。

4. 新创企业登记注册是自己办理，还是交给代理公司，说说你的理由。

5. 选择一家企业或店铺，了解其发展过程及现况。

资料参阅及链接：

包海霞，陆文杰. 2015-1-14. 常州大学学生颜岩课余创业开公司，两年身家百万[N]. 现代快报.

陈晶云. 2016. 商事登记制度改革视角下企业信用管理研究[J].法制博览，（24）：184-185.

姜小莉. 2016-8-11. 常州大学生 5.3%的人曾试互联网+自主创业，都以失败告终[N]. 常州日报.

曲国丽. 2013.大学生创业园区新创企业的孵化机制研究[J]. 经济视角，（33）：42-43.

史伟. 2017. 浅析公司注册资本登记制度改革对大学生创业的影响[J].企业文化，（10）:28.

杨向荣，沈文青. 2011.大学生创业教程[M]. 北京：冶金工业出版社.

张楠. 2010. 微型企业：金融危机背景下大学生创业的规模选择与策略[J]. 现代教育科学，（3）：54-57.

张少明. 2016. 工商登记制度对大学生创业作用的探究——以福建省为例[J]. 连云港职业技术学院学报，（2）：11.

张勇. 2010. 企业品牌命名技巧与策略[J]. 企业经济，（9）：59-61.

赵延忱. 2010. 大学生创业教程[M]. 北京：北京大学出版社.

朱贵水，谢一苇 . 2014."先照后证"商事登记制度对大学生创业的影响[J].西昌学院学报，（2）：126-129.

Amar B. 2000. The Origin and Evolution of New Businesses [M]. Oxford：Oxford University Press.

Carroll G R，Mosakowski E. 1987. The career dynamics of self-Employment[J]. Administrative Science Quarterly, 32（4）：570-589.

Gompers P A. 2008. Performance persistence in entrepreneurship[J].Harvard Business School Working Paper.

第四单元 创新创业环境

第八章
熟知创新创业法律

> 成功没有绝对方程式，但失败都有定律：减低一切失败的因素就是成功的基石，以下四点可以增强克服困难的决心和承担风险的能力：①谨守法律及企业守则；②严守足够流动资金；③维持溢利；④重视人才的凝聚和培训。
>
> ——李嘉诚

【本章导读】

大学生在创新创业的过程中，需要耗费巨大的成本去创造创新成果或创业企业，因此，必须按照我国法律法规和当地政策的要求进行活动，保护来之不易的成果，若出现不符合相关法律法规规定的情况，可能会因此而承担相关的法律责任，承受巨大的经济损失，甚至会导致整个创新创业活动的失败。在市场经济体制下，请谨记，遵守法律是进入市场的最基本的游戏规则，不论是谁犯规都要"出局"。

【学习要点】

1. 了解专利的形式及专利法的权利保护范围。
2. 了解合同的订立与成立的关系。
3. 判定技术成果归属的依据是什么？
4. 有限责任公司与股份有限公司的异同点有哪些？
5. 大学生创业可选的企业组织形式有哪些？

第一节 创新过程中的主要法律

创新，是把新的或重新组合和再次发现的知识引入到所研究对象系统的过程，是引入新概念、新东西和革新的过程。大学生在创新过程中将具有价值的创新成果进行整合，产生一定的社会和经济效益，势必引发一系

TRIPS 协议

列的法律问题。对于大学生来说，创新过程应该熟知知识产权法、合同法等相关法律。

一、知识产权法——《专利法》《著作权法》

知识产权是指人们就其智力劳动成果所依法享有的专有权利，通常是国家赋予创造者对其智力成果在一定时期内享有的专有权或独占权。它具有如下特征：

（1）客体具有非物质性。知识产权保护的对象不是具体有形的物，而是智力成果及工商业标记等无形物（作品、发明创造、外观设计和商标标识等）。

（2）专有性。专有性是指知识产权是知识产权人的专有权利，他人非经其允许或法律特别规定，不得实施受知识产权专有权利控制的行为。

（3）地域性。按照一国法律获得承认和保护的知识产权只在该国发生法律效力，而不具有域外效力。

（4）时间性。知识产权有一定的时间期限，超过有效期限，相关的知识产品就不再受保护，而成为社会的共同财富。

知识产权保护制度是保障科技创新、推动科技发展的重要制度。知识产权法对大学生科技创新提供了重要的法律环境。狭义的知识产权是指著作权（含邻接权）、专利权、商标权。广义的知识产权在一些重要的国际公约和法律条文中得到确认，主要包括：著作权、邻接权、商标权、商号权、商业秘密权、地理标记权、专利权、植物新品种权、集成电路布图设计权等各种权利。

对自己的科技创新成果采用法律武器予以保障，是必须具备的意识。在此过程中，我们要特别熟悉了解《专利法》和《著作权法》。

（一）专利与《专利法》

为了确保自己的创新成果得到法律的保护，创新成果的发明创造者可以向有关部门申请专利。大学生创新者涉及最多的是《专利法》，需要重点关注。我国从 1985 年开始实施《专利法》，经过多次修订，最新的《专利法》于 2009 年 10 月 1 日正式实施。

1. 专利形式

我国的《专利法》规定了三种专利形式：发明、实用新型、外观设计。三者的申请条件、保护期限等有一定的区别。申请人可以根据创新成果的实际情况，决定申请何种形式的专利。

发明专利：《专利法》所称的发明，是指对产品、方法或者其改进所提出的新的技术方案。它是发明人的一种技术思想，是能够解决技术领域某一特定问题的新的技术方案，或称技术构思。发明又可分为产品发明和方法发明，其相应的专利通常分别称为产品发明专利和方法发明专利。产品发明是指经过发明人的创造性构思制成的各种产品，包括机器、仪器和装备等有固定形状的物质产品，还包括利用各种方法制得的各种合成物或化合物等无固定形状的物质产品。方法发明是指发明人作了创造性构思的技术方案，应包括产品的生产制造方法、使用方法、测量方法、化学配方、通信方法、处理方法、工艺流程、产品特定用途的方法和产品的新用途方法等。

实用新型专利：是指对产品形状、构造或者其结合所提出的适于实用的新的技术方案。实用新型专利又称小发明或小专利，只保护具有一定形状的产品，没有固定形状的产品和方法及单纯平面图案为特征的设计不在此保护范围。实用新型专利只要求与已有技术相比有实质性特点和进步。

外观设计专利：是指对产品的形状、图案、色彩或者其结合作出的富有美感的并适于工业上应用的新设计。外观设计专利的保护对象是产品的外表设计。这种设计可以是平面图案，也可以是立体造型，或者两者的结合。实用新型专利和外观设计专利都涉及产品的形状，但两者也有区别，实用新型专利主要涉及产品的结构构成，而外观设计专利只涉及产品的外表。

我国专利申请实行"一发明一申请"原则，严格保护专利持有人或单位的利益。实用新型和外观设计专利的保护期限为 10 年，发明专利的保护期限为 20 年，均自申请日起计算。

2. 权利保护范围

申请专利要确定专利的保护范围，即哪些内容需要保护。《专利法》规定，发明或者实用新型专利权的保护范围以其权利要求的内容为准，说明书及附图可以用于解释权利要求。外观设计专利权的保护范围以表示在图片或者照片中的该外观设计专利产品为准。因此，在确定专利权的保护范围时，应当以权利要求书中记载的技术内容为准。当权利要求书中给出的内容不明确或不准确时，可结合说明书和说明书附图进行综合判断。

专利法特别予以排除的对象如下：科学发现；智力活动的规则和方法；疾病的诊断和治疗方法；动物和植物品种，但微生物菌种可以受专利法保护；原子核变换方法和用该方法获得的物质；对平面印刷品的图案、色彩或者两者结合作出的主要起标记作用的设计。

专利权的法律保护具有地域性。因此，在申请专利时要考虑到创新成果需要保护的地域范围，即向哪些国家申请专利。如果申请人需要申请国外专利，可以通过巴黎公约途径、《专利合作条约》(*Patent Cooperation Treaty*, PTC) 途径或直接分国家、地区申请途径提出申请。

3. 专利权人

大学生的科技创新，一般都是在学校的支持下进行的。那么最终得到的创新成果是归大学生个人所有，还是归所在高校所有，就是一个需要明确的问题。这涉及申请专利时专利权人的确定和专利权的归属。

我国《专利法》规定：执行本单位的任务或者主要是利用本单位的物质条件所完成的职务发明创造，申请专利的权利属于该单位；非职务发明创造，申请专利的权利属于发明人或设计人。

如果大学生的科技创新，是根据学校的要求、完成学校的课题，或者成果的完成主要利用了学校的物质条件，其创新成果属于职务发明创造，专利权人不是大学生，而是学校。在这种情况下，专利权的申请人是学校而非个人，参与科技创新的大学生的权利包括：在专利文件中写明自己是发明人或者设计人的权利；获得单位给予奖励的权利；发明或者设计专利实施后，获取合理报酬的权利。

我国《专利法》还规定，对发明人或设计人的非职务发明创造的专利申请，任何单位或个人不得压制。所以如果大学生作为专利权人申请专利，不会受到学校的阻碍。有很多学校对在校大学生的技术创新和专利申请，还有相关的保护和鼓励政策。

4. 专利侵权

专利侵权行为的主要表现形态：一是当专利为产品时，表现为未经专利人许可，擅自制造专利产品、使用专利产品、销售专利产品、进口专利产品。二是当专利为方法专利时，使用依照该方法直接获得的产品；销售依照该方法直接获得的产品；进口依照该专利方法直接获得的产品。三是假冒他人专利。根据《专利法实施细则》（2010 年修订）对假冒专利行为作出的定义，假冒专利行为，即在非专利产品或者其包装上标注专利标识以及在产品或者包装上擅自标注他人专利号的行为，销售上述产品的行为，在产品说明书等材料中将未被授予专利权的技术或者设计称为专利技术或者设计，未经许可使用他人的专利号，使公众误认为是专利技术或者专利设计的行为，以及伪造或者变造专利证书、专利文件或者专利申请文件的行为，构成假冒专利行为。

根据专利法及相关法律的规定，侵权行为人应当承担的法律责任包括民事责任、行政责任和刑事责任三种形式。

民事责任主要包括停止侵权、赔偿损失和消除影响。停止侵权，是指专利侵权行为人应当根据管理专利工作部门的处理决定或者人民法院的裁判，立即停止正在实施的专利侵权行为。赔偿损失，《专利法》规定，侵犯专利权的赔偿数额，按照权利人因被侵权所受到的损失或者侵权人因侵权所获得的利益确定；被侵权人的损失或者侵权人获得的利益难以确定的，参照该专利许可使用费的倍数合理确定。消除影响，在侵权行为人实施侵权行为给专利产品在市场上的商誉造成损害时，侵权行为人就应当采用适当的方式承担消除影响的法律责任，承认自己的侵权行为，以达到消除对专利产品造成的不良影响。

行政责任是指行政管理部门对专利侵权行为追究的责任。管理专利工作的部门有权责令侵权行为人停止侵权行为、责令改正、罚款等。管理专利工作的部门应当事人的请求，还可以就侵犯专利权的赔偿数额进行调解。

依照《专利法》和《刑法》的规定，假冒他人专利，情节严重，构成犯罪的，依法追究刑事责任。

（二）著作与《著作权法》

著作权也称版权，是指作者和其他著作权人对创作的文学艺术和科学作品依法享有的权利。著作权保护的对象有文字作品、科学作品，舞蹈、美术、摄影、音乐等艺术作品，设计图、地图、计算机软件等。我国于 1990 年 9 月颁布《著作权法》，然后两次进行修改，最新版本为 2010 年第二次修正版。

1. 著作权的内容

企业创作的作品获得著作权后，可以形成相应的控制力，不仅可以自己合法使用，获得精神利益和财产利益，而且能够禁止其他人未经许可的使用。

从法律内容上看，著作权包括人身权和财产权两种。

著作人身权，也称精神权利，具有如下特点：①不可让与性。著作人身权专属于作者，视为作者的法人或者其他组织享有著作人身权，通常不得转让、继承和放弃。②永久性。著作人身权一旦形成，大部分情形下永久存在，即使作者死亡以后，著作人身权也不会消灭。③身份性。著作人身权依附于创作者，基于作品的存在而存在。我国法律规定著作人身权主要包括以下四种权利：发表权、署名权、修改权、保护作品完整权。

著作财产权，是指著作权人依法享有的自己利用或者许可他人利用其作品并获得报酬的权利。著作财产权包括：复制权、发行权、出租权、展览权、表演权、放映权、广播权、信息网络传播权、摄制权、改编权、翻译权、汇编权和其他法律赋予的权利。此外，著作权人可以将著作财产权转让和许可给他人。

2. 著作权的取得方式

著作权的取得可分为原始取得和继受取得。著作权的原始取得方式包括自动取得、注册取得、加注著作权标记三种模式。我国法律规定著作权的取得方式采用自动取得原则。我国行政机关也鼓励进行作品自愿登记。

3. 著作权的期限

在我国，著作人身权的署名权、修改权和保护作品完整权是永久性的权利。在著作财产权保护期限届满后，他人亦不得随意更改作品署名、擅自修改作品或破坏作品的完整性。作品的发表权保护期与财产权相同。作者死亡后，其著作权中的署名权、修改权和保护作品完整权由作者的继承人或者受遗赠人保护。

著作财产权的保护期限有以下情形：

（1）一般作品的著作财产权保护期：自然人的作品，权利的保护期为作者终生及其死亡后 50 年，截止到作者死亡后第 50 年的 12 月 31 日；如果是合作作品，截止到最后死亡的作者死亡后第 50 年的 12 月 31 日。法人或者其他组织的作品、著作权（署名权除外）由法人或者其他组织享有的职务作品，权利的保护期为 50 年，但作品自创作完成后 50 年内未发表的，不再保护。

（2）特殊作品的著作财产权保护期：电影作品和类似摄制电影的方法创作的作品、摄影作品、匿名作品和假名作品的保护期为 50 年，截止到作品首次发表后第 50 年的 12 月 31 日，但作品自创作完成后 50 年内未发表的，不再受保护。

二、《合同法》

大学生在创新过程中，离不开合同的订立，特别是在创新技术开发、技术转让、技术咨询和技术服务方面，需要订立专业的技术合同。同时，在创新团队的整合方面，为了保护创新团队的整体利益和团队成员的个人利益，需要建立良好的团队管理机制，这也需要合同的保障。

合同是指平等主体的双方或多方当事人（自然人、法人或其他组织）关于设立、变更、终止民事法律关系的协议。合同是民事主体之间建立法律联系的最主要方式，就法人或非法人组织而言，采购原料、出售产品、转让技术、租赁房屋、向银行贷款都是借助合同完成的。

在我国，已经形成了较为完善的合同法律体系，合同纠纷审理的司法水平也在持续提高；1999 年 10 月 1 日实施的《合同法》是调整合同法律关系的最主要法律规范。

（一）合同的订立与成立

1. 合同的订立与合同成立的关系

合同订立是缔约当事人为意思表示并达成合意的全部过程。合同成立作为合同订立的圆满结果，是指合同本身的要素已经全部具备，当事人据以使某种民事法律效果发生的行为已经全部完成。

在实践中，当事人为了缔约而进行接触、协商、谈判，但未必均能达到建立合同法律关系的目标。即使当事人因谈判破裂而终止缔约过程，也并不意味着他们此前的行为没有任何法律意义，如果当事人在谈判过程中存在过错，则可能承担缔约过失责任。因此，合同订立与合同成立是有区别的：前者强调的是缔约过程，后者强调的是合同执行结果。合同订立并不必然产生合同成立的结果，这一过程可能止于合同成立前的某一阶段。

2. 要约与承诺

一般来说，一个完整的合同订立过程包括要约和承诺两个程序。

要约是合同一方当事人以缔结合同为目的，向对方当事人作出的意思表示。在贸易实践中，要约又被称为发价、发盘、出盘等。《合同法》第14条规定，要约只有在符合以下构成要件时，才能产生相应的法律效力：第一，要约必须向要约人希望与之缔约的相对人发出；第二，要约的内容必须具体、确定；第三，要约必须具有缔约目的。

承诺是指受要约人同意要约，决定与要约人订立合同的意思表示。从合同成立的角度看，承诺是合同成立的关键阶段，有效的承诺一经到达要约人，合同即告成立。根据《合同法》的相关规定，承诺必须满足以下要件：第一，承诺须由受要约人作出；第二，承诺须向要约人作出；第三，未对要约作出实质性变更。

3. 合同的内容和形式

合同内容由《合同法》第12条规定："合同的内容由当事人约定，一般包括以下条款：（一）当事人的名称或者姓名和住所；（二）标的；（三）数量；（四）质量；（五）价款或者报酬；（六）履行期限、地点和方式；（七）违约责任；（八）解决争议的方法。当事人可以参照各类合同的示范文本订立合同。"以上所列是合同一般都会包含的条款，即合同的基本条款。它在确定合同的类型、当事人双方的权利义务等方面具有决定性作用。

合同的形式是合同当事人所达成协议的表现形式，是合同内容的外部表现，是合同内容的载体。根据合同自由原则，当事人可以根据自己的需要选择合同的形式。当事人订立合同，可以有书面形式、口头形式和其他形式，但是如果法律、行政法规规定或者当事人约定采用书面形式的，则应采用书面形式。书面形式是指合同书、信件和数据电文（包括电报、电传、传真、电子数据交换和电子邮件）等可以有形地表现所载内容的形式。

4. 缔约过失责任

缔约过失主要表现为如下类型：①假借订立合同，恶意进行磋商。②违反告知义务。③违反保密义务。④未被追认的无权代理行为。⑤因当事人的过失导致合同无效或被撤销。⑥未履行申请批准手续。⑦当事人在订立合同中的其他违背诚实信用原则的行为。

当事人承担缔约过失责任的方式是损害赔偿。除损害赔偿以外，我国一些法律还规定在发生缔约过失行为时，合同可以解除。

（二）合同的效力

1. 生效合同

生效合同是指已经具备法律要求的所有生效要件，能够产生当事人所欲实现的法律效果的合同。合同生效的前提是合同已经成立。

合同生效要件包括：①当事人具有相应的民事行为能力。②意思表示真实。③合法、妥当。

有些合同除应符合上述一般生效要件外，还需具备特别生效要件才能生效，主要包括：①法律、行政法规规定应当办理批准手续生效的，则合同在办理此种手续时生效。②附生效条件的合同，自条件成就时生效。③附生效期限的合同，自期限届至时生效。

2. 无效合同

无效合同指欠缺合同的生效要件，自始、当然、确定不产生当事人预期的民事法律效果的合同。

无效合同发生的原因主要包括：①合同当事人为无民事行为能力人。②一方以欺诈、胁迫的手段订立合同，损害国家利益。③合同当事人恶意串通，损害国家、集体或者第三人利益。④合同当事人以合法形式掩盖非法目的。⑤合同损害社会公共利益。⑥合同违反法律、行政法规的强制性规定。

3. 可撤销合同

可撤销合同是指存在撤销原因的合同，即合同虽已成立，但因为当事人意思表示不真实或合同内容显失公平，享有撤销权的当事人可通过行使撤销权，变更合同内容或使合同的效力溯及消灭。

可撤销合同的发生原因包括：①欺诈。②胁迫。③乘人之危。④重大误解。⑤合同成立时内容显失公平。

4. 效力未定合同

效力未定合同又称效力待定合同、未定的不生效合同或未决的不生效合同，是指虽已成立，但尚欠缺某种生效要件而处于效力不确定状态的合同。

效力未定合同发生的原因包括：①限制民事行为能力人订立的合同。②无权代理人订立的合同。③代表人超越代表权限订立的合同。④尚未获得行政主管机关批准或登记的合同。⑤无处分权人订立的合同。

（三）违约责任

违约责任是指合同一方当事人违约时应承担的民事责任。

《合同法》第107条规定："当事人一方不履行合同义务或者履行合同义务不符合约定的，应当承担继续履行、采取补救措施或者赔偿损失等违约责任。"

在合同履行过程中，并非所有的违约行为都必然导致违约责任。当出现法律规定或当事人约定的特定事由时，违约方将免于承担部分或全部违约责任，此特定事由称为免责事由。免责事由包括法定的免责事由和约定的免责事由。法定的免责事由主要包括不可抗力、货物本身的自然性质、货物的合理损害及非违约方的过错等。约定的免责事由具体表现为合同中的免责条款。

（四）技术合同

在创新过程中，技术合同是与创新人员利益最密切相关的合同类型之一。

1. 技术合同的含义

技术合同是当事人双方就技术开发、技术转让、技术咨询或者技术服务确立相互之间的权利和义务而达成的协议。它是技术成果商品化和社会化的必然产物，同时也是技术这一典型非物质形态的商品进入交换市场的法律形态，包括技术开发合同、技术转让合同、技术咨询合同和技术服务合同。

2. 技术合同的特征

技术合同有以下特征：①技术合同为双务、有偿合同。技术合同的任何一方当事人在享有权利的同时，也承担一定的义务，且双方当事人的义务互为对价。②技术合同的标的是与技术成果有关的活动。③技术合同的主体特殊性。在技术合同中，至少一方当事人为具有科研能力，从事技术研究开发工作或能利用自己的技术力量提供技术服务或咨询的自然人、法人或非法人组织。

3. 技术合同的内容

《合同法》对技术合同的主要条款作了示范性规定，包括项目名称、标的、履行、保密、风险责任、成果及收益分配、验收、价款、违约责任、争议解决方法和专门术语的解释等条款。体现技术合同特殊性的条款主要有：①保密条款。在合同的具体内容中对保密事项、保密范围、保密期限及保密责任等问题作出约定，防止因泄密而造成的侵犯技术权益与技术贬值的情况的发生。②成果归属条款。即合同履行过程中产生的发明、发现或其他技术成果，应定明归谁所有，如何使用和分享。对于后续改进技术的分享办法，当事人可以按照互利的原则在技术转让合同中明确约定，没有约定或约定不明确的，可以达成补充协议；不能达成补充协议的，参考合同相关条款及交易习惯确定；仍不能确定的，一方后续改进的技术成果，他方无权分享。③特殊的价金或报酬支付方式条款。如采取收入提成方式支付价金的，合同应对按产值还是利润为基数、提成的比例等作出约定。④专门名词和术语的解释条款。由于技术合同专业性较强，当事人应对合同中出现的关键性名词，或双方当事人认为有必要明确其范围、意义的术语，以及因在合同文本中重复出现而被简化了的略语作出解释，避免事后纠纷。

4. 技术成果的归属

技术成果可分为两种类型：职务技术成果与非职务技术成果。

职务技术成果主要包括两类：一是执行法人或者非法人组织的工作任务而形成的成果。二是主要利用法人或者非法人组织的物质技术条件所形成的技术成果。对于职务技术成果的归属，合同有约定的，依照约定处理。未作约定或约定不明，又不能达成补充协议的，该职务技术成果的使用权、转让权应属于法人或者非法人组织所有。

非职务技术成果又称个人技术成果，是指职务技术成果以外的技术成果。非职务技术成果由于仅涉及完成技术成果的个人，其使用权、转让权当然属于该个人所有。

5. 技术合同的无效

《合同法》第 329 条就技术合同的无效作出了特别规定，即非法垄断技术、妨碍技术进步或者侵犯他人技术成果的技术合同无效。

【案例 8.1】

如何处理技术转让纠纷

大学生小 A 在大学期间进行技术发明并多次获奖，毕业后创立了小 A 技术开发公司。小 A 技术开发公司与甲仪器制造厂签订了一项技术秘密转让合同。该合同约定，由小 A 技术开发公司向甲仪器制造厂提供全部技术资料、图片，并派技术人员到甲仪器制造厂进行培训和调试样机；甲仪器制造厂向小 A 技术开发公司支付技术转让费 5 万元；若调试失败，达不到设计要求，小 A 技术开发公司应退还全部转让费；自合同生效之日起，一方当事人如果违约，应按日向对方支付转让费万分之五的违约金。该合同订立后，甲仪器制造厂立即付给小 A 技术开发公司转让费 5 万元，同时接受全部技术图纸，并开始按图纸进行样机生产。在生产样机过程中，甲仪器制造厂发现图纸中存在多处错误，生产出的样机无法使用。经与小 A 技术开发公司协商未果，甲仪器制造厂遂诉至法院，要求解除与小 A 技术开发公司的合同，小 A 技术开发公司应退还全部转让费，并支付违约金，赔偿因其错误造成的损失。

【导师点评】

在本案例中，小 A 技术开发公司是否应当承担责任？

本案当事人之间签订的技术秘密转让合同属于技术转让合同的一种。在该合同中，让与人一方的主要义务就是按照合同约定将技术成果转让给受让人，并应担保其转让的技术成果无瑕疵。在本案例中，小 A 技术开发公司作为技术转让合同的让与人违反了这一义务。尽管小 A 技术开发公司按约定向作为受让人的甲仪器制造厂提供了全部技术资料，但作为让与人，它应保证技术的实用性、可靠性、合法性，即不仅要保证自己是技术的合法拥有者，而且要保证所提供的技术是完整无误的和有效的，能够达到约定的目标。但是，小 A 技术开发公司所提供的技术完全不能用于生产，显然违反了合同中规定的义务，小 A 技术开发公司应当承担违约责任。

第二节 创业过程中的主要法律

大学生创业过程中也必须注意相关的法律问题。首先，大学生的创业就是创立企业并运营的过程，它涉及与公司法相关的法律规范。其次，大学生创业选择的经营主体必然对内、对外进行各种民事活动，因而不可避免地受到合同法的调整。最后，大学生创业往往涉及技术创新等知识产权方面的内容，对知识产权法的了解不可忽视。当然，创业过程中的法律问题还有很多。比如，经营主体的顺利运营需要创业者了解相关行政法方面的知识，以便更好地了解经营主

SA8000 标准

体作为行政对象的权利义务；为了在法律诉讼和仲裁中维护自身合法权益，要了解诉讼法、仲裁法等程序法的基本知识。

一、《公司法》

（一）公司的概念和特征

根据我国公司立法的原则和理论，通常认为，公司是指依法设立的，以营利为目的的，由股东投资形成的企业法人。

我国《公司法》明确规定，公司是企业法人。所以，在我国公司只是企业的一种组织形态。从这个意义上讲，企业的概念涵盖了公司的概念，公司是企业的下属概念。

从法律上讲，我国的公司主要有四个特征：①依法设立。公司必须依法定条件、法定程序设立。②以营利为目的的经济组织。股东设立公司的目的是从公司经营中取得利润，某些具有营利活动的组织，如果其利润不分配给股东，而是用于发展公益、慈善、教育、宗教等事业，则也不具有营利性，不能称为公司。③以股东投资行为为基础设立。④具有法人资格。公司是企业法人，应当符合《民法通则》规定的法人条件，最主要的是有独立的法人财产和能够独立承担民事责任。

（二）公司组织机构制度

从《公司法》的规定看，有限责任公司和股份有限公司的组织机构均由股东会、董事会和监事会组成。董事会和监事会处于平行关系。股东会是公司权力机关，董事会是公司的代表和执行机关，监事会为监督机关。有限责任公司的组织机构设置，较股份有限公司更为灵活，如公司的股东人数较少、规模较小，可不设董事会，只设 1 名执行董事，可不设监事会，只设 1～2 名监事。

1. 股东会

我国《公司法》规定，除一人有限责任公司、国有独资公司中不设股东会外，有限责任公司和股份有限公司均必须设置股东会，但两者的称谓稍有不同——有限责任公司称为股东会，股份有限公司称为股东大会，但其实质并无差异。

股东（大）会是依照《公司法》和公司章程的规定，由全体股东组成的，对公司经营管理重大事项和股东利益进行最高决策的公司权力机构。凡具有股东身份者均为股东（大）会成员，股东所持出资或股份的多少，不影响其作为股东（大）会成员的资格。

2. 董事、董事会和经理

公司的股东（大）会虽是公司权力机关，负责重大事项的决策，但其自身无执行职能。为使股东（大）会的决议得以实现，公司维持正常生产经营，《公司法》规定，公司设董事会，作为公司的经营决策与业务执行机构。董事会为公司常设机关，由若干名董事组成。除董事会中的职工代表由公司职工通过职工代表大会、职工大会或者其他形式民主选举产生外，其他董事均由股东（大）会选举产生。

经理是指负责公司日常经营管理实务，在董事会授权范围内代表公司对外进行商务活动的公司高级管理人员。股份有限公司经理为公司的必设机构，有限责任公司可以设经理，为选设机构。

3. 监事会

我国《公司法》对有限责任公司监事机构的设置，视企业情况而有别。公司的股东人数较少、规模较小，可不设监事会，而只设 1～2 名监事。公司经营规模较大的，设立监事会，其成员不得少于 3 人。在股份有限公司中，监事会是必设机构。监事与监事会均负有监督职责，共同进行并行的监督，但是，只能由监事会作出有关行使监督职权的决议。

（三）公司的设立

公司的设立，是指设立人创建公司并获取法人资格与营业资格的一系列法律行为。

1. 有限责任公司的设立

有限责任公司是指股东以其所认缴的出资额对公司承担有限责任，公司以其全部资产对其债务承担责任的企业法人。

我国《公司法》第 23 条规定了有限责任公司的设立条件。"设立有限责任公司，应当具备下列条件：（一）股东符合法定人数；（二）有符合公司章程规定的全体股东认缴的出资额；（三）股东共同制定公司章程；（四）有公司名称，建立符合有限责任公司要求的组织机构；（五）有公司住所。"

2. 股份有限公司设立条件

股份有限公司是现代企业制度的典型形式。股份有限公司是指股东负有限责任、全部注册资本由等额股份构成、股份可自由转让、可通过公开发行股票筹集资本的企业法人。

股份有限公司往往资本巨大，股东人数众多，对社会经济、公众权益乃至经济秩序有重要影响，故各国公司法对其设立均规定较之有限责任公司更为严格的条件和复杂的程序。

我国《公司法》第 76 条规定："设立股份有限公司，应当具备下列条件：（一）发起人符合法定人数；（二）有符合公司章程规定的全体发起人认购的股本总额或者筹集的实收股本总额；（三）股份发行、筹办事项符合法律规定；（四）发起人制定公司章程，采用募集方式设立的经创立大会通过；（五）有公司名称，建立符合股份有限公司要求的组织机构；（六）有公司住所。"

二、《劳动合同法》

本章在上一节已经对《合同法》的基本问题进行了介绍。在大学生创业过程中，劳动合同是建立劳动关系、明确双方劳动权利与义务的协议，对于创业者来说同样具有举足轻重的作用。在我国，修订后的《劳动合同法》于 2013 年 7 月 1 日实施。

1. 劳动合同的分类

依照合同的期限，劳动合同分为三种类型：固定期限劳动合同、无固定期限劳动合同和以完成一定工作任务为期限的劳动合同。固定期限劳动合同，是指用人单位与劳动者约定合同终止时间的劳动合同；无固定期限劳动合同，是指用人单位和劳动者约定不确定终止时间的劳动合同；以完成一定工作任务为期限的劳动合同，是指用人单位与劳动者约定以某项工作的完成为合同期限的劳动合同。

创业者在与劳动者签订劳动合同之前还需要掌握以下三点：第一，有利于建立稳定的劳动关系，因此《劳动合同法》鼓励用人单位和劳动者订立无固定期限劳动合同；第二，有利于企业的发展，因此，订立劳动合同的期限必须从生产实际出发，根据企业生产和工作的需要来确定；第三，兼顾当事人双方利益的原则。

2. 劳动合同的订立与内容

劳动合同的订立是劳动合同的当事人双方以订立劳动合同为意思表示，双方就劳动合同的主要条款经过协商最终达成一致的过程。

劳动合同的订立程序主要包括：用人单位发布招工简章；劳动者自愿报名，提交证明文件；用人单位进行全面考核，择优录取；双方协商一致，签订劳动合同。

《劳动合同法》第17条规定了劳动合同的必备条款：①用人单位的名称、住所和法定代表人或者主要负责人。②劳动者的姓名、住址和居民身份证或者其他有效身份证件号码。③劳动合同期限。④工作内容和工作地点。⑤工作时间和休息休假。⑥劳动报酬。⑦社会保险。⑧劳动保护、劳动条件和职业危害防护。⑨法律、法规规定应当纳入劳动合同的其他事项。

劳动合同除前款规定的必备条款外，用人单位与劳动者可以约定试用期、培训、保守秘密、补充保险和福利待遇等其他事项。

3. 违反劳动合同法的责任

违反《劳动合同法》的责任有民事责任、行政责任和刑事责任。

对于用人单位而言，用人单位违反劳动合同承担的民事责任既有违约责任又有侵权责任，依照法律规定，用人单位承担的民事责任包括继续履行和损坏赔偿责任；承担的行政责任形式有责令整改、罚款、吊销营业执照、警告；承担的刑事责任具有强制性的特征。

对于劳动者违反劳动合同的行为，应当追究其法律责任。对于劳动者而言，违反劳动法约定主要需承担违约金，《劳动合同法》对违约金的适用范围作出了严格的限制，仅限于下列情形：①违反服务期约定的。②劳动者违反竞业限制约定的。

大学生往往缺少接触社会的机会，因而在创办企业时，对如何处理企业和创业人员之间及与聘用的劳动者之间的关系，会有些难以把握。其实，企业作为一个独立的法律主体，应当与企业员工之间具有明确的劳动关系。所以创业者们必须要了解并掌握劳动合同法的基本知识。

《劳动合同法》规定：建立劳动关系，应当订立书面劳动合同。用人单位可以根据法律规定和自身需要与劳动者订立合适类型的劳动合同。对于用人单位来说，特别要注意关于解除劳动合同和用人单位需要支付经济补偿的相关规定，以便做好人事相关工作。

三、知识产权法——《商标法》

本章的第一节已经对知识产权法的基本问题进行了介绍，特别是在《专利法》和《著作权法》方面进行了详细介绍。在大学生创业过程中，知识产权问题仍然是与企业的运营密切相关的。对于某些企业来说，知识产权甚至是企业的命脉，关系着企业的成败。因此，创业人员对知识产权法必须有所了解。本节的知识产权法的相关知识主要围绕《商标法》和商业秘密法律制度展开。

（一）商标与《商标法》

商标是生产经营者在其商品或者服务项目上使用的，由文字、图形、三维标志或其组合构成的，具有显著特征、便于识别商品或服务来源的专用标记。它可以用来识别来源、作出质量保证、指引消费、进行广告宣传。商标权是商标专用权的简称，是指商标主管机关依法授予商标所有人对其注册商标受国家法律保护的专有权。我国的《商标法》于 2013 年 8 月 30 日修改，2014 年 5 月 1 日实施。

《商标法》所保护和调整的对象包括以下类型的商标：

（1）依商标法律状态划分的注册商标和未注册商标。未注册商标可以合法地在市场使用，但其使用人不享有商标专用权。

（2）依商标具有特殊作用划分的集体商标和证明商标。集体商标是指以工商业团体、协会或者其他组织名义注册，供该组织成员在工商业活动中使用，以表明使用者在该组织中的成员资格的标志。证明商标是指由对某种商品或者服务具有检测和监督能力的组织所控制，而由该组织以外的单位或者个人使用于商品或者服务，用于证明该商品或者服务的原产地、原料、制造方法、质量或者其他特定品质的标志。

我国在商标申请与注册时实行先申请原则、自愿注册原则、优先权原则，但国家规定必须使用注册商标的商品（烟草制品），必须申请商标注册，未经核准注册的，不得在市场上销售。商标权包括独占权、许可使用权和转让权等。注册商标有效期为 10 年，自核准注册之日起计算，可以在有效期满 6 个月内申请续展，即延长注册商标有效期，每次续展注册的有效期也为 10 年。

1. 商标注册

创业者创业需注重品牌建设，商标就是商品的牌子，是商品的生产者和经营者为了使自己生产或经营的商品同其他商品生产者或者经营者生产或经营的商品区别开来而使用的一种标记。他人在了解品牌文化时，首要关注的也是商标。

根据我国《商标法》的规定：申请注册的商标，应当有显著特征，便于识别，并不得与他人在先取得的合法权利相冲突。任何能够将自然人、法人或者其他组织的商品与他人的商品区别开的标志，包括文字、图形、字母、数字、三维标志、颜色组合和声音等，以及上述要素的组合，均可以作为商标申请注册。

2. 注册申请

申请人：我国《商标法》规定，商标注册申请人是自然人、法人或其他组织，既包括中国的自然人、法人或其他组织，也包括外国自然人或外国企业。

提出申请：商标注册申请人提出注册申请时，应当按规定的商品分类表填报使用商标的商品类别和商品名称。

受理：申请人申请注册商标时，如果申请手续齐备并按照规定填写申请文件的，商标局予以受理并书面通知申请人；申请手续不齐备或者未按照规定填写申请文件的，商标局不予受理，书面通知申请人并说明理由。

申请日的确定：商标注册申请日的确定对申请人而言十分重要，因为我国商标注册实行先申请原则，而且要求申请注册的商标不得与申请日之前的合法权利相冲突；同时商标注册申请日也是主张优先权日的基础。通常情况下，商标注册申请被受理后，申请日予以确定，申请日以商标局收到申请文件的日期为准。但是，商标局在受理过程中认为申请手续需要限期补正的，如果申请人在规定期限内补正，申请日予以保留；否则，视为放弃申请，没有申请日。

3. 商标权的内容

依据我国《商标法》，商标所有人对其注册商标享有专有权、禁止权、许可权和转让权。

我国商标权有效期为自核准之日起算 10 年。注册商标有效期满，需要继续使用的，商标注册应当在期满前 12 个月内按照规定办理续展手续；在此期间未能办理的，可以给予 6 个月的宽展期。每次续展注册的有效期为 10 年，自该商标上一届有效期满次日起计算。期满未办理续展手续的，注销其注册商标。

4. 商标侵权

根据《商标法》的相关规定，有下列行为之一的，均属侵犯注册商标专用权：①未经商标注册人的许可，在同一种商品上使用与其注册商标相同的商标的。②未经商标注册人的许可，在同一种商品上使用与其注册商标近似的商标，或者在类似商品上使用与其注册商标相同或者近似的商标，容易导致混淆的。③销售侵犯注册商标专用权的商品的。④伪造、擅自制造他人注册商标标识或者销售伪造、擅自制造的注册商标标识的。⑤未经商标注册人同意，更换其注册商标并将该更换商标的商品又投入市场的。⑥故意为侵犯他人商标专用权行为提供便利条件，帮助他人实施侵犯商标专用权行为的。⑦给他人的注册商标专用权造成其他损害的。

侵犯商标的专用权，应当承担相应的法律责任。侵犯注册商标专用权引起纠纷的，由当事人协商解决；不愿协商或者协商不成的，商标注册人或者利害关系人可以向人民法院起诉，也可以请求工商行政管理部门处理。工商行政管理部门处理时，认定侵权行为成立的，责令立即停止侵权行为，没收、销毁侵权商品和主要用于制造侵权商品、伪造注册商标标识的工具，并予以罚款。

（二）商业秘密法律制度

企业对商业秘密的保护经历了一个渐进的过程。在计划经济体制下，企业普遍缺乏商业秘密保护意识，对商业秘密不够重视，也未将其视为无形资产加以保护。保密措施的疏漏而使企业走向破产的例子比比皆是。现在，随着市场经济的发展和企业竞争的日益激烈，企业对自身商业秘密的保护日益重视，逐渐开始在企业内部采取相应的商业秘密保护措施。商业秘密的保护对于初创企业来说也至关重要。

美国学者丹尼斯·翁科维奇（Dennis Unkovic）这样介绍保护商业秘密的重要性：所有企业均会有商业秘密，商业秘密与是否高科技企业无关，与企业的规模无关，即使是一个只有 20 人的机械工具生产企业，50 年没有改变任何生产方式，也可存在很多有价值的商业秘密。实际上，一家企业从成立之日起，每天都在源源不断地诞生商业秘密。企业不想让他人知道的可以为其带来经济利益的信息，都有可能成为商业秘密。

1. 商业秘密的构成要件

我国立法要求商业秘密应具备的要件可从我国《反不正当竞争法》第 10 条第 3 款的规定得知：秘密性、价值性和保密性三个构成要件。

2. 商业秘密的类型

根据我国《反不正当竞争法》的规定和国家工商行政管理总局《关于禁止侵犯商业秘密行为的若干规定》的列举，可以将商业秘密分为两类：技术信息和经营信息。

技术信息指生产者的实验、生产、维修和操作等过程中产生的技术性成果。例如，配方，研究开发的资料、图纸，设备改进的方案、工艺程序等。经营信息是指信息以外的能构成商业秘密的其他信息。例如，使生产与经营有效运转的信息，管理的模式、方法和经验等。再如，具有秘密性的市场及市场密切相关的商业情报或信息，原材料价格、销售市场和竞争公司的情报、招投标中的标底及标书内容等。

3. 商业秘密侵权的表现形式

我国《反不正当竞争法》第 10 条明确列举了侵犯商业秘密的行为，规定"经营者不得采用下列手段侵犯商业秘密：（一）以盗窃、利诱、胁迫或者其他不正当手段获取权利人的商业秘密。（二）披露、使用或者允许他人使用以前项手段获取权利人的商业秘密。（三）违反约定或者违反权利人有关保守商业秘密的要求，披露、使用或者允许他人使用其所掌握的商业秘密。第三人明知或者应知前款所列违法行为，获取、使用或者披露他人的商业秘密，视为侵犯商业秘密。本条所称的商业秘密，是指不为公众所知悉、能为权利人带来经济利益、具有实用性并经权利人采取保密措施的技术信息和经营信息。"

4. 商业秘密保护的基本措施

新创企业要做好商业秘密的日常保护工作和物理保密措施。不仅要在强化员工保密意识，强化企业保密制度上做文章，还需要做好区域管理、电脑管理、网络管理等物理保密措施。特别需要强调的是，商业秘密的保护，不仅要靠制度、技术，更重要的是对涉密人员的管理。

新创企业的保密措施一方面可以通过规章制度的方式，另一方面也可以与员工签订保密协议。保密协议可以包括以下主要条款：用人单位与员工约定商业秘密的范围和权属；用人单位与员工约定商业秘密的有效期限；用人单位与员工约定商业秘密的具体保密措施；用人单位与员工约定员工职务发明与非职务发明的范围；用人单位与员工约定保守商业秘密的补偿条款；用人单位与员工约定保密的义务和责任，以及违反保密义务的违约责任和赔偿条款。

目前，商业秘密纠纷主要表现为员工带走用人单位的商业秘密，继而与前雇主展开不正当竞争。竞业禁止协议就是针对上述现象的防范措施。竞业禁止协议是指根据法律规定或合同约定，劳动者在任职期间或离职后一定期限内，不得自营或者为他人经营与用人单位有竞争关系的同类产品或业务。其核心内容就在于约定离职者不得利用在原单位掌握的商业秘密从事此行业的不正当竞争业务。

另外，为了促进科技创新成果的转化，我国还制定了的一系列法律法规，包括《促进科技成果转化法》《农业技术推广法》等。创新创业人员可以根据自身的项目内容，了解相关的法律规范。

【案例 8.2】

公司的要求能得到支持吗？

王某原为某公司销售总监，公司于 2008 年 6 月派王某出国培训营销知识半年，当时双方签订了服务期协议，约定王某在 2009 年 1 月培训回来后应为公司工作五年，若其违约要支付公司违约金，违约金数额为全部培训费 8 万元。2011 年 2 月，王某以书面形式提前 30 日通知公司解除劳动合同，公司同意解除劳动合同，但要求王某按服务期协议支付公司违约金 8 万元，王某拒绝赔偿。公司向劳动争议仲裁委员会申请仲裁，要求王某按约定支付公司违约金 8 万元。公司的要求能得到支持吗？

【导师点评】

公司的要求不会得到劳动争议仲裁委员会的全部支持，王某向公司支付的违约金不得超过服务期尚未履行部分所应分摊的培训费用。也就是说，王某从 2009 年 1 月到 2011 年 1 月已经履行了两年的服务合同，尚未履行的服务时间为三年。按照履行时间分摊培训费用，应扣除服务两年的 3.2 万元，王某应支付违约金不得超过 4.8 万元。

第三节　创新创业中的法律运用

大学生创新创业的过程不可避免地需要受到国家法律的规制。如何在专注创新创业工作的同时，把握好国家的相关法律法规，在法律的框架内进行创新创业活动，并运用法律来保护自己的创新创业成果。

创业者，你必须避开三个法律观念误区

一、合理设定企业法律形态

各类企业法律形态并无优劣之分，各类企业的设立要求不同，投资人对企业承担责任形式不同。创业者应根据自己的实际情况选择企业法律形态，以防范因资金不足出现的虚假出资、抽逃注册资金等非法设立行为引发的法律风险。

企业的法律形式分为三种，个人独资企业、合伙企业和公司制企业。新创企业一般都是小型企业，最常见的法律形式有个体工商户、个人独资企业、合伙企业和有限责任公司。

个体工商户是公民在法律允许的范围内，依法经核准登记，从事工商业活动。个体工商户可以个人经营，也可以家庭经营。不管是个人还是家庭经营都以其全部财产承担民事责任。

个人独资企业也称个体企业，是由一个自然人投资，财产为投资人个人所有，投资人以个人财产对企业债务承担无限责任的经营实体。个人独资企业是非法人单位，没有独立的财产，企业的财产就是投资人的财产，企业的责任就是投资人的责任。这类企业一般规模较小，常见的经营方式有自产自销、代购代销、来料加工、零售批发、客运服务、修理咨询等。

合伙企业是各合伙人订立合伙协议，共同出资、合伙经营、共享收益、共担风险，并对合伙企业债务承担无限连带责任的营利性组织。许多国际知名的大企业在新创阶段甚至已经成长为大规模企业后都采用了合伙企业的组织形式。我国合伙制企业数量不如个人独资企业和公司制企业多，一般集中在广告、商标、咨询、会计、法律、股票、零售商业等行业。

公司制企业是现代企业制度中最常见的。公司制企业类型有有限责任公司和股份有限公司。有限责任公司是指由一定数量的股东组成的、股东只以其出资额为限对公司承担责任、公司只以其全部资产对公司债务承担责任的公司。股份有限公司由一定人数以上的股东组成，公司全部资产分为等额股份，股东以其所认购股份为限对公司承担责任、公司以其全部出资对公司债务承担责任的公司。

新创企业常见的法律形式如表 8.1 所示，大学生创业者需要根据自己的经营范围、出资方式、资产评估、经营主体等方面进行考量。

表 8.1　新创企业常见的法律形式对比

内容	有限责任公司	合伙企业	个人独资企业
法律依据	《公司法》	《合伙企业法》	《个人独资企业法》
法律基础	公司章程	合伙协议	非法人经营主体
法律地位	企业法人	非法人营利性组织	非法人经营主体
责任形式	有限责任	无限连带责任	无限责任
投资者	无特别要求，自然人皆可	完全民事行为能力的自然人，法律、行政法规禁止从事营利活动的人除外	完全民事行为能力的自然人，法律、行政法规禁止从事营利活动的人除外
注册资本	无限制	协议约定	投资者申报
财产权性质	法人财产权	合伙人共同共有	投资者个人所有
出资转让	股东过半数同意	一致同意	可继承
经营主体	股东不一定参加经营	合伙人共同经营	投资者或其委托人
事务决定权	股东会	全体合伙人或从其约定	投资者个人
利亏分担	投资比例	约定，未约定则均分	投资者个人
解散程序	注销并公告	注销	注销

二、制定规范的协议和文件

（一）订立规范的设立协议

创业企业设立过程中出现的投资人之间的纠纷或其他问题，都可以通过规范的设立协议予以防范。创业者应充分分析企业设立过程中可能出现的问题，并收集相关法律信息或咨询专业人士，以书面形式订立设立协议，协议中应包括出资人的权利义务、出资人的违约责任、竞业禁止、保密条款、设立过程中相关问题的解决办法等内容。

（二）谨慎制定企业自治文件

企业自治文件是企业进行内部治理和经营的行为规则，对企业、出资人、管理人员等具有约束力，包括公司章程、合伙协议、企业规章制度等。企业自治文件是法院在处理纠纷时认定各方权利义务的主要依据。因此，企业应根据自身实际情况制定自治文件，自治文件应翔实并具有可操作性，这样才能保障企业事务管理的顺利进行。企业自治文件应规定的内容主要有：负责人权限、投资人权益分配、出资份额的转让、继承、企业治理机构的职责、议事方式、程序、企业劳动用工制度、财务会计制度等。

三、增强知识产权的自我保护意识

对于大学生的科技发明创造，如果选择了专利申请法律保护，就应确定好科技创新专利申请的保护策略。我国《专利法》实行的专利申请原则是先申请、先受理，其专利发明分为三种类型，即发明专利、实用新型专利和外观设计专利。以上三种不同类型的专利，其法律保护期限是不相同的。对于发明专利的法律保护期为申请之日起 20 年，而实用新型和外观设计专利法律保护期为申请之日起 10 年。所以，大学生科技创新成果申请专利的策略选择应尽快申请，同时大学生根据科技创新成果专利的经济价值和需要保护的时限，选择申请相应的专利内容。

四、加强创业企业合同管理

创业企业签订合同时应注意的事项主要有：一是健全公章使用制度，妥善保管公章，防范公章被盗用的法律风险；二是订立内容完备的书面合同，防止因合同内容或手续不完善引发争议；三是妥善保管与合同签订或履行相关的资料（验货记录、发票、传真等），防范因合同变更引发的争议；四是对工作人员的规范管理，防范工作人员未经授权或越权与客户进行业务往来由企业担责的风险；五是审核合同效力，防范因合同效力瑕疵引发的风险。

【案例 8.3】

创业贷款能否随意改变用途

刚大学毕业的王某为创办自己的广告设计工作室，向当地某银行申请借款 10 万元，借款期限为半年。杨某是王某的朋友，因做生意急需一笔资金，王某遂将此贷款转借给杨某，双方签订了借款协议，借款期限为三个月。此后，杨某因经营不善，无力按协议还钱，致使王某到期不能偿还某银行的贷款。某银行遂诉至法院，请求收回贷款本息并加收罚息。

【导师点评】

在本案例中，大学生王某未按约定用途使用贷款是否应当承担法律责任？

在借款合同中，借款用途是借款人审核是否发放贷款的重要依据之一，也是贷款人判断借款人是否正确履行借款合同的标准。借款人不按借款合同约定的用途使用借款的行为属于违法行为，贷款人一旦发现这种情况，可以按照法律规定停止发放借款、提前收回借款或者解除合同，这就是借款人擅自改变借款用途承担的法律后果。但如果经贷款人同意，借款人改变原借款用途，则属于双方当事人意思表示一致的新协定，不属于违法行为。

在本案例中，大学生王某与某银行签订的借款合同合法生效，双方当事人均应按合同约定履行义务。某银行作为贷款人，依约向王某发放了贷款；王某作为借款人，也应当知晓按期还借款并支付利息，以及按约定用途使用借款是其基本义务。因此，借款人王某擅自改变借款用途，转贷给杨某做生意，又不按期归还借款，已构成严重违约。根据《合同法》第 203 条之规定，某银行应该胜诉，大学生王某擅自改变借款用途，应该归还借款并支付逾期利息。

思考题：

1. 你在学校创新社团和其他同学共同完成一项科技发明，你怎么理解该项目的创新成果的归属问题?

2. 假如你创业,你会选择哪种法律形式?

3. 你在创业过程中雇用了几名刚毕业的大学生,在签订劳动合同时需要注意哪些方面?

4. 大学生创新创业过程中有哪些法律风险?如何规避法律风险?

5. 假如你要起草一份买卖合同,哪些要素必须在合同中体现?

资料参阅及链接:

刘立新. 2015. 创业政策与法律[M]. 北京:北京师范大学出版社.

孙祥和. 2013. 创业法律实务[M]. 北京:中国人民大学出版社.

谢薇. 2013. 创业法律基础[M]. 武汉:武汉理工大学出版社.

许晓辉,李龙. 2009. 大学生自主创业的企业法律形式选择[J]. 高等农业教育,(6):75-77.

闫庆丽,肖庆烈. 2015.大学生微商创业之法律问题分析[J]. 消费导刊,(9):346.

易达. 2013. 创业者不可不知的法律常识[M]. 北京:北京理工大学出版社.

张嘉琦. 2017. 新常态下大学生创新创业的法律保障探讨[J]. 职工法律天地,(10):263.

第九章
用好创新创业政策

> 全社会都要重视和支持青年创新创业，提供更有利的条件，搭建更广阔的舞台，让广大青年在创新创业中焕发出更加夺目的青春光彩。
>
> ——习近平

【本章导读】

随着国家"大众创业、万众创新"战略的实施，鼓励和支持大学生自主创业已经成为重要举措。中央和地方各级政府相继出台了一系列优惠政策，为大学生自主创业营造了良好的外部环境。作为创业者，大学生应该深入了解和掌握这些优惠政策，充分利用政府创造的优厚创业条件，解决创业过程的各种困难。本章从大学生创新创业政策的内涵、类型及运用等三个层面为大家进行介绍。

【学习要点】

1. 了解当前国家对大学生创新创业的鼓励政策。
2. 了解和掌握大学生创新创业政策的内涵、类型。
3. 掌握收集创新创业政策的途径。
4. 掌握分析创新创业政策的方法。
5. 学会运用创新创业政策。

第一节　大学生创新创业政策概述

政策，是人们熟知的政治现象，在社会发展进程和社会系统运动中，起着重要的作用（刘晓君，1990）。政策一般是为了解决某些问题，而达到特定目标而制定的，具有现实的目的性。大量的创业实践和案例表明，创业行为具有很强的环境依赖性，作为创业环境重要组成部分的创业政策，对学生的创业意识、创业机会及创业动力都有着显著影响，是大学生能否创业和创业成功与否的一个关键影响因素（李良成和张芳艳，2012）。

一、大学生创新创业政策的内涵

一般来说，政策是规范行为体活动的规则和规章的总和，是由一个或一批行为者为处理某一问题或有关事务而采取的路线和行为准则。所谓创新创业政策是由各级政府机构颁布，以激励和促进创新创业为目的，围绕创新创业过程各阶段，通过运用政策工具来提高创业者创业能力、增加创新创业机会、降低创新创业风险、改善创新创业环境的一系列政策法规的总和。这些政策法规既包括国务院及相关部委、省政府及相关部门、各地市政府及相关部门出台的有关创业方面的一系列行政决定和意见，也包括全国人大、省人大和有立法权的市人大通过的有关规范创业的法律、法规等一系列法律条文。

大学生创新创业政策是创业政策的重要组成部分，其宗旨和目标是通过培养大学生的创新创业精神、强化大学生的创新创业意识、提高大学生的创新创业能力，从而有效地促进大学生的创新创业活动。它除了具备一般创新创业政策的本质和内涵外，重点是政府专门为大学生制定的一系列鼓励创新创业、提高创新创业成功率、扶持企业成长的指导性文件和政策法规等。

二、大学生创新创业政策的演进

常州大学学生课外创新创业基金

一般认为，我国大学生创业政策发端于20世纪90年代末。1998年，清华大学发起首届"清华创业计划大赛"，首次将创业活动引入了国内大学校园。次年，由团中央等部门联合举办了首届"挑战杯"中国大学生创业计划竞赛，进一步扩展了大学生创业活动在高校的影响，创业成为高校大学生的热门话题，并以此为载体兴起了从校园走向市场的大学生创业活动。随着大学生创业规模的不断扩大及其社会经济效益的日益显现，特别是就业形势的日趋严峻，政府开始制定相关政策引导和鼓励大学生的创业。纵观我国大学生创业政策产生和发展，其演进过程大致经历了四个阶段。

（一）第一阶段（20世纪90年代末至21世纪初）：大学生创业政策的探索

"清华创业计划大赛"成功举办后，创业问题受到教育部的重视。1999年，由教育部制定并由国务院批转发布《面向21世纪教育振兴行动计划》，该计划提出要"加强对教师和学生的创业教育，采取措施鼓励他们自主创办高新技术企业"。同年5月，教育部等部门又出台文件，"鼓励和支持毕业生到非国有制单位就业或自主创业"。2002年4月，教育部发文确定清华大学等九所高校为创业教育试点院校，并于次年举办了首期"教育部创业教育骨干教师培训班"，推动高校创业教育的开展。这一阶段的大学生创业政策尚处于启动和初创阶段，创业政策主要作为改革高校毕业生就业制度的一部分，由教育部发布并由高校推动实施，政策内容局限于创业教育领域，且缺乏具体可操作性的配套措施。

（二）第二阶段（21世纪初至2008年前后）：大学生创业政策受到重视并逐步推进

随着1999年高等学校的大规模扩招，我国高等教育逐步迈入了大众化时代。高校扩招的直接结果是大学生就业压力的陡增。为缓解大学生就业压力，政府颁布优惠政策，鼓励和支持大学生自主创业。2002年3月，《国务院办公厅转发教育部等部门关于进一步深化普通高等学校毕业生就业制度改革有关问题意见的通知》（国办发〔2002〕19号），首次明确提出鼓励和支持高校毕业生自主创业，这标志着大学生创业政策开始受到政府的重视并步入实质性的推动阶段。2003年5月，《国务院办公厅关于做好2003年普通高等学校毕业生就业工作的通知》（国办发〔2003〕49号），首次在行政事业性收费、小额担保贷款等方面对高校毕业生创业提出具体优惠政策。此后，政府相关部门纷纷出台了鼓励大学生自主创业的政策和法规，如财政部、国家发展和改革委员会共同出台了关于高校毕业生从事个体经营有关收费的具体优惠政策。在地方上，如山东、浙江、天津、上海等省（直辖市）政府，也都出台了为大学毕业生创办企业减免税收、行政性收费及贷款贴息的配套政策。这一阶段创业政策制定主体已从教育部扩展到财政部、国家发展和改革委员会等部委，政策内容更加具体，除了涉及对创业者自身能力培育的政策外，还增加了关于税费减免和小额担保贷款等创业支持政策。

（三）第三阶段（2008年前后至2012年）：大学生创业政策逐步完善和重点推进

2008年，世界金融危机的爆发导致中国经济增速放缓，社会就业压力增大。为缓解大学生的就业压力，政府加大了对大学生创业的政策扶持力度。党的十七大报告提出"提高自主创新能力，建设创新型国家"和"促进以创业带动就业"的发展战略。在此背景下，2008年，我国颁布实施了《就业促进法》，首次从立法高度鼓励劳动者自主创业、自谋职业。与此同时，政府制定了一系列政策法规促进以创业带动就业，要求"强化创业服务和创业培训，改善创业环境，加快形成政策扶持、创业培训、创业服务'三位一体'的工作机制"。2010年5月，人力资源和社会保障部发布了《关于实施大学生创业引领计划的通知》（人社部发〔2010〕31号），提出了未来三年的工作目标和主要任务，即2010～2012年，三年引领45万名大学生实现创业。各地方政府积极贯彻落实中央文件精神，陆续出台了支持高校毕业生自主创业的具体政策。例如，天津市规定，高校毕业生、留学回国人员注册资本50万元以下的公司可零首付注册；福建省实施大学生"十百千万"创业助力计划，对促进大学生创业的培训基地建设、创业项目、创业辅导和创业培训等提出了具体目标。在这一阶段，政府已将促进大学生创业纳入其重要议程，不仅政策制定主体间开始有机协调和联动，而且已从法律层面上规范创业活动，政策内容从大学生技能培训、金融支持拓展到创业服务及创业环境改善，涵盖了创业活动的各个领域，政策体系初步形成。

（四）第四阶段（2013年至今）：大学生创业政策全面推进和实施

2012年，党的十八大报告提出："引导劳动者转变就业观念，鼓励多渠道多形式就业，促进创业带动就业。"2013年，国务院办公厅作出指示，要求各地区、各有关部门对自主创业高校毕业生进一步放宽准入条件，降低注册门槛，按规定给予小额担保贷款及贴息、税费减免等政策扶持。财政部进一步完善了小额担保贷款的贴息政策。随后，党的十八届三中全会通过《中共中央关于全面深化改革若干重大问题的决定》，要求健全促进就业创业的体制机制，完善扶持创业的优惠政策，形成政府激励创业、社会支持创业、劳动者勇于创业的新机制。2014年5月，国家提出实施经济发展的"新常态"战略，创新与创业成为新常态下的重要引擎。在此背景下，人力资源社会保障部等九部门联合发布《关于实施大学生创业引领计划的通知》（人社部发〔2014〕38号），提出2014～2017年实施新一轮"大学生创业引领计划"，即通过提升大学生的创业意识和创业能力，完善政策制度和服务体系及促进创业良好机制的形成，力争实现 2014～2017 年引领 80 万名大学生创业的预期目标。

通过对我国大学生创业政策沿革的分析可以看出，我国大学生创业政策的发展和完善与国家经济体制改革进程及社会就业形势密切相关，大学生创业政策的完善过程与政府主导的体制改革与转型相同步。从中央到地方的各级政府日益重视大学生创业，并多部门联合参与创业政策的制定；创业政策内容从单纯提供优惠政策向提供系统辅导转变，政策体系逐步完善；大学生创业政策的实施成效日渐显现，这不仅一定程度上缓解了大学生的就业压力，而且也成为推动我国经济转型发展和社会创新的重要引擎。

三、大学生创新创业政策的功能

大学生创新创业政策，按照其作用对象不同，可以分为导向功能、激励功能和配置功能三个方面。

（一）导向功能

"公共政策的导向功能体现在，政府为解决某个政策问题依据特定的目标，通过政策对人们的行为和事物的发展加以引导。"（粟莉，2011）大学生创业政策属于公共政策的范畴，对整个社会创业发展、为人们的创业行为提供方向，将人们的行为纳入明确的创业目标上来。它是一种准则，是社会个体创业的观念导向，更是行为导向。主要体现在以下两点。

首先，增强创业资金扶持的目的导向明确。在资源和资金扶持力度上供给上，国家鼓励各地政府设立的创业基金，加大高校毕业生自主创业资金支持力度。同时，优先贷款支持、适当发放信用贷款，加大高校毕业生自主创业贷款支持力度，对于能提供有效资产抵（质）押或优质客户担保的，金融机构优先给予信贷支持。

其次，引导课程设置结构优化的功能导向明确。随着国家政府对创业教育越来越重视，各大高校纷纷开设创业教育课程。在课程设置上，尊重不同主体、不同专业的个体性差异，在坚持市场需求与科技发展为导向的前提下，制定了合乎个体实际发展的理论实践课程体系，在高校人才培养中加大了创业教育的比重。同时，坚持专业课程与创业课程的有机结合。创新创业竞争力培养是专业教育的有机组成部分，将创业教育有效融入专业教育中，能够及时合理地反映本学科专业领域的前沿知识、行业与产业发展的前沿成果。

（二）激励功能

大学生创新创业政策，对大学具体的创新创业工作具有强烈的激励功能，起到了巨大的促进作用。大学生在相关创新创业政策的大力推进下，经过几年的不懈努力，取得了一些明显的效果。大学生创业观念有了很大变化。过去大学生由于拥有较高的学历，工作环境、发展前景和社会地位都处于优势，他们的创业成就动机低。现在，国家为大学生创业、科技创业等提供了良好的政策环境和盈利条件，使他们的创业动机增强。创业大学生数量增长迅速。近年来，随着国家政策的支持力度的加大，大学生自主创业的数量也与日俱增。同时，在校大学生自主创业的数量也迅速增加。调查发现，有创业经历的学生中 69.58% 选择了在校期间就创业，有 16.18% 的学生选择毕业当年创业（史兴华，2011）。

（三）配置功能

配置功能，又称为分配功能，是政府公共政策的基本功能之一，也是公共政策其他功能得以实现的基础。政府本身具有对社会资源进行分配和再分配的职能，在制定和实施公共政策的过程中，将社会公共资源在社会中进行有效、合理的分配。

作为政府公共政策重要组成部分，大学生创业创新政策，无疑具备分配功能。在执行过程中，政府必然要制定一系列财政金融相关扶持政策，对社会有效资源进行重新配置、分配，在资金上，设立大学生创业基金，对高校专项创业教育进行拨款；在实践平台上，建设大学生创新创业园等，均体现了大学生创新创业政策的配置功能。

综上所述，无论是导向功能、激励功能，还是配置功能，"国家制定大学生创业政策，就是希望在政策的引导和支持下，鼓励大学生踊跃创业，并保证大学生创业活动有序地朝着良性方向发展，协调政策相关各方的利益，以使政策能够顺利实施"（董元梅，2010）。大学生创新创业政策离不开创业文化氛围，因此，应培养学生的创业精神，加以提供资金、场地等外在实体扶持，从而提高学生创业成功率。

【案例 9.1】

政策扶持和创业服务杭州大学生　创业园彰显温床效应

浙江大学在读博士研究生李响的杭州瑞弗科技有限公司于 2008 年 6 月入驻西湖区大学生创业园，该公司主要生产高科技辅助用品，如"便携式电子助视器""一键式智能阅读器"等，专为残障人士服务。一方面他可以在实验室里和师兄弟们一起研究技术；另一方面和很多进驻创业园的大学生一样，在这里，他可以享受创业资金资助、房租补贴等一揽子优惠政策，同时，还会接受专门的创业指导及政府部门提供的创业服务。

一位 2003 年开始创业的大学生老板曾经这样不无艳羡地说："如果我们当初创业的时候，有今天这样的创业环境，那我们肯定能少走不少弯路。"杭州市政府在 2008 年年底颁布了《杭州市人民政府关于鼓励和扶持大学生在杭资助自主创业的若干意见》，对大学生创业申请无偿创业资助金额从原来最高 10 万元提高到了 20 万元，首次拨付比例也从 20% 提高到了 70%，在创业园区内提供 50 平方米以内的免费住房，还有减免税费一系列的政策措施。同时，不管是本地大学生还是外地大学生来杭创业都一视同仁，享受相关优惠政策。更令在校大学生兴奋的是，该意见把现有的创业资助政策适用范围由毕业扩大到在校接受孵化并在杭落地转化创业项目的大学生，使在校大学生也可以享受资助政策。

开展创业教育、强化创业培训、实行注册资本"零首付"、给予创业项目无偿资助、创办 8 家大学生创业园、推行创业导师制、实行创业投资引导、成立创投服务中心、建立大学生创业俱乐部、建立市领导联系大学生创业企业制度、建立大学生创业激励考核机制、营造鼓励大学生创业氛围……是近年来杭州市为鼓励大学生创业出台的一系列优惠政策措施，力图打造一个"创业天堂"。

【导师点评】

随着"大众创业、万众创新"成为中国的国家战略之后，从中央到地方政府陆续出台一系列优惠政策支持创业创新。杭州创业园就是各级政府支持大学生创新创业的缩影，各项优惠政策和宽松的社会环境，让创业不再是遥不可及的梦想。但是，正如王石所说，成功的 90% 取决于环境，个人努力只占 10%，但这 10% 你错过了，给你 90% 的环境也没有用。大学生创业之初，自身会存在规模不大，经验有限，资金不足等，此时，只有自己准确把握和充分了解创业政策上的优惠，充分利用政府创造的优厚的创业条件，才能让创业之路走得更稳、更远。

第二节　大学生创新创业政策的类型

为支持大学生创业，国家和各级政府出台了许多优惠政策，涉及金融、开业、税收、创业培训和指导等诸多方面，对有创业意向的同学来说，了解这些政策，才能走好创业的第一步。根据创新创业政策的作用，结合创新创业活动实施过程，一般将大学生创新创业政策分为注册登记类政策、财政金融类政策、税收类政策、管理服务类政策、教育培训类政策。

创业孵化器

一、注册登记类政策

（一）降低准入门槛

放宽大学生创业的注册登记条件和经营场所限制，大学生申请个体工商业、合伙企业、独资企业登记，不受出资额限制，鼓励大学生依法以知识产权、实物、专利技术、科技成果等可评和非货币资产作价出资；允许大学生创业人员以租借房、临时商业用房等作为创业经营场所。

（二）简化登记程序

凡高校毕业生（含毕业后两年内，下同）申请从事个体经营或申办私营企业的，可通过各级工商部门注册大厅"绿色通道"优先登记注册。其经营范围除国家明令禁止的行业和商品外，一律放开核准经营。对限制性、专项性经营项目，允许其边申请边补办专项审批手续。对在科技园区、高新技术园区、经济技术开发区等经济特区申请设立个私企业的，特事特办，除了涉及必须前置审批的项目外，试行"承诺登记制"。申请人提交登记申请书、验资报告等主要登记材料，可先予颁发营业执照，让其在三个月内按规定补齐相关资料，凡申请设立有限责任公司，以高校毕业生的人力资本、智力成果、工业产权、非专利技术等无形资产作为投资的，允许抵充 40% 的注册资本。

（三）减免各类费用

除国家限制的行业外，工商部门自批准其经营之日起一年内免收其个体工商户登记费（包括注册登记、变更登记、补照费）、个体工商户管理费和各种证书费。对参加个私协会（个体劳动者协会、私营企业协会合称"个私协会"）的，免收其一年会员费。对高校毕业生申办高新技术企业（含有限责任公司）的，其注册资本最低限额为 10 万元，如资金确有困难，允许其分期到位；申请的名称可以"高新技术""新技术""高科技"作为行业予以核准。高校毕业生从事社区服务等活动的，经居委会报所在地商行政管理机关备案后，一年内免予办理工商注册登记，免收各项工商管理费用。

二、财政金融类政策

大学生创新创业面临的主要困难是缺乏创业启动资金，资金的缺乏已成为阻碍大学生创业最大的制约因素。针对大学生创业资金缺乏的难题，中央和各级地方政府纷纷出台财政金融政策，为大学生创业提供资金资助和税费优惠。

（一）提供资金支持

《国务院办公厅关于加强普通高等学校毕业生就业工作的通知》（国办发〔2009〕3 号）规定，在当地公共就业服务机构登记失业的自主创业高校毕业生，自筹资金不足的，可申请不超过 5 万元的小额担保贷款；对合伙经营和组织起来就业的，可按规定适当扩大贷款规模；从事当地政府规定微利项目的，可按规定享受贴息扶持。

江苏省规定，对大学生自主创业、兴办企业需申请小额贷款的，纳入"江苏省中十企业信用担保体系建设扶持资金"和再就业人员"小额贷款省级担保基金"担保范围，将新发放的个人小额贷款额度上限提高到 5 万~10 万元。对申请小额贷款并从事微利项目的，由财政据实全额贴息；从事非微利项目的，给予 50% 的贴息。

《常州市"龙城青年大学生创业"三年行动计划》规定，各级政府、社会机构、在常高校等要积极利用所属的房产、场地，建成一批大学生创业园。对经认定的市级大学生创业园，市财政给予 30 万~50 万元的一次性专项扶持。新办的大学生自主创业项目入驻市级大学生创业园的，两年内由创业园为其免费提供 20~50 平方米的经营场地。市财政按每年 180 元/平方米的标准给予租金补贴，每年最高不超过 9000 元。通过跟踪评估，对入驻市级大学生创业园正常运营一年以上、发展前景较好的创业项目，经认定可给予 10 万~30 万元的专项资助。

（二）小额担保贷款和贴息支持

对符合条件的高校毕业生自主创业的，可在创业地按规定申请小额担保贷款；从事微利项目的，可享受不超过 10 万元贷款额度的财政贴息扶持。对合伙经营和组织起来就业的，可根据实际需要适当提高贷款额度。科技型小微企业招收高校毕业生达到一定比例的，可申请不超过 200 万元的小额贷款，并享受财政贴息。

《常州市"龙城青年大学生创业"三年行动计划》规定，大学生进行自主创业的可按照规定申请 5 万~10 万元的小额担保贷款，从事微利项目的由财政全额贴息，从事非微利项目的给予 50% 的贴息，贴息期限不超过两年。大学生自主创办的企业，招用本市户籍失业人员和大学生的，可根据实际吸纳人数，按每人 10 万元的标准，最高总额不超过 200 万元发放贷款，贷款期限不超过两年，由财政部门按人民银行公布的贷款基准利率给予 50% 的贴息。

在电子商务网络平台开办"网店"的高校毕业生，可享受小额担保贷款和财政贴息政策。创业大学生可到户籍所在地的街道劳动保障事务所进行申请，贷款额度 10 万~50 万元，10 万以下部分财政部门将按贷款基准利率全额贴息，10 万元以上部分按贷款基准利率的 50% 给予贴息，贴息期限不超过两年。

（三）社会保险补贴

促进就业，鼓励创业，一些地方先后出台了大学生创业社会保险补贴政策。例如，江苏省州市规定，大学生创办的各类企业，从注册之日起三年内，当年新招用应届普通高校毕业生就业，签订一年以上劳动合同并为其缴纳社会保险的，按规定给予社会保险补贴，补贴期限最长不超过三年。大学生从事个体经营领取营业执照的，按规定给予其应缴纳的社会保险金额 60%的社会保险补贴，补贴期限最长不超过 30 年。江苏省江阴市规定，凡具有本市户籍创业扶持对象参加人力资源和社会保障部门组织的"创办你的企业"培训取得合格证书人员从事个体经营，其业主可按灵活就业人员社会保险补贴办法申请享受社会保险补贴；投资兴办企业并带动五名以上本市户籍人员就业的，可按照所办企业应为投资者缴纳的各项社会保险费申请享受全额保险补贴。

（四）创业带动就业补贴

为鼓励以创业带动就业，一些地方出台了创业带动就业奖励，但囿于各地财力，奖励额按不一。例如，江苏省常州市规定，对参加市人力资源和社会保障部门认可的创业培训，取得结证书，实现自主创业、自谋职业并领取营业执照正常经营三个月的大学生，可申请 2000 元一次性开业补贴。对大学生自主创业并正常经营纳税一年以上和带动两人以上大学生就业的，给予一次性 5000 元奖励。

江苏省江阴市规定，普通高校毕业生（毕业两年内）、在江阴高校毕业学年大学生、本市户籍登记失业人员，2012 年 8 月 29 日后自主创业，吸纳毕业两年内未实现就业的普通高校毕生或本市户籍登记失业人员就业，与其签订一年以上劳动合同并缴纳一年以上社会保险费的，可申请创业带动就业补贴。创业者自领取营业执照之日起三年内可按每年每新增带动一人就业给予 3000 元的创业带动就业补贴，但累计最高不超过 10 万元。

三、税收类政策

为了鼓励大学生自主创业，国家和税务部门出台了一系列政策，扶持和帮助大学生创业，其中涉及税收方面的优惠政策有以下几个方面。

（一）企业所得税优惠

大学生创业成立的企业经省高新技术企业认定管理机构认定的，减按 15%的税率征收企业所得税。居民企业在一个纳税年度内技术转让所得不超过 500 万元的部分，免征企业所得；超过 500 万元的部分，减半征收企业所得税。

大学生创业成立的境内新办软件生产企业经认定后，自获利年度起，第一年和第二年免征企业所得税，第三年至第五年减半征收企业所得税。软件生产企业的职工培训费用，可按际发生额在计算应纳税所得额时扣除。国家规划布局内重点软件生产企业，若当年未享受税优惠的，减按 10%的税率征收企业所得税。集成电路设计企业视同软件企业，享受软件企业的有关企业所得税政策。

大学生创业成立的企业从事下列行业之一的，免征企业所得税：蔬菜、谷物、薯类、油料、豆类、棉花、麻类、糖料、水果、坚果的种植，农作物新品种的选育；中药材的种植；林木的培育和种植；牲畜、家禽的饲养；林产品的采集；灌溉、农产品初加工、兽医、农技推广、农机作业和维修等农、林、牧、渔服务业项目；远洋捕捞。

大学生创业成立的企业从事符合条件的环境保护、节能节水项目的所得，自项目取得第一笔生产经营收入所属纳税年度起，第一年至第三年免征企业所得税，第四年至第六年减半征收企业所得税。

大学生成立的创业投资企业，采取股权投资方式，投资于未上市的中小高新技术企业两年以上的，可以按照其投资额的 70%，在股权持有满两年的当年，抵扣该创业投资企业的应纳税所得额；当年不足抵扣的，可以在以后纳税年度结转抵扣。

大学生创业成立的企业符合小型微利企业条件的，即工业企业，年度应纳税所得额不超过 30 万元，从业人数不超过 100 人，资产总额不超过 3000 万元；其他企业，年度应纳税所得额不超过 30 万元，从业人数不超过 80 人，资产总额不超过 1000 万元的小型微利企业，减按 20% 的税率征收企业所得税。

（二）营业税优惠

大学生创业成立的企业从事技术转让、技术开发和与之相关的技术咨询、技术服务业务取得的收入，免征营业税；大学生创业成立的企业从事动漫的企业自主开发、生产动漫产品涉及营业税应税劳务的（除广告业、娱乐业外），暂减按 3% 的税率征收营业税；大学生从事的婚姻介绍，免征营业税。大学生转让著作权，免征营业税。大学生创业成立的企业从事花卉、茶及其他饮料作物和香料作物的种植，海水养殖、内陆养殖，减半征收企业所得税；从事农业机耕、排灌、病虫害防治、植物保护、农牧保险及相关技术培训业务，家禽、牲畜、水生动物的配种和疾病防治项目，免征营业税。

（二）个人所得税优惠

大学生转让著作权，取得的稿酬所得，按税法规定予以减征应纳税额的 30%。

大学生个人或者创业成立个体工商户专营种植业、养殖业、饲养业、捕捞业且经营项目属于农业税、牧业税征收范围的，其取得的上述四项所得暂不征收个人所得税。

大学生属于海外留学人员且从事高新技术开发、研究、领办高新技术企业取得的工薪收入，经有权税务机关审批，可视同境外人员收入，在计算个人应纳税所得额时，除减除规定费用外，并暂适用附加减除费用的规定。

（四）房地产税优惠

大学生成立的非营利性医疗机构按照国家规定的价格取得的医疗服务收入，免征各项税收。大学生成立的营利性医疗机构取得的收入，直接用于改善医疗卫生条件的，自其取得执业登记之日起，三年内给予下列优惠：对其取得的医疗服务收入免征营业税；对其自产自用的制剂免征增值税；对营利性医疗机构自用的房产、土地免征房产税、城镇土地使用税。

大学生创业成立的企业缴纳城镇土地使用税确有困难的，经地税机关审核批准后，可减征或免征城镇土地使用税。缴纳房产税确有困难的中小企业，可向市、县人民政府提出申请减免房产税的照顾。经有关部门鉴定，对毁损不堪居住和使用的房屋和危险房屋，在停止使用后，可免征房产税，房屋大修停用在半年以上的，在大修期间免征房产税。

四、管理服务类政策

为鼓励支持高校大学生创新创业，中央和各级地方政府，除了在资金、税收等政策上加以倾斜，同时在企业的管理服务上，也给予很大的扶持。

在中央层面，政府人事行政部门所属的人才中介服务机构，对于自主创业的毕业生，免费保管人事档案（包括代办社会保险、职称、档案工资等有关手续）两年；为其提供免费查询人才、劳动力供求信息，免费发布招聘广告等服务；在参加人才集市或人才劳务交流活动经费上适当减免优惠；为创办企业的员工提供一次培训、测评服务等。

在地方层面，各地也都有相应的支持政策。例如，上海市人才服务中心开辟大学生创新创业人才服务绿色通道，免费一年提供应届大学生创业企业员工人事档案委托管理、人事证明出具；免费建立员工诚信档案；免费提供政府人事行政部门相关政策规定和操作咨询；免费提供急需人才信息。成都市人力资源和社会保障局针对大学生创新创业政策，根据国家有关政策，对未就业的校毕业生，其人事档案可以存放在当地人才交流中心，由中心代为保管，这一期限是两年；创业的高校毕业生及其创办企业招用的高校毕业生，可以代为存放人事档案，三年内免收人事代理服务费。

五、教育培训类政策

国家规定，对高校毕业生在毕业学年（即从毕业前一年7月1日起的12个月）内参加创业培训的，根据其获得创业培训合格证书或就业、创业情况，按规定给予培训补贴。

对有创业意愿的高校毕业生，可免费获得公共就业和人才服务机构提供的创业指导服务，包括政策咨询、信息服务、项目开发、风险评估、开业指导、融资服务、跟踪扶持等"一条龙"创业服务。各地在充分发挥各类创业孵化基地作用的基础上，因地制宜建设一批大学生创业孵化基地，并给予相关政策扶持。对基地内大学生创业企业要提供培训和指导服务，实扶持政策，努力提高创业成功率，延长企业存活期。

在创新创业教育培训上，现阶段我国主要通过以下三种方式进行。

（1）做实模拟实训。探索建立模拟公司、信息化创业实训平台等，组织有创业愿望的大学生参加创业实训，通过组建模拟公司、确定公司构架、分析经营环境、尝试经营业务及完成各岗位和各商业环节的实际业务，让学员体验最真实、最有效的商业环境和商业行为，在实训中提高大学生创业企业的经营管理能力和市场竞争能力。

（2）延伸培训触角。积极将SYB培训向高校推进，实施"大学生创业训练营"计划、"朝阳"创业工程，以高校应届毕业生为重点，免费提供SYB培训、拓展训练、创业见习于一体的创业培训服务，通过送培训进校园，着力强化大学生创业创新意识，提高创业能力。

（3）提供孵化服务。充分利用大学科技园区、经济技术开发区、工业园区、高校技术园区的人才、技术和设施等优势，对有创业意愿的大学生提供个性化、专业化的免费培训、创业项目孵化等一系列帮扶，提高大学生创业的成功率。

【案例 9.2】

常州大学学生国赛捧回两金一银　学校 *75* 万元重奖团队

2016 年 11 月 19 日，在 2016 年"创青春"全国大学生创业大赛终审决赛上，常州大学从全国 2200 多所高校的 11 万余件作品中脱颖而出，最终获得大学生创业计划竞赛两项金奖和一项银奖，其中两项金奖还填补了国内空白，对环保、化工等行业产生深远影响。为此，学校专门出台了《常州大学大学生创新创业竞赛组织管理办法》，发放 75 万元奖金给在本次比赛中获得金奖和银奖的三个团队，鼓励支持校内学生创新创业。

"获得金奖的每支队伍奖励 30 万元，银奖队伍 15 万元，学校这样做也是为了更好地鼓励学生进行创新创业。"周晓东表示，每笔奖金中有 50%会直接发放给团队的老师和学生，另外 50%将用于团队今后的项目建设和成果的孵化。

得知学校如此重奖获奖团队，师生们很振奋。"这是学校对我们努力的肯定，也为今后学生创新创业营造了更好的环境和氛围，吸引更多的师生加入，我们一定会合理使用好奖金，不断循环创新创业的正能量。"学生李志平开心地说。

【导师点评】

学校用 75 万元重奖"创青春"全国大学生创业大赛获奖团队，充分体现当前政府和高校对大学生创新创业的鼓励和支持。一方面，政府举办权威性高的赛事来引导大学生创业；另一方面，学校也从教育指导、资金支持等多方面支持学生创业。可以说，大学生创业迎来了"黄金时代"。为此，有志于创业的在校大学生要抢抓机遇，积极参加各级各类创业比赛，通过以赛促创，提升自己创业能力，优化自身的创业项目，力争获得各类资金的支持。

第三节　如何用好创新创业政策

创新创业政策为大学生创新创业指明了方向，提供了平台。作为大学生，如何获取创新创业政策信息，如何运用创新创业信息，是一个值得学习和探讨的问题，也是大学生在创新创业过程中必须面对的一个重要问题。

一、学会收集创新创业政策

当前，创新创业作为党和国家重点工作之一，各级地方政府和部门相继出台了诸多创新创业政策，鼓励和支持大学生进行创新创业活动。针对大学生的创新创业政策较多，导致大学生在收集政策的过程中无从下手，有时甚至无法准确辨别政策的真伪。大学生可以从以下几个方面着手收集创新创业政策。

（一）查询政府及主管部门官网

通过各级政府主管部门和创新创业指导机构官方网站收集信息。主要包括教育部和省教育厅、人力资源和社会保障厅及各市教育局、人力资源和社会保障局、工商行政管理局、税务局等机构的官方网站。

目前，全国大学生创业服务网（http：//cy.ncss.org.cn）作为国家级大学生创新创业教育的专门网站，会在第一时间公布国家级针对大学生创新创业相关政策信息。各省份往往也建有针对大学生的专门网站，以江苏省为例，江苏大学生创业教育网（http：//www.3idea.cn）就是江苏省教育厅针对本省大学生创新创业教育而专门开设的门户网站。大学生在初期创业时，选择的企业经营模式往往会根据自身的实力选择不同类型，一般以个体工商户为主。这就要求大学生对照工商、税务部门官方网站公布的有关个体工商户执照申请程序、税收比例等进行完善。

（二）直接向政府主管部门问询

当前，党和国家正在努力实现"服务型"政府，并要求各级单位和部门增强服务意识。就大学生创新创业来讲，各级政府主管部门相继成立了关于大学生创新创业指导服务机构，以江苏省为例，江苏省高校招生就业指导服务中心作为大学生就业创业的服务部门，可以为大学生创新创业提供相关支持与服务，并配套成立江苏省大学生创业园，用于扶持和孵化大学生创新创业项目。

目前，国家对创新创业服务的部门机构已经延伸至市、区级，部分地区甚至延伸至街道。大学生可以通过就近原则，选择距离创业地点较近的政府主管部门进行问询，以获得准确的信息。对创业者来讲，向政府主管部门问询是最直接有效的获取政策的途径之一，可以避免走弯路。

（三）咨询高校指导部门老师

高校作为高等教育的主阵地，承担着具体指导大学生创新创业教育的教学及部分实践工作，并专门成立创新创业教育指导服务机构，指导和帮助本校大学生进行创新创业活动。高校创新创业指导部门一般都会配备专门的教师，这些教师常年从事大学生创新创业教育指导活动，比较熟悉大学生创新创业的流程，以及国家、省级、市级及本校的就业扶持鼓励政策。在多年的创新创业教育指导服务的过程中，他们积累了比较丰富的经验，能够给予准备从事创新创业活动的大学生可行性指导。

二、学会分析创新创业政策

很多时候，大学生在进行创新创业活动时，能够比较容易的获取到相关的创新创业政策，但是对政策的分析和理解还会存在不足，以致无法恰当地运用好政策。大学生应当从以下几个方面去分析收集的创新创业政策。

教育部办公厅关于做好核发《高校毕业生自主创业证》有关工作的通知

（一）分析对象范畴

创新创业政策的制定者往往会根据对象范畴不同，适时制定相关政策。国家对大学生、退役军人、下岗职工、残疾人等特殊群体开展创新创业都有一些明确的政策。对大学生而言，要对国家的政策进行分析，理清政策的对象范畴，找出符合自身的政策法规。

例如，2009 年，《人力资源和社会保障部办公厅、共青团中央办公厅关于共同做好青年就业创业工作的通知》（人社厅发〔2009〕96 号），文件的对象范畴就是"青年就业创业"；《中组部办公厅、民政部办公厅、农业部办公厅、中国人民银行办公厅、共青团中央办公厅关于鼓励和支持大学生"村官"创业富民的通知》（组厅字〔2009〕39 号），其针对的政策对象范畴就是"大学生'村官'"。由此，大学生在寻求创新创业政策时，应该明确政策对象范畴，寻求符合自身实际的创新创业政策。

（二）分析层级关系

根据目前所出台的各类创新创业政策，针对大学生创新创业的，大致可以分为以下几个层级：一是国家级的创新创业政策，包括中央的基本政策和各部委的具体政策；二是各级地方政府、部门依据国家政策制定的创新创业政策，往往是结合本省、本市的具体经济水平、产业结构、远景目标等制定的关于大学生创新创业的政策；三是高等学校根据自身实际制定的创新创业政策。大学生对这些创新创业的运用，应该充分结合自己所处的实际，分清各级各类政策彼此之间的层级关系，尤其是对一些补充规定的政策，更要明确其隶属关系。

省级、市级政策必须符合国家的政策。例如，《财政部、国家税务总局关于支持和促进就业有关税收政策的通知》（财税〔2010〕84 号）中指出，对持《就业失业登记证》（注明"自主创业税收政策"或附着《高校毕业生自主创业证》）人员从事个体经营（除建筑业、娱乐业以及销售不动产、转让土地使用权、广告业、房屋中介、桑拿、按摩、网吧、氧吧外）的，在三年内按每户每年 8000 元为限额依次扣减其当年实际应缴纳的营业税、城市维护建设税、教育费附加和个人所得税。如果某个省级、市级的具体文件政策中执行的标准降为每户每年 6000 元，那么省级、市级的政策就是不合理的，应当参照国家标准。

三、学会使用创新创业政策

（一）在法律允许的范畴下运用政策

国家、地方及各级主管部门所颁布的有关大学生创新创业的政策，都属于国家法律规范的范畴，其本身具有很强的原则性。创新创业政策是大学生个体创新创业成功的助推剂，但不是个人创业的"万能药"，任何人都不能仅仅依靠政策来创业，也不是为了享受政策而创业，这是用好创新创业政策必须树立的理念。大学生在创业过程中，必须规范和约束自身创新创业行为，在政策允许的范畴下进行创业。任何有"钻空子""踩红线"的行为，都是违反原则的，不利于创新创业的良性发展。大学生在使用创新创业政策时，尤为重要的一点是不能违反党和国家的法律法规，不能打着创新创业的幌子，去做一些违反国家法律规范的事情。创新创业活动一定要在法律的允许范畴内进行，这样才能受到法律的保护和政策的支持。

（二）明确政策使用的具体目的

从国家社会角度，大力推行创新创业是深化高等教育教学改革、提高人才培养质量、促进大学生全面发展的重要途径，也是落实以创业带动就业、促进高校毕业生充分就业的重要措施。对大学生而言，运用创新创业政策时要明确使用目的，即从解决问题的角度出发，寻求针对问题解决的对应政策。比如，寻求资金解决途径、寻求场地支持、寻求税收支持、寻求培训支持等。特别要从解决创新创业过程中的某一具体问题出发，不能"眉毛胡子一把抓"，胡乱使用，也不能"病急乱投医"，随便找个相类似的政策来代替，到最后无法解决创新创业过程中遇到的问题。在使用创新创业政策时，一定要本着具体问题具体分析的原则，对每一个问题对号入座，以便更好地发挥政策的作用。

（三）充分发挥政策的实际效用

大学生在选择了适合自身的创业政策后，还要切实发挥好政策的实际效用，使政策的运用能真正降低经营成本，改善经营状况，提升经营能力，对实现企业的发展壮大有实际作用，使企业走上长期发展的道路。创业者若不能充分发挥政策的实际效用，非但不能通过政策提升企业发展，相反，很有可能作出"为了政策而政策"的决策，从而影响企业的发展思路和方向，造成企业发展过程中的资源浪费，削弱企业生存的竞争力。

【案例 9.3】

政策支持助小王成就创业梦想

小王马上要大学毕业了，他认为自身的性格和条件适合创业，所以，他为自己的创业筹划了很长时间。一次偶然的机会，他看到国家对大学生创业的一些支持措施，于是就到学校的职业发展中心咨询。咨询中心的老师向他进行了详细介绍。在这里他了解到，大学生申请个体工商业、合伙企业、独资企业登记，不受出资额限制，还可以在各级工商部门注册大厅"绿色通道"优先登记注册，另外，可以申请创业担保贷款、税收减免等资金支持。最后，老师告诉他，最近学校创新创业学院正准备举办创客培训，建议他报名参加。在老师的推荐下，小王参加了创客培训，这更加坚定了创业决心。于是，小王在当地工商部门通过"绿色通道"登记注册，很快拿到了营业执照，同时，小王向自己所在的街道劳动保障所申请了10万元的两年免息贷款。凭借申请家里支持的资金和贷款，小王在淘宝上的网店顺利地开起来了。目前，网店营业额为上千元。

【导师点评】

小王作为即将毕业的大学生，就业定位非常明确，他通过对自身条件的理性分析得出，将来创办自己的企业，以施展自己的才华。为此，他通过广泛收集创业方面的材料，对国家针对创业方面的优惠政策有了详尽的了解，这为他以后的创业奠定了基础。后来，他没有将创业停留在想法上，而是能够有目的、有计划地加以实施。在作这些决定之前，他能够充分地做好准备工作，找到有利于自己创业的国家政策法规，为自己的自主创业寻找政策和资金的支持。

思考题：

1. 如果你现在想创业，可以通过哪几种途径获取创业政策？

2. 如果你现在要开办一家私营企业，但对相关政策还不是很熟悉，你准备怎么办？

3. 大学生可以从哪些途径获得初期创业启动资金？

4. 大学生创业初期怎样充分利用国家和地方的相关优惠政策？

5. 通过网络搜索创业政策相关信息，并将收集到的信息进行分析、综合、比较、概括。

资料参阅及链接：

董元梅. 2010. 大学生创业政策研究[D]. 安徽大学硕士学位论文.

李良成，张芳艳. 2012. 创业政策对大学生创业动力的影响实证研究[J].技术经济与管理研究，（12）:41-45.

刘军. 2015. 我国大学生创业政策体系研究[D]. 山东大学博士学位论文.

刘晓君. 1990. 政策功能浅析[J]. 理论探讨，（5）:64.

梅强. 2014. 江苏大学公开课：创业人生——借风使船[2014-2-23]. http：//open.163.com/movie/2012/6/5/H/ M8I8FMMUP_ M8M3V485H.html.

森途教育创业数字图书馆——中国就业创业政策法规数据库. http：//cyxy.sentuxueyuan.com/Cy_policy.php.

石国亮. 2010. 大学生创新创业教育[M]. 北京：研究出版社.

史兴华. 2011. 浅析我国大学生创业政策的有效性[J]. 青春岁月.（4）:60.

粟莉. 2011. 论国家新助学政策体系的导向功能[J]. 中国高等医学教育.（3）:43.

许燕平. 2013. 大学生创业指导[M]. 上海：上海交通大学出版社.

杨帆. 2017. 创业政策对我国大学生创业行为的影响分析[J]. 中国商论，（10）:185-186.

佚名. 2015. 江苏省大学生创业园驻园企业管理暂行办法[2015-5-12]. http：//www.3idea.cn/articleDetail_init_ 4_504.html.

佚名. 2015. 大学生自主创业创办企业流程和创业优惠政策[2015-10-26]. http://www.ncss.org.cn/tbch/ dxszzcyxcsc/.

佚名. 2015. 史上最全创业孵化器选择指南[2015-10-26]. http：//tech.163.com/15/1026/14/B6S1J12800094P40. html.

佚名. 2016. 国务院、相关部委、各省（区市）支持大学生创新创业文件汇编[2016-10-27]. http//www. ncss.org. cn/tbch/ glzcdxscxcywjhb/.

佚名. 2017. 国家对大学生创业的政策支持[2017-2-20]. http：//chuangye.yjbys.com/zhengce/538284.html.

周洪双. 2014. 青年创业如何攻坚？[N]. 光明日报，第10版.

第十章
构建创新创业平台

顺应网络时代推动大众创业、万众创新的形势，构建面向人人的"众创空间"等创业服务平台，对于激发亿万群众创造活力，培育包括大学生在内的各类青年创新人才和创新团队，带动扩大就业，打造经济发展新的"发动机"，具有重要意义。

——李克强

【本章导读】

高校创新创业平台是指高校利用自身智力资源优势，整合社会人才、技术、资金、市场、公共服务等优势资源，通过实验或实践，以发现新知识、发明新工艺（新方法、新设计）、运行新企业等方式，推进师生创新创业的制度和组织网络建设。其目的是在推动新知识或新技术生产、流动、更新和转化的过程中，培养和造就具有创新意识、创新精神和创新创业能力的人才。在其发展过程中逐步形成了创新性、实践性等特点和孵化器、实践基地等平台类型，并具有了创新创业教育载体、沟通等功能。为保障创新创业平台的有效运行，我们仍需要从观念更新、资源整合、机制创新、制度优化等方面进一步努力。

【学习要点】

1. 了解创新创业平台的内涵、特点。
2. 了解创新创业平台的功能。
3. 了解创新创业平台的类型。
4. 如何确保创新创业平台有效运行？

第一节　创新创业平台概述

一、创新创业平台的内涵

平台是一种计算机术语，是指由人、设备（如计算机网络、制造设备等）、程序和活动规则相互作用形成的能够完成一定功能的系统。

创业平台是指为推进创业活动建立的组织、服务和制度三者相互作用而共同构成的系统。

通过这个系统，创业者、机会（项目）和各种资源有效结合在一起，为创业者提供必需但创业者自己不容易获得的服务和信息，从而降低创业成本，提高创业的成功率和成活率。它为那些有发展前途的小企业，或者持有科研成果的创业者，提供必要的基础设施和一系列的支持性服务，包括提供研发、生产、经营的场地及通信、网络与办公等方面的设施，协助其解决资金来源；在技术、市场推广、咨询、培训、管理上及政策与法律等多方面给予支持；为企业培育和成长创造必要的条件，降低企业的创业风险和创业成本，使科研成果迅速转化为商品，并使企业在市场竞争中站稳脚跟乃至发展壮大。

随着政府、高校和企业逐步介入创业领域，各类创业园区、创业展览、创业教育、创业网站不断涌现，通过对创业资源进行高度整合，提供周到的服务和丰富的信息，为包括学生等广大社会成员的创业提供了很好的载体。这些载体及其相关的政策、条件等环境所构成的系统，称为"创新创业平台"。

我国把创新创业教育作为一种新的教育理念提出，并不是简单地把创新教育和创业教育叠加在一起，而是从教育理念和教育内容上，对传统创新教育或创业教育有所超越。研究者在理解创新创业教育时，将创新与创业分割开来，偏离了创新创业教育的内涵。创新创业教育是一个全新的完整的概念，培养大学生的创业意识、创新精神和创业能力是创新创业教育的核心。高等学校应不断更新教育观念、转变人才培养模式、改革教育内容和教学方法，将人才培养、科技创新、社会服务紧密结合在一起，实现由传统教育模式的重知识轻能力培养向知识传授、能力和素质培养齐发展的转变，提高人才培养质量，向社会输送更加符合社会需要的创新型人才。总的来说，创新创业教育是一种内含创新教育和创业教育，基本目标是培养具有创业素质和开创个性的人才，以创业教育为主导，从创新创业能力、创新意识、创新思维等角度培养受教育者，训练大学生创业的基本技能，使受教育者成为高素质的创新型人才，为大学生创业打下稳固基础的新型教育思想。创新创业教育本质上是一种素质教育。

综上所述，高校创新创业平台是指高校利用自身智力资源优势，整合社会人才、技术、资金、市场、公共服务等优势资源，通过实验或实践，以发现新知识、发明新工艺（新方法、新设计）、运行新企业等方式，推进师生创新创业的制度和组织网络建设。其目的是在推动新知识或新技术生产、流动、更新和转化的过程中，培养和造就具有创新意识、创新精神和创新创业能力的人才。

二、创新创业平台的特点

创新创业平台作为开展大学生创新创业教育的重要载体，不同于其他平台，有其自身的特点。

（一）创新性

创新性即高起点、高定位，为学生的高科技创新提供一切可能的条件，为高科技拔尖人才提供科技源泉与技术研发基地。高校可以将大学生科技园和创业实践基地、高新技术孵化器有机结合起来。大学生科技园不仅仅支持、促进校内高科技成果转化和培养创业人才，更为重要的是，通过其建设，可带动地方企业的技术创新，提升区域经济的技术水平，从而带动地方经济的快速发展。清华大学大学生科技园、四川大学科技园则高度体现出创新性的特点。其功能就是将大学的技术、人才、知识源源不断地向社会辐射，从而推动国家各行业的技术创新和产业结构进一步升级。

（二）实践性

实践性即通过创新创业平台组织的各项创业实践活动，为培养学生科研能力、动手实践能力、创业设计能力和团队协作精神等提供实验条件和实践机会，也为学生科技发明和创业物化为生产力提供实践指导和帮助。例如，常州大学近年来投入 100 多万元建立了"常青藤"大学生创业社区（详见案例 10.1），目前共有常州大学 D8 设计工作室、CC 微电影工作室等 100 多个学生创业项目，其中学生的创业项目累计获得全国大学生创业大赛的金奖三项，银奖一项。此外，还有常州凌云广告有限公司、肖帮舞蹈工作室、常州众游网络信息有限公司、优创装饰设计室和常州七车坊汽车装饰工作室等学生自主创业企业，其中常州逸凡动画工作室和稍酷工业设计有限公司分别签约入驻了常州创意产业基地和常州科教城创业园。这些入驻大学生社区的企业是实实在在的创业项目，使大学生在真实创业的过程中学到了许多关于创业的实践经验。

【案例 10.1】

常州大学：用"常青藤"大学生创业项目"传下去"

大学生创业往往面临"项目培育、发展壮大、成员毕业、项目夭折"的困境。针对这一情况，常州大学于 2013 年投入 100 多万元建立"常青藤"大学生创业社区。

社区内的 D8 设计工作室是近年来在常州市广告设计与平面制作行业崭露头角的一匹黑马，由工作室成员肖欣悦设计的作品获得了国际工业设计最高奖"红点"奖。学校成立了"常州大学 D8 设计工作室"大学生创业社团，广泛吸收有志于创业的工业设计、艺术设计、市场营销、会计和人力资源管理等专业的学生加入，形成创业实体，面向校内外承接具体业务，进行创业实践。工作室中一旦有成员因毕业等原因退出，则再从创业社团中招募核心骨干进行补充，一方面创业社团成了创业项目人才供给的"源头活水"，另一方面创业项目则成了创业社团学生试水创业的"练兵场"。

常州大学积极探索"协同创业"理念，构建形成了校政企联动的"协同创业"跟进培育机制。学校设立了每年 30 万元的创新创业基金，支持大学生的创新创业活动，五年中共资助学生创新创业项目 366 项，资助金额 100 余万元；与江苏爱荷华公共关系顾问有限公司协同建设了大学生创业社区，组织创业学生团队全程参与社区的设计和建设，让学生真正为自己的创业梦想"代言"；与常州市人力资源和社会保障局进行了战略合作，由人力资源和社会保障局在学校大学生创业社区设立大学生创业 SYB 培训站，对学生进行创业课程的培训，并就学生创业项目的公司注册、税费减免、资金扶持等进行具体指导和提供一站式服务；设立了校友创业基金和校友创业人才智库，组织创业优秀校友为学生创业项目提供资金扶持和智力支持；开设了大学生"校园创业诊所"，按照不同学生和创业不同阶段的问题来设置服务内容，为大学生创业项目"把脉问诊"，再做到持续跟进、细心培育其发展，以更好地增强创业的信心，规避创业的风险和提高创业的成功率。

在学生创业项目"起步""存活"后，常州大学启动了创业项目的跟进培育机制，实现由创业项目到创业公司、创业实践到创业实体的转化。学校与常州市青年商会建立了合作关系，组织创业学生"对口"担任同类项会员企业的总经理助理，参与和了解公司的经营管理，让学生创业项目进一步接地气、有灵气；与江苏爱荷华公共关系顾问有限公司合作推进了"青年 CEO 在成长"项目，量身打造创业"CEO"，以学生所学专业为依托，引导、培育专业性、科技型和特色化的创业项目。

【导师点评】

常州大学以传承创业和协同创业为理念，构建形成了以"创业社团+创业项目+创业学生"的大学生创业传承机制，以及以大学生"校园创业诊所"为依托的大学生"协同创业"跟进培育机制，积极为大学生创业难题"破题"，让大学生创业项目能够"办起来""活下来"和"传下去"。常州大学积极跟进大学生创业需求，具体体现在三个方面：一是构建大学生创业传承机制，让创业项目"把根留住"。二是集聚资源形成创业合力，让创业项目"枝繁叶茂"。三是扶上马、送一程，让创业项目"开花结果"。大学生创业教育是一项系统工程，常州大学的理念创新和制度设计正在有效地"激活"大学生创业的"正能量"，使他们在创业之路上不再孤单、彷徨，使创业行动、创业精神和创业文化在大学生中代际相传，打造大学生创业的"常青藤"。

（三）综合性

综合性指的是创新创业平台是集教育学生、教学、科研和生产多项结合的、多方受益的实践教育体系。创新创业平台的重要任务：其一仍然是普遍提高大学生的创新创业意识、精神和实践能力，其二是进行创业实践的科研开发，其三是进行创业教育活动的管理、教师队伍建设等，其四是和社会的沟通，体现出其综合性的特点。例如，清华大学 X-lab 新型创意创新创业教育平台，是一个综合性的创新创业平台，定位于实现校内多学科合作，整合校外各种资源，提供商业模式和社会价值实现的方式和路径。

（四）开放性

创新创业平台打破了实践教育成为专业理论课附属的弊端，接纳多学科的学生，使得实践内容相互交叉、融合、渗透，从而促进学生综合能力的培养，这就充分体现了其开放性的特点。比如，各高校普遍设立大学生创业中心、创业社团，对所有学生开放，不仅仅局限在某一类专业，使得具有不同专业背景的学生参与进来，这为有志于创业的学生提供了一个开放性的交流、学习平台。

（五）仿真性

仿真性即创新创业平台主要以培养学生创业实践能力和创业素质为主线，实现真实或仿真的创业环境。首先，在管理上具有开放性，十分便于教育与指导；其次，模仿真实的社会环境，如设置模拟职场、模拟竞聘、模拟公司等，为学生提高职业素质、顺利进行创新创业奠定坚实的基础。例如，在山东科技大学大学生创业园，通过模拟成立仿真创业公司，同学们在校园内就能进行市场化管理方式的实践。大学生创业园可以作为大学生走向真正创业之路的孵化器，同学们在校内创业实践的基础上，毕业时完全可以进行实质性的创业，这对于拓宽毕业生的就业渠道、促进大学生就业工作也具有现实的意义。

（六）科研性

科研工作是高校的一项重要工作，是提升办学品位、树立学校良好形象和增强学校办学实力不可缺少的因素。创新创业平台可以为科研提供场地、仪器、设备等条件。同时还能以平台为依托，争取到科研资金。由于创新创业的仿真，它可以为科学研究提供生产基地，进而极大地带动教学科研工作。例如，武汉大学计算机学院与武汉工程科学技术研究院联合成立了大学生创新创业实践基地，其充分利用武汉工程科学技术研究院强劲的科研优势，与武汉工程科学技术研究院开展深入合作以实现科研资源整合与共享的目的。创新创业实践基地既可以依托学校的有关技术等资源，也可以汲取武汉工程科学技术研究院的有关成果，从而更好为大学生创新创业服务。

三、创新创业平台的功能

（一）开展创新创业教育的有效载体

创新创业教育的开展，离不开创新创业平台的搭建。正是因为有了创新创业平台这一有效载体的支持和服务，才能够促使创新创业教育取得实效。例如，北京航空航天大学科技园，在政府、高校、企业三方合作下，成为大学生创业的"特区"，在帮助大学生了解社会、迈出走入社会的第一步的同时，有效地搭建了科技成果与社会投资、企业家之间的桥梁，实现了社会对人才的观察与考验，促进了科技成果的顺利转化。

（二）沟通创新创业教育理论教学与实践的重要媒介

创新创业是一个艰苦的过程，既强调创业意识、创新精神的培养，又注重创业综合素质的提高，特别是创业操作能力的拓展。这不是单纯的理论教学能够完成的，需要借助实践来检验所学知识的实用性和适用性，同时，长期实践的总结可以上升为理论知识。这个过程，能够提升大学生的综合素质。

（三）培养大学生创新创业实践能力的重要途径

一方面，通过大量知识的掌握、案例学习和创业过程模拟，大学生开阔了视野，达到深化创业意识的目的；另一方面，依托实习基地，结合各级各类的创业计划大赛，大学生在创新设计能力、实践动手能力和团队合作精神等方面得到很好的锻炼与提高。

（四）提供创新创业者们沟通交流的机会

创新创业平台的搭建，使得创新创业者们有充分的机会聚在一起，学习创新创业知识，交流创新创业经验。借助于创新创业平台，创业者们可以在参与过程中建立友谊，积累一定的人脉资源。在创新创业项目有共同目标的情况下，甚至可以互相合作，建立长期的合作关系。

第二节　创新创业平台的类型

从内涵、特点、功能等方面已经对创新创业平台进行了深入分析，那么高校创新创业平台具体有哪些类型呢？它们是如何运作的呢？我们将从创新创业平台的类型入手，探讨创新创业平台的分类及它们是如何实现各自功能的。

一、管理与培训平台

（一）管理平台

科教城大学生创新创业园入驻项目达到100个

1. 行政管理平台

目前，我国高校的创业教育的行政管理方式主要有以下三种。

（1）以教学部门为主体的创新创业教育方式是指以高校的教学管理部门即教务处等为主体，以培养大学生的创新精神、创业精神，提高其创业意识为重点的管理方式。其主要实现形式是调整教学方案，扩大选修课程比例，开设"创新创业管理""大学生创业""创业学"等课程；改革教学方法，倡导参与式教学；以鼓励学生创新思维为导向，改革教学评价体系与评价方法。

（2）以学生管理部门为主体的创业教育管理方式是指学生管理部门即学生处、招生就业处或团委承担创业教育的主要任务，其实现形式是开设创业讲座、组织创业计划大赛和创业社团等第二课堂活动。尤其是创业计划大赛已成为高校一道亮丽的风景线。我国的"挑战杯"竞赛已被誉为当代大学生创新类比赛的"奥林匹克"盛会。其中重量级的是"创青春"全国大学生创业大赛，培养了大学生的创新能力和创新素质，催生了一批大学生创业公司。一般的创业活动通过学生社团开展起来。这种管理方式的重点是提高学生的创业能力。

（3）综合式是指学校设立创业管理学院或大学生创业园区（创业基地）来管理学校的创业工作。通过开设创业教育课程、创办创业沙龙、提供创业资金和创业咨询等专门服务，为学生创办公司提供现实的、可能的服务。

2. 教学管理平台

创新创业相关的理论基础知识是学校推进创新创业教育的主要着眼点。根据学生创新创业必备的知识、能力和素质结构，着力构建出三模块、立体化的创业教学基础平台。在课程开课对象方面，面向大一学生开设"创业理论""大学生职业生涯规划与发展"等旨在增强创业意识的创业教育通识选修课；面向大二、大三学生开设"KAB①创业指导系列讲座""创业成功学""人际交往与沟通技巧"等培养学生创业兴趣与素质能力的创业教育通识选修课和系列实训课；面向大三、大四学生开设"创业实践""就业指导"等旨在培养学生创业能力和创业魄力的创业教育必修课和系列实训课。着力从学生迈入大学校园伊始，就对学生进行科学、全面、系统的创新创业课堂教育培养，使其初具创业精神、初怀创业梦想、初掌创业才能，为后阶段的创业模拟和创业实战奠定坚实基础。除此之外，教学管理还应注意以下几点。

（1）注重深化学分制教学管理体制改革。学分制是个性教育的基础和平台，是学生个性发展的体制保证，积极推进学分制教学改革可以为学生创造个性发展的空间。特别是打破专业的限制、课程的限制、资源的限制、时间的限制和不合理政策的限制，给学生个性发展以宽松的空间。

---

① KAB，英文全称 know about business，意思是"了解企业"，是国际劳工组织为培养大学生的创业意识和创业能力而专门开发的教育项目。

（2）鼓励试办"创业学"辅修专业。目前国外不少大学已开设创业学专业，甚至在硕士层次也已开设。我国开设创业学专业还有困难，但设置创业学辅修专业的条件已经成熟。创业学辅修专业的开设有利于提高我国创业教育的层次，使更多的有志学生得到系统的创业培训。

（3）尝试改革以创业为导向的课程体系及评价体系。要形成由选修性的创业课程、专业性的创业讲座和课程性的创业启示组成的创业教育的课程平台。选修性的创业课程是培养学生创业精神、创业意识和创新方法教育的相关课程。专业性的创业讲座是指，以学科划分为基础，对在某一领域或某一行业如何创业，进行针对性指导的创业讲座。课程性的创业启示是指结合课程的特点，在挖掘本课程应有的创新性、创造性教育的内容的同时，融入有关创业教育的理念和创新的教学内容，培养和丰富学生的创业意识和创业知识。

（二）培训平台

创新创业培训就是为创新创业者解决"如何当老板"的问题，弥补其创新创业知识和经营管理经验的不足。有些创新创业培训项目还获得政府的支持，给予培训费用全额补贴、减免税、低息贷款等优惠条件。据统计，多数创新创业培训项目，学员的开业成功率达到60%以上。创新创业培训不仅为创业者提供知识与技能方面的专业指导，更多则是创造了一个交流信息、促进创业的平台。该平台形成"一站式"服务模式，即培训—提供小额信贷或发展债券式的创业启动金—进行开业指导和后续扶持，组织专业人员对创办企业进行全程指导服务。目前，我国常见的培训平台形式见表10.1。

表 10.1 常见培训平台

项目	"4050"创业培训	大学生创业培训	SIYB 创业培训项目	中国青年创业国际计划
主办方	各地人力资源和社会保障部门	上海创业教育培训中心	中华人民共和国人力资源和社会保障部引进国际劳工组织的项目	团中央、中华全国青年联合会借鉴和利用英国青年创业国际计划的项目模式
培训内容	帮助建立和发展微型或小型企业	提供创业指导、项目风险评估等服务	帮助微小企业发展的小企业家培训课程	提供一对一的创业导师服务、专业的技术咨询服务
政策优惠	大龄失业人员、农村富余劳动力、非正规就业劳动组织的业主，享受免费待遇	实施政府补贴政策，免费服务	政府对参加培训者给予每人约1500元的费用补贴	帮助创业青年获得创业启动金和进入商界网络

二、孵化器平台

孵化器，英文为incubator，这里是指一种新型社会经济组织，它是一个能够在企业创办初期为创业者、企业家、发明者提供资金、管理支持及保护的组织，其目的是扶持小的、新建的创业型企业，将技术创新转化为商业价值。企业孵化器是伴随着新技术产业革命的兴起而发展起来的，其主要职能是为那些具有成长潜力的新建小企业提供生产、办公场所、通信等公用设施，负责训练、开发与协助新生企业，为新生企业提供法律和金融方面的服务，促进企业迅速成长发展。企业进驻孵化器三四年后，将"毕业"离开。

目前，全球共有规模以上孵化器近10 000家，企业孵化产业已经悄悄地崛起为一个新兴的产业。美国全国企业孵化器协会（National Business Incubation Association， NBIA）的一份研究报告称，经过孵化器扶持过的企业成功率达80%，反之，没有得到孵化器扶持的企业，其成功率只有20%。目前，我国共有各类科技企业孵化器465个，仅次于美国，居世界第二位。现有在孵企业15 449个，年销售收入422.6亿元；累计出孵企业3887个，其中已发展成为上市大企业的有 32 个；在孵科技企业职工 29.2 万人，吸引海外留学人员 4100 多人；累计转化省部级以上科技成果 7930 项，开发新产品 22 046 种，拥有专利 6650 项。我国于 1987 年在武汉建立起第一家企业孵化器，结合国情创办了为中小企业营造快速成长环境的高技术创业服务中心。目前，我国的企业孵化器主要分为六大类：综合技术创业中心、专业技术创业中心、大学科技园、留学人员创业园、国际企业孵化器和企业孵化器网络。

以高校为例，创业园具有现代性、高新技术性和创新性等特征，通过提供基本的商务服务、中介增值服务和资本运作服务等营造良好的创业环境，吸引高校中具有技术创新能力和科研成果的师生来开拓创业。斯坦福大学所在的"硅谷"就是典型的创业园，Yahoo、Excite、Netscape 等公司就是在斯坦福校园的创业氛围中诞生的。通过创建创业园，既为大学生运用所学知识、提高创业能力提供了条件，也为将来真正创业积累了必要的经验。例如，经管类专业的大学生，发挥其专业优势，可以在管理咨询、资本运作等服务领域创办企业（或公司），还可以与理工科大学生合作，建立合伙制企业。该类公司具有技术人员，拥有核心技术，又拥有良好的运作管理人员，包括人事、财务、营销和风险等管理核心团队。桂林电子科技大学已设立广西第一个大学生企业孵化器——桂林大学生创业园，目前已有 20 余家由大学生、研究生创办的企业进驻，其中大都具有经管类和理工科的双重员工结构。目前，我国多数孵化器管理模式以行政管理模式为主，营运主体单一，限制了平台功能的发挥，使创业平台缺乏内在的可持续发展机制，缺少激励机制；多数平台为创业者提供的服务档次不高，缺少针对性和建设性的对企业有重要影响的深层次服务；在帮扶资金使用上存在着缺乏统一协调、到位滞后的问题，尤其在企业创办初期最需要扶持的种子基金缺乏；缺少社会力量的关注，民间资本进入创业企业渠道不通畅。

三、实践基地平台

高校创新创业实践平台是学生创新创业活动的有效载体。国家和高校鼓励学生毕业后自主创业，在校的创业实践活动是学生实现这一目标的重要环节。学生创业活动具有很强的实践性和复杂性，是准备创业的学生和"社会""市场"交流、沟通的桥梁，是学生了解创业、学习创业的一种形式。学校搭建学生创业教育实践平台，完善平台市场要素，形成真实的创业环境，提供学生创业的基本条件和风险金支持，配备创业实践指导老师予以创业纠偏，使学生在创业尝试的过程中，按照市场规律的要求推进创业项目健康发展，降低创业风险，提高创业成功率。学校搭建学生创业实践平台，学生利用平台构思创业模式和路径，接受创业培训，学习成功者的创业经验，评估个人、企业与市场的关系，以进行创业锻炼。

（一）创新创业社团

创新创业社团是学生以共同的兴趣为基础形成的非正式群体，使不同专业、不同年级、不同院系的学生享受充分交流的平台。学生在社团中长期交流与合作，比较容易形成共同的价值观和共同理念，这成为创业必备的重要元素。首先，紧紧围绕"挑战杯"创业计划大赛开展学生的社团活动，不断提高社团创业的层次。其次，设立"社团创新奖"。"社团创新奖"可实行申报制，每年评定一次，有利于提高大众化的社团创新能力和创新意识。最后，完善相关政策，引导、鼓励和支持大学生成立各种形式的学生科技型创新创业社团，大力扶持学生社团开展各种创新创业活动。

（二）大学生创业园

大学生创业园直接为学生提供创业实践场所，放手让学生进行创业实践。创业园由学校搭建，提供场地和相关服务，设立创业风险基金，配套小额贷款，营造孵化企业的市场环境。有志于创业的学生可申请入园，依照国家工商、税务管理等有关规定进行注册登记，所创办企业在经营活动中完全按照市场化运作，学校可在场地、资金上对创业学生予以优惠照顾，并给予一定的孵化扶持期，为学生创业创造良好的环境。创业骨干担任企业或项目"老板"，其他学生成为其员工，共同锻炼、共同成长。例如，华中科技大学将露天电影场、学生宿舍区报亭、大学生活动中心咖啡吧等场地拿出来，面向全校公开招标，凡是本校学生皆可组建创业团队竞标经营权。同时，学校还建成 10 多个独立的办公区域，免费提供给"科学技术型"学生创业团队使用。学校除了提供免费场地外，还免除水电费，提供校内企业宣传和推广支持。

（三）校内外产学研基地

这里所指的基地应该具备企业化、市场化要素，该平台主要为学生提供全真的创业环境，以师傅带徒弟的形式开展创业实践活动，企业经营者或具有创业经验的老师带领学生进行创业设计和市场化锻炼，掌握生产管理、成本核算、市场营销和社会交际技巧等技能。在可能的情况下，产学研基地要创造条件，让出生产或营销项目，实施两级承包，让学生在"师傅"的指导下独立经营，单独展开市场活动，向企业家和"师傅"们学习，通过交流、启发、影响，寻找创业灵感，有条件的进行创业实践、市场锻炼或直接过渡到创办企业。当然，需要注意的是，本章提及的产学研基地主要指为高校产学研服务的校内外企业实体。

（四）教师科研平台

高校教师的科研工作具有很强的专业性、创新性和前沿性。学生在校参与教师的科研工作不但可以增强学生的专业素质，还可以培养学生创新精神。首先，应推行项目参与制。鼓励学生积极参加教师的科研站项目，尤其是具有实用价值的开发性等合作项目。其次，积极推行课题导师制，鼓励教师指导学生从事科研活动，开展学生课题立项，学校划拨专项基金支持学生的科技活动。设立大学生科技成果奖，每年在学生中评选出一批优秀科研成果。最后，鼓励教师以各种方式指导学生自主设计、创办、经营商业企业或科技公司，从事商务活动、技术发明、成果转让、科技服务等。

（五）后勤管理和服务基地

高校后勤管理和服务基地可以为大学生提供创新创业实践的平台，直接发挥育人功能。这一基地主要有三种形式：提供管理岗位、参股式后勤服务实体和学生经营服务实体。提供管理岗位，即提供一些与学生生活密切相关的管理岗位，如宿舍、饮食、环境卫生等管理岗位，使学生在具体的管理和服务中学会管理，丰富创业知识，提高创业技能。参股式后勤服务实体是指学生通过技术、创意、劳动等形式与后勤服务实体形成利益共同体，共同开发校内市场，达到创新创业实践的效果。学生经营服务实体是指学生自主投资、自主经营、自负盈亏的服务实体。因此，学生可以开始独立创新创业的实践。

四、学习交流与咨询服务平台

以往的学生进行创新创业活动时，各自为政的情况比较多，单枪匹马的比较多。但随着信息时代的到来，所有人都需要与他人建立起畅通的沟通渠道。正是因为这种诉求，创业者之间交流学习和咨询服务的平台应运而生。

（一）创新创业学习交流平台

大学生创新创业绝不是一个人的事，也不是一个专业内的事。成立创业人才交流中心有利于促进各专业学生间的交流、沟通，这为有创业意愿的同学提供沟通交流的平台。在这里他们可以学习创业知识，交流创业经验，认识不同专业的同学，为成功组建合适创业团队提供良好的环境支持。

（二）大学生创新创业咨询服务中心

该中心提供一站式服务。在创新创业咨询服务中心成立创新创业咨询导师团，为学生创新创业项目和企业提供深度咨询服务。这些服务应该包括：帮助大学生形成自己的创新创业项目构想，并对其未来企业的产品、客户、市场发展前景和商业模式等作出明确的定位和发展规划；对其创业实践中所涉及的知识、政策、法规及各种常见的问题提供咨询和解答；开展市场调研、可行性分析、风险评估、投资效益预测等；为其分析和确定创业资金需求，协助完成创业融资所需的商业计划书，提供融资和引资方面的洽谈和对接服务等。

【案例 10.2】

常州大学"创业诊所"为学生创业"悬壶问诊"

为了进一步鼓励和支持在校大学生创业，解决已经创业同学在创业中碰到的难题，常州大学成立了常州高校首家大学生校园"创业诊所"，积极邀请专家学者、成功企业家、职业经理人和政府部门专业人士走进校园，为在校大学生解决实际创业中遇到的问题，更好地激发同学们的创业热情，增强创业的信心，做好创业的跟进式服务，致力于将"创业诊所"打造成为诸多创业团队和创业项目的"体检间""急救室"及"加油站"。

常州大学设立的"创业诊所"，是在吸纳国内外诊所式法律教育的实践、理念和模式的启发下，结合本校大学生成功创业的经验所做的实践创新。常州大学"创业诊所"的首要特点就是"专业对口"。据了解，常州大学校团委，在创业已成为毕业生发展的重要选择时，充分调查研究本校毕业生成功创业的诸多案例，筹建了大学生"创业诊所"。该诊所采取"三位一体"模式，即从三个方面帮助在校大学生模拟创业，支持毕业生真正创业。"三位一体"包括开设一个长期接受大学生创业预约诊断的"同行门诊"；搭建一个主要由本校校友组成的成功创业者与在校生朋辈交流的平台；建设一支具有多学科背景和创业成功经验的专家团队。"创业诊所"下设"创业初步体检室""创业动力加油站"和"创业危机急救室"等多个板块。这些板块的划分和设置，是直接针对创业的不同时段可能出现的多元问题进行先期预料，分段应对。

【导师点评】

常州大学设立"创业诊所"可谓给大学生创业雪中送炭。学校在对这些创业项目的走访调查中发现，这些项目基本都能维持正常的运转，但在市场拓展、财务管理及人力资源管理等方面都不约而同地遇到了一些难处，其中，不懂财务、缺乏营销战略的问题更加普遍。因此，为帮助解决学生面临的这些难题，学校开设校园"创业诊所"，将大学生创业教育和服务跟进到底，通过提供创业体检、分类问诊、同行问诊、创业疗吧等"诊疗"服务，将大学生创业扶上马、送一程后再做到持续跟进、维护其良好发展。

五、创新创业基金平台

由众多高校成立在校大学生创新创业基金会，直接提供资金支持，帮助大学生获得创业"实战"的机会。例如，华中科技大学为解决大学生创业企业资金困难问题，于 2007 年设立"大学生创业基金"，为优秀大学生创业企业提供资金配套支持。基金的资金以政府引导资金、社会捐助资金为主，大学生创业企业盈利回报为辅。安徽农业大学专门出台了《"科大讯飞"大学生创新创业基金管理暂行办法》，专门负责该基金的运作与管理。文件中从基金的组织机构、资助项目数量、资助对象及资助条件、支付方式、资金监管等各方面进行了具体的详细规定，从而实现了创新创业基金管理的规范化、制度化。香港经纬集团于 2012 年出资 1000 万元设立了"对外经济贸易大学——经纬学生创新创业基金"。对外经济贸易大学注重学生实际能力的培养，利用丰富的校友资源，在全校开设创业课程，举办创业大赛和创业模拟，为学生创业实践提供辅导和资金扶持。经纬学生创新创业基金的启动，进一步激发了学生的创业热情，增强了创业意识。近年来，已有 40 多个项目参与申报该基金，涵盖节能环保、电子商务平台、专业翻译公司等多种类型，有近 300 名学生参加。

中关村创业大街
的发展之路

除了上述几大平台之外，还有成果推介、转化平台。我们知道培养创新性复合型人才是当前我国高等教育教学改革的重点，大部分高校围绕其人才培养目标、培养模式、培养路径等问题展开探索和实践，提出并尝试了不同的方法、途径来解决社会需求和高校人才供应的错位问题。但是高校以培养应用型复合人才为目的的创新创业教育活动，仅仅停留在鼓励和组织学生参与创业大赛活动本身，赛后对真正有创新创业意愿和潜力的人才，未进行有力的后续指导和扶持，而使其创新创业项目搁浅。同时，也缺少核心部门系统承担高校科技成果与社会对接转化工作，并对其进行规范管理。因此，促进大学生创新创业成果与社会需求相对接的、促进成果有效转化的推介平台还不是很多。

第三节　创新创业平台的有效运行

众所周知，一个平台能够正常有效运行，需要经常性地维护和管理，创新创业平台也不例外。了解了创新创业平台的类型及它们各自的功能之后，我们还要明晰目前已取得的成绩和存在的问题，这样才能继往开来，从而提出更好的策略来保证其有效运行。

一、创新创业平台建设的成绩

（一）创新创业平台建设逐渐得到重视

国内高校创新创业教育的实施始于 20 世纪末。1998 年，清华大学举办首届"清华大学创业计划大赛"，成为第一所将大学生创业计划竞赛引入亚洲的高校。2002 年，高校创业教育在我国正式启动，教育部将清华大学、中国人民大学、北京航空航天大学等九所院校确定为开展创业教育的试点院校。十多年来，创新创业教育逐步引起了各高校的重视，一些高校在国家有关部门和地方政府的积极引导下，进行了有益的探索与实践。例如，清华大学经济管理学院专门成立了面向大学、超越学科界限、发现和培养创新创业人才的教育平台——X-lab 新型创意创新创业教育平台；不少大学成立名称多样的创新创业学院，从机构组成上明确培养创新创业人才的职责；南京大学-纽约大学理工分校创新创业学院，充分整合和发挥中、美、英三所著名大学的优质教育资源，充分整合国内外各类资源，通过全新的教育理念和教育方式，为中、美、英三方，特别是为中国政府、企业界人士及大学生进行创新创业教育。该学院的创新创业教育包括开展国际教育交流，对各界人士进行培训，推动科技创新成果孵化和产业化等。高校成立专门的创新创业学院、体现了当前高校已逐步开始重视平台建设，将创新创业教育立足于实体学院。同时，从中央到地方，教育主管部门成立相应的职能部门，并形成了高等教育司、科学教育司、高校学生司、就业指导中心四个司局联动机制，打开了创新创业教育、创业基地建设、创业政策支持、创业服务"四位一体、整体推进"的格局。

（二）创新创业平台建设路径多样化

前面提到，我国高校创新创业平台有诸多类型，目前已形成了规模效应。目前，国内高校的创新创业教育平台的构建路径呈现出多样化的特点。例如，以"挑战杯"及创业设计类竞赛为载体，开展创新创业教育；以大学生就业指导课为依托，开展创新创业教育；以大学生创业基地（园区）为平台，开展创新创业教育；成立专门组织机构为保证，推动创新创业教育平台的建设；以人才培养模式创新实验区为试点，培养创新型人才；搭建创新创业教育课程体系平台，实施创新创业教育。建设这些多样化的平台，给了大学生充分的展示自我、提升自我、完善自我的舞台。尤其要提出的是"挑战杯"，"挑战杯"是全国大学生系列科技学术竞赛的简称，是由共青团中央、中国科学技术协会、教育部和中华全国学生联合会共同主办的全国性的大学生课外学术实践竞赛。

（三）创新创业平台建设作用凸显

诸多高校成立的创新创业平台，在大学生创新创业领域具有不可替代的重要作用。主要表现在：培养大学生创新创业能力，锻炼团队精神；强化实践意识，提高综合素质；丰富第二课堂，活跃求知氛围；采用新型教育培养模式，提供全程个性化辅导，为学生的最终就业打下坚实的基础；实施以知识培养到能力培养转型为目的，结合创新型大学的定位和学校"创新+创业"的人才培养目标，进行教育创新；建立健全创新创业基地的管理制度和机构，探索基地运行模式和长效机制，培养了一大批创新创业人才。

据教育部科学技术司调查，仅 2009 年借助于高校学生科技创业实习基地这一平台就提供给大学生创业用场地共计 3 万多平方米，高校学生创业规模企业达到 540 家，创业人数近 4000 人，仅 2009 年一年就创办了 203 家企业和团队，共有 2236 人创业。这些基地为创业企业提供 1～3 年的租金减免、提供小额创业贷款、配备创业导师、创业技能培训、综合咨询代理等服务，切实为促进高校学生创业、就业提供了条件环境和支撑服务。

二、创新创业平台建设中的问题

诚然，当前我国高校在创新创业平台建设方面取得了不小的成绩，但与国外高校相比，仍然存在一定的问题。

（一）认识不足，服务滞后

1. 对创新创业的重要性认识不足

前面提到，尽管目前有一批高校已经开始重视创业教育的平台建设，但是我国目前多数高校没有开发专门符合大学生的高校创新创业课程，现有的课程既缺乏系统性，也缺乏操作性，尚未形成像美国高校那样富有特色、适于教学与实践的创新课程体系，致使我国创新创业的教育零敲碎打，效果大打折扣。

2. 对高校创新创业平台的系统性、整体性认识不足

一是缺乏整合校外有效资源的眼界和能力，对区域内同学科、同专业的创新创业成功者熟视无睹，找不到"校政企"共赢的结合点和合作的路径；二是缺乏对创新创业平台建设规律的把握，往往重硬件建设轻软件提升、重数据统计轻培育过程、重视领导评价忽视市场检验。因目标不明，只是蜻蜓点水，图面上的热热闹闹，而使创新创业缺乏针对性、实用性和可持续性。

3. 对创新创业的服务滞后

目前，绝大多数的高校创新创业平台能提供的服务内容少，除了教育引导外，主要是提供一定时期的免费创新创业场所，以及金额不一的创新创业支持基金；在服务对象上局限于在校学生，甚至对刚毕业学生的刚刚有起色的创新创业项目也规定时间让其搬离学校的创业园，无暇对其跟踪、关注和扶持，更不会把校外的小创新创业对象纳入平台帮扶、整合的范畴。这样，参与创新创业实践的师生举步维艰的多、收效甚微的多、半途而废的多，能修成正果的少之又少。

（二）定位不准，气氛不浓

1. 高校创新创业平台的定位不准确

目前，不少高校创新创业活动仅限于服务少数优秀者，创新创业平台建设本身就缺乏创新精神，看重媒体的关注度，自开始就有极强的精英化痕迹。高校创新创业平台关注的是一小部分同学的骄人业绩；学校设立的创业培训机构、创新实验室、创业者俱乐部、科创中心等，多是精英化的机构。因为接受创新创业教育、投身创新创业实践的对象数量不足，所以大部分学生只能成为创新创业的袖手旁观者。

2. 高校创新创业平台与学科专业教育互相隔离

我国高校目前的创新创业教育和实践，大都是在专业教学大纲之外，团委、就业指导与服务中心等机构利用课外时间进行的业余教育，缺乏创业经历和实践能力，指导力量薄弱，在为创新创业者进行培训、指导和服务时，重说教轻体验，重理论轻实践，难免陷入纸上谈兵的尴尬。与学科专业教育存在"两张皮"现象，没有融于学校整体的育人体系中，致使创新创业者有激情而内功不足，想创新创业的人多，投身实践的人少。

（三）机制缺失，动力不足

1. 内部激励机制缺失

作为创新创业引领者的高校教师，其创新创业的工作环境并不佳。目前，高校对教师教学、管理、科研、社会服务等"全才型"的年度考核机制，让教师疲于应付，没有了"十年磨一剑"的念想；职称评审重科研轻教学、重论文发表轻成果应用的倾向，使教师本末倒置，静不下心来搞原创。政府对学生创办微型企业的工商登记、财政税收等虽有一些优惠政策，但扶持力度不大；对知识产权的保护有法律规定，但维权的代价还很高。

2. 投融资渠道狭窄

目前，我国创新创业融资的渠道主要有自有资金、亲朋借贷或合资、银行贷款、吸收直接投资、吸收风险投资、获取政府、学校或企业的资助等。事实上前两种融资形式是最主要的，占90％以上。受担保和放贷责任制的影响，创业者成功贷款的比例很低，能够吸收投资、获取资助的更是凤毛麟角。投融资渠道的不畅致使不少有潜力的研发项目、有发展前景的创业思路夭折在资金短缺上。

3. 缺乏对相关创新主体的协调与整合

高校内部相关部门和学科联合攻关的整合力度不足；高校与高校之间、高校与区域产业之间缺乏协调与整合机制，现有的协作多数还停留在能人效应阶段；高校主动向政府借资借力少，推动政府制定"政产学研商"的协作政策更少。各自单打独斗的后果是浪费了大量的人力、物力和财力，严重影响了高校创新创业平台功能的发挥。

三、创新创业平台有效运行的对策

高校创新创业平台是培养学生创新精神和实践能力的重要途径，对于促进地方经济和高校自身发展都具有重要意义。高校创新创业平台建设普遍存在认识不足、机制缺失、协调不力等问题，所以，必须在提高认识的

北京大学科技园、全球大学生创新创业中心——驱动新生力量

基础上，调动各方积极性，优化创新激励机制和投融资体制，从而促使创新创业平台有效运行。

（一）更新观念，强化服务

1. 确立以创造力价值链为内核的高校创新创业平台目标和理念

高校应将创新创业服务平台与创新教育作为整体去实践和推进，培养学生的创业意识、创业能力和创业精神，以满足知识经济时代对劳动者创新精神、创新能力、管理技能等方面

的需求。高校创新创业平台并不是要求每个学生都必须创建自己的企业，而是让学生学会理性看待未来职业发展中可能遇到的风险和问题，启发其创新思维，鼓励其创造性地思考未来，以及帮助其获得对社会、市场的判断力和洞察力。因此，要让每个学生都具有创新创业意识，就必须优化高校人才培养模式，将创新创业融入整个课程体系，渗透于教育教学全过程，注重个性教育、素质教育。要编写创新创业相关教材，培养创新创业师资；要着眼区域创新人才的培养目标，改革教学内容和方法，根据不同的学科和专业，设置专门的创新创业课程，聘请有理论造诣又有成功创新创业实践的专家来校授课，实施任务驱动、项目主导的工作室教学，在体验、互动和协作实践中激发创新热情，培养创新兴趣，磨炼创新意志，启迪创新思路，享受创新乐趣。

2. 建立全方位、个性化的创新服务体系

高校创新创业平台应充分整合学校和社会的优质资源，为创新创业者提供及时、高效的服务。

（1）信息服务。通过建立专家库（含学术专家和技能专家）、技术信息库、行业企业信息库及图文资料查询等，为创新创业主体提供准确的人才、技术、市场供求等服务，通过项目、技术、人才、市场、思想等信息的聚合和交流，激发创造灵感、创意和新思路，促进创新创业各要素的高效对接。

（2）人才服务。利用高校强大的师资力量和广泛的人脉资源，为各级各类创新创业主体提供培训、咨询、指导、组织等个性化的智力服务；向区域输送大量的具有创新意识和能力的毕业生，为企业和社会管理提供人才支撑的同时，为自己赢得口碑。

（3）技术服务。整合高校的研发资源，引进企业研发中心，利用科学的工艺配方、先进的研发设备适时、便捷地为师生的创新创业提供技术服务。

（4）运营服务。积极为创新创业主体提供工商登记、财务代理、纳税申报、法律咨询、商务代理等社会中介服务。

（5）后勤服务。通过区域高新园区或设立独立的高校创业园，努力为创新创业主体提供办公场地、水、电、食、宿、保洁、保安等一系列后勤配套服务。

（二）整合资源，发挥创新创业合力

1. 加强高校内部学科专业之间的融通，以及高校之间创新创业平台的有效协作

通过搭建高校间创新创业师资、项目、实践基地、服务信息的共享平台，实现高校创新创业平台资源的有效利用。要逐步做到统一教学大纲、统一培训技术、统一培养方案、统一考评标准。特别是一些教育资源较匮乏、远离经济发达区域的高校，通过平台平等获取高校创新创业资源和资助，以减少资源浪费。

2. 构建高校创新创业平台与区域科技创新系统的有效协作机制

高校要依据国家和区域经济社会的发展方向、产业政策，将自己高尖精的人才、技术和设备优势，主动融入区域科技创新系统，把现实生活中存在的社会管理、生产经营中的困难和问题转换为创新项目，投入资金，组建专兼教师及学生组成的研发团队，进行课题攻关，作出创新成果。在促进高校学科发展及相关企事业单位应用推广的创新创业中，实现高校和区域发展的共赢。

3. 要充分发挥政府统筹协调功能

要按照"校政企通力合作、产学研紧密结合"的总体思路，组建"高校创新创业平台"协调机构，督促有关部门各司其职。将区域内大学生创业活动指数、创业活动对就业的贡献率等指标纳入政府政绩考核体系；要统筹建立教育培训、项目推荐、融资服务、孵化扶持、开业指导、跟踪评估、经营诊断、咨询辅导等"一条龙"的创新创业服务平台；要为高校创新创业平台的师资队伍、课程体系、组织机构和评估体系等提供配套支持和保障。

4. 大力加强创业教育师资培养和引进

教师是大学生创业教育的保障，强大的师资力量可以确保教育的质量，但目前各高校创业教育的主讲教师多为缺乏创业经历的"学院派"，在授课过程中难免有"纸上谈兵"之嫌。加强创业教育的师资培养和引进已经迫在眉睫。各个高校应成立大学生创业学教研室，负责本校的创业教育的研究和教学。创业学教研室的教师应由两类人员组成：第一类是专职教师，负责教授创业基础理论课的本校教师，主要应由工商管理、企业管理、法律专业的教师担任；第二类是兼职教师，以选聘和邀请为主要形式，主要担任创业沙龙讲座的主讲。例如，可以邀请工商、税务部门、企业、投融资机构的专业人士，传授企业登记注册、交纳税费、企业管理、融资贷款方面的知识与技巧；还可以邀请富有实际创业经历并取得成效的创业导师，现身说法，传经送宝。培养两种类型的专兼职教师队伍，从而形成创新创业教育的合力。

（三）创新机制，激活创新创业潜能

1. 创新投融资机制

高校要依据2011年10月科学技术部、财政部等八个部门联合发布的《关于促进科技与金融结合，加快实施自主创新战略的若干意见》（国科发财〔2011〕540号），通过与金融机构、行业协会和实力雄厚企业等建立长期紧密的合作关系，建立起多层面、多种类的间接融资体系。最好在高校建立包括创业投资引导基金、中小企业创新基金、创业孵化基金、政府项目资助基金等内容的创业资本资助基金，高校至少要在区域的诸多创业资助基金中凭实力分享一定比例。强化风险投资研究，挖掘和培植高校创新创业平台内的风险投资项目，为投资链接搭建桥梁，同时，也要考虑在高校培育和完善科技保险项目。

2. 创新考评激励机制

对高校创新创业平台的考核评估应从社会需要出发，突出测试合格率、创业成功率、就业带动率、分年限生存率等"四率"指标。优化对教师的考核评价体系，侧重对教师团队业绩、科研阶段性目标的考核，以鼓励教师扬长补短、厚积薄发，有定力、有精力、有能力从事创新研究和指导学生创新创业，对引进企业高管、高工和能工巧匠做兼职创新指导教师有激励政策。对创新创业学生中勇于实践者、成功创业者予以鼓励，在学业成绩评定、评优评先等方面给予倾斜。

3. 创新投入保障机制

加大经费投入，全力支持国家级高标准的高校创新创业平台课程体系开发等专题研究和成果推广传播；加大人力投入，统筹管理骨干和研发团队，设立平台推进机构，督导平台工

作的有效开展和全面普及；加大政策投入，铲除理论与实践之间的壁垒，加速建立"研究—教学—培训—实践""四位一体"的全流程的高校创新创业平台新模式。

（四）优化制度，营造创新创业环境

1. 优化创新激励机制

一是通过降低创业准入门槛，简化行政管理程序，提供创业融资和税收优惠等政策扶持；二是通过舆论阵地交流创新创业的思想，宣传创新创业的成果来树典型引风气；三是奖励创新成果，引导创新企业建立起人力资本的产权制度，建立剩余索取权分配制度（如年薪制和股票期权激励），以激发创新热情。

2. 营造创新创业氛围

高校要主动找政府、企业、市场，统筹协调各方关系。建立鼓励师生创新创业政策体系，抓政策落实，在"政产学研"合作路径上，积极探索区域与高校合作的新机制，督促建立高校与地方的会商机制、共建机制，探索高校"政产学研商"合作新模式。

当今，在深化以素质教育为核心的教学改革中，高校应以创业教育为契机，充分发挥创新创业平台在创业教育中的重要作用。众所周知，创业本身是实践性极强的活动，因此，创业实践能力培养是创业教育中的重要一环。高校应加强创业教育平台建设，实施全员创业育人工程，整合各方资源，努力推进创业教育为核心的组织保障机制建设。建立创业基金，为大学生创业提供资金支持；组织校内外创业导师对大学生创业计划进行评估和考核，实现大学生创业全程跟踪指导；建立校企校地创业实践基地，提高学生创业实践能力；建设大学生创业园，孵化有潜力的创业团队。从而大力培养学生的创业意识、创业素质、创业能力，增强学生创业观念、弘扬创业精神、引导创业实践，以实现创业教育的目标和全面推进创业教育平台建设，促进大学生创业工作的顺利开展。

思考题：

1. 根据我国创新创业平台发展状况，请指出你认为最关键的制约因素是什么？请列举理由。
2. 为更好地构建创新创业平台体系，政府、学校各自应当扮演什么样的角色（从协同创新的角度分析）？
3. 寻访1～2家创新创业平台，重点调研你所在高校的创新创业平台建设、运行情况（从优劣势两个方面分析）。
4. 预测一下未来5～10年创新创业平台的发展趋势。
5. 假设你是创业团队的负责人，你将如何运用创新创业平台服务自身创业项目？

资料参阅及链接：

蔡杰 刘芸. 2016. 基于校企合作的高校大学生创新创业平台构建[J]. 大学教育，（9）：18-19.
曹继军. 2016.《2016众创空间发展报告》正式发布. http://difang.gmw.cn/sh/2016-11/14/content_22971486.htm.
国务院. 2015. 国务院关于大力推进大众创业万众创新若干政策措施的意见. http://www.gov.cn/zhengce/content/2015-06/16/content_9855.htm.
韩京昌，冯研，李莹. 2015. 大学生创新创业平台[J]. 中国市场，（14）：65-66.
黄本笑，黄芮. 2014. 大学生创新创业实践平台建设文献综述[J]. 生产力研究，（1）：140-145.

刘颖. 2014. 大学生创新创业平台建设与保障研究[J]. 学习月刊,(24): 82-83.

申屠江平. 2012. 高校创新创业平台建设的问题与对策[J]. 中国成人教育,(20): 59-61.

王琼,盛德策,陈雪梅,等. 2013. 项目驱动下的大学生创新创业教育[J]. 实验技术与管理,(6): 99-101.

佚名. 2015-5-27. 常州大学为大学生创业保驾护航[N]. 中国日报.

佚名. 2016-1-13. 实施创新驱动战略 搭建创新创业平台[N]. 天津日报.

佚名. 2016. 专业化众创空间建设工作指引[2016-8-3]. http://www.most.gov.cn/fggw/zfwj/zfwj2016/ 201608/ t2016 0802_126954.htm.

佚名. 2016. 中国的创新创业究竟是怎么样的? [2016-9-13]http://business.sohu.com/20160913/n468333482. shtml.

张司飞,王生玺. 2016. 遵循双创规律 发展众创空间[J]. 今商圈,(2): 34-35.

张志,乔辉. 2016. 大学生创新创业入门教程[M]. 北京:人民邮电出版社.

赵峥含. 2016. 基于互联网的创新创业平台建设研究[J]. 黄河科技大学学报,(2): 23-27.

第五单元 新创企业的运营

第十一章
理好新创企业财务

> 不完全懂得会计和财务管理工作的经营者，就好比是一个投篮而不得分的球手！
>
> —— 罗伯特·希金斯

【本章导读】

近年来，大学生面临着严峻的就业形势和巨大的就业压力。在这一背景下，大学生自主创业逐渐成为一种潮流。大学生创业存在着诸多障碍，尤其是财务管理能力的欠缺已经成为制约大学生创业成功的重要因素。因此，大学生在创业时，必须高度重视财务管理，掌握创业所必需的财务基本知识，提高财务管理的能力，防范财务风险，保证自主创业的顺利进行。

【学习要点】

1. 了解企业财务管理的主要内容。
2. 如何构建企业财务管理体制？
3. 企业财务预测从哪几个方面入手？
4. 如何做好企业的财务报表分析？
5. 企业税收筹划的基本方法有哪些？

第一节　企业财务管理概述

一、财务管理的概念

纵观我国市场经济发展，社会上存在着一个困扰创新创业者的现象：创业者选择了一个前景看好的投资项目后，市场销售工作也做得有声有色，销售额日益攀高，但同时发现销售额增加了，利润却下降了；产品火了，钱却越来越不够用了。这是为什么呢？这是因为创新创业者在创新创业中未能充分重视和有效进行财务管理而造成的。

所以，大学生创新创业者必须学好财务管理这门必修课。

什么是财务管理？在解释这一概念前，我们先来看一看一般生产型企业的经营过程，如图 11.1 所示。

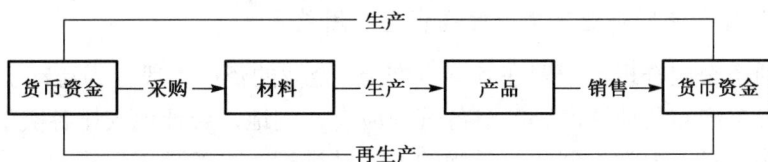

图 11.1 一般生产型公司经营流程简略图

从一般生产型企业的经营流程图中，我们可以看出，企业的经营过程就是资金的流动和转化过程。要组织生产，必须要有可以满足经营需要的资金，这些资金从哪里筹集，当资金筹集到位后，对资金如何进行投放也是必须关注的重要内容。企业进行采购，货币资金转化成为储备资金；企业组织生产加工，又将储备资金转化为生产资金和成品资金；企业进行产品销售有可能不会马上收回款项，成品资金就转化为了结算资金。经过一个完整生产经营流程后，收回货币资金面临着一个问题：是继续生产，还是向股东分配？在企业资金数量一定的情况下，某一经营环节占用资金过多，必然会影响其他环节的资金需要。同样，在企业进行项目创新时，如果占用资金超过计划，也会影响创新项目的效益和现有经营资金需求。

无论公司的经营成果是亏损还是盈利，都将会存在四个问题：①经营所需资金从哪里来？②经营过程中，在不影响正常经营前提下，如何进行有效管理，以尽可能少地占用资金？③如果公司现有业务是盈利的，是否要扩大生产规模以提高利润？是否要进行新的投资？④公司赚钱了，需要向股东分红吗？分多少合适？

财务管理就是对上述问题进行解答。因此，财务管理是指以资金和资金运动为管理对象，利用价值形式对企业各种资源进行优化配置并处理过程中与各方关系的活动，具体通过企业资金的筹集、使用、收入和分配进行预测、核算、分析、决策，促进企业各种资源有效利用，提高资金使用效率，获取最大经营。对于创新创业者来说，重视和采取有效财务管理是创新创业成功的有力保障。具体来说，企业财务管理的任务主要包括以下几个方面的内容。

1. 实行财务监督，维护财经纪律

财务监督是利用货币形式对企业的经济活动进行监督，它是通过对财务收支的审核控制和对财务指标的检查分析，及时发现生产经营活动中存在的问题，从而进行处理。

在大学生创业中，财务监督具有重要意义。一方面，财务监督可以帮助创业者在创业时期用好每一分钱，将钱花在"刀刃"上，使资产收益尽可能最大化；另一方面，财务监督对内可以最大程度地保障创业财产的安全和完整，对外可以减少违反法律法规的风险。

2. 依法合理筹集资金，满足企业资金需要

企业财务管理的首要任务就是依法从各种渠道，采用各种方式合理地筹集到所需要的资金。该项任务，一方面要正确确定企业的资金需要量，资金量不足将导致企业经营和周转陷

入举步维艰的境地，而过多的资金将造成不必要的浪费；另一方面要选择好获得资金的渠道和方式。很多时候，缺乏法律知识的创业者很难区分合法筹资与非法集资。最好多向专业人士咨询。

3. 有效地分配和使用企业资金，提高资金利用效果

企业筹集的资金应合理地配置在各项资产上。企业的资产一般分为流动资产、长期投资、固定资产、无形资产和其他资产等。财务管理应有计划地、合理地安排各类资产，使其形成合理的资产结构。对于大学生创业，最优的方式是进行"财务预算"管理，当然，内容可以由部分逐渐向全面展开、管理由粗放逐渐细化深入。

4. 分配企业收益，协调利益各方经济关系

企业的营业收入，首先应用来补偿生产中耗费的成本和费用，并要依法缴纳税金。税后利润按照规定的顺序进行分配。在分配中要妥善处理好各方面的经济关系，以充分调动创业者、职工、外来投资者等各方面的积极性。大学生在一开始创业的时候，对投资人之间利益分配就应达成一定共识，在投资协议等内容中明确利益分配的时间和方式等。

二、加强企业的财务控制

内部控制是公司所有部门的事，但如果一个企业财务管理做得不好，那它的内部控制也不会好到哪去。所以，对于创业期的公司，内部控制一定要以财务为核心，调动全员参与。创业公司的内控为什么难，主要原因还是人少、部门少，一人多岗，分工不明、职责不清、业务交叉过多，账务处理不规范、随意性大，事后又没有监督。最后，会计信息失真不说，还会给公司造成很大损失。我们一定要找到公司内控的薄弱环节，有针对性地堵住实质性漏洞。

几个辨识假发票的小技巧

1. 不相容职务分离

俗话说，一人为私，两人为公。任何事集中于一人办理都是危险的。创业公司受规模人员限制，不可能所有岗位都是专人专职，所以增加岗位互相牵制就显得尤为重要。出纳负责现金收支，就一定不能兼任做账、审核和档案保管；法人章、公司章、财务章要分别交不同的人保管（老板一个人管理当然也可以），仓库保管员就不能兼做商品明细账，总之，每项业务全程都要有两个以上的人员负责，起到互相制约的作用。

2. 减少现金交易

所有交易力求用公司基本户完成。因为通过银行账户付款是有一定流程的，只要把印鉴章管好，一个人是无法把钱转走的。同样，收款也要通过银行，不能让业务员经手现金。要做到不收现金，不付现金（若多为小额费用，可以装 POS 机），这样，年底就是不做账，打印一下对账单流水也能对企业现金流有大概的了解，还能保证真实性。

3. 规范内部审批流程

所有签批都按岗位流程运行，这样便于明确责任，事后监督。

4. 重视会计档案的保管

很多小企业不重视会计档案的保管。会计凭证只是一个记录，真正重要的是凭证后的原

始单据，因此，企业管理者应要求会计人员规范黏附凭证后该有的单据。自制的单据同样重要，要有专人保管，领收都要登记，单据要有单据号，且必须连号，这样才能方便查询，追踪流向。

5. 管好印鉴章

如果创始人不能亲自保管所有的印鉴章，那么至少公司章、财务章也要分别交给最可靠的人。财务章管的是钱，公司章管的是责任和风险。有了这两个章，公司的一般事务就不能绕过你，它们代表了权力。所以盖章一定要登记，年底把登记表看一下，就知道今年干了哪些事情，责任人是谁。

6. 加强事后监督

事后监督有很多种形式，例如，可以通过审计事务所进行年度审计；针对内控做专项检查；让个别重要岗位互换一下；年终进行财务报告分析。

三、财务管理在创业中的重要意义

财务管理是企业管理活动最重要的组成内容，但大学生在创业初期往往对财务管理认识不足，将重点放在产品的开发与经营上，忽视了财务管理在企业中的重要性，以至于成为大学生创业失败的主要原因之一。财务管理在创业中的重要意义在于以下几点。

1. 财务管理是大学生创业活动的前提和基础

大学生创办企业的前提条件之一就是必须有一定的启动资金。缺乏资金往往是大学生创业过程中普遍存在的问题，且融资能力有限。财务管理的重要职能之一就是资金管理，包括融资、财务预测与外部税务、银行的工作。企业成长的过程就是企业商品流和资金流不断循环壮大的过程。企业资金的收支，是企业经营活动的重要的、独立的一面。资金对企业的重要程度犹如人体内的血液。企业的内部财务管理，就是对企业的资金运动和价值形态的管理，主要是以成本管理和资金管理为中心，透过价值形态管理，达到对事物形态的管理。因此，财务管理是大学生创业活动的前提和基础。

2. 财务管理贯穿于大学生创业的全过程和各个方面

从预测启动资金到筹集资金，从会计账目的设立到会计信息的记录，从成本核算到流动资金的风险控制，从财务报表分析到企业的经营决策，都离不开财务管理。同时，在企业日常经营活动中，财务管理延伸到企业经营的各个角落。每一个部门、每一个职工都会通过资金的使用过程和财务部门发生联系，每一笔资金的合理使用都受到财务部门的指导和审核，受到财务制度的约束。因此，财务管理贯穿于大学生创业的全过程和各个方面。

3. 财务管理是大学生创业活动健康成长的重要保障

创业活动的好坏，最终都要反映到财务成果上来，通过财务管理可以分析企业经营活动的执行情况，也可以分析存在的问题，并能找到解决的方法。创业活动决策是否正确、经营是否合理、风险是否可控、产品是否畅销、员工是否满意，这些指标都能在企业财务指标上得到反映。因此，有效的财务管理是大学生创业活动健康成长的重要保障。

【案例 11.1】

内部控制形同虚设必成祸

某房地产有限公司成立于 2001 年 6 月 6 日，成立之初，由于专业人员紧缺，公司请总经理的侄子刘某某暂时出任下属分公司的出纳兼会计。这显然不符合不相容职务应当分离的内部控制的要求。此后，分公司有人冒充领导签字报销竟然没被发现，内部控制形同虚设的现状又为有犯罪心理的人壮了胆。2002 年 3 月，刘某某以业务招待费名义，先后十多次假冒领导签字，虚报了 2 万余元费用，竟然没有人审核，也没被发现。就在刘某某感觉良好时，他得知公司总部要来进行财务检查，十分害怕，提心吊胆地过了一段日子，后来见没有动静，又把心放了下来。到了 2002 年 9 月，刘某某利用正常的施工费，涂改了"工时付款会签单"，虚加了 1.95 万元的金额，在假冒总经理签名后，他将单子分别交给公司近十个部门的负责人审批。或许是见总经理签了名，整个审批过程就像一条顺畅的流水线，无遮无拦。凭着这张"手续齐备"的会签单，刘某某堂而皇之地从公司财务部开取了支票，又到自己朋友开的一家装潢公司套取了第一笔现金 1.95 万元。1.95 万元在投进地下赌场后没多久就输光了。失去理智和判断力的刘某某如法炮制，先后套取现金 80 余万元，且数额一次比一次大，其中最大的一笔达 40 万元。除此之外，他还挪用了由他保管的十余万元备用金。随着亏空的增大，刘某某的心理压力越来越大。连续高额赌注的赌博没进行多久，他就输光了 90 多万元的公款。最后，刘某某被法院以贪污罪、挪用公款罪判处有期徒刑 18 年，没收财产、人民币 10 万元。

【导师点评】

从案例 11.1 可以看到，该公司内部会计失控的现状与刘某某胆大妄为的违法行为是有一定关系的。事实上，在内部财务管理十分严密的企业里，一个出纳员的权力是十分有限的。制约一个出纳员的内控措施主要有四种。

（1）原始凭证必须由事先授权的专职人员负责保管；凡未经过审核的原始凭证，不得编制记账凭证，不得据以办理收支。出纳员无权更改文字、数字、金额，如发现错误，应退还审核人处理。

（2）外来的原始凭证（如发票、收据等）必须附有自制的原始凭证（如验收单、入库单等），两者必须一致，未附内部经办部门或经办人员签证自制凭证的外来原始凭证，不得据以编制记账凭证，不得据以办理现金收支。

（3）出纳员一般不得负责审核与编制记账凭证，更不能兼管会计。只有收付款凭证经过制单人、审核人、财务主管签章后，出纳员才能据以登记现金日记账、银行存款日记账或收支日报表。

（4）财务印章应实行分管，出纳只管其中之一。在签发支票时，应实行会签制度。

第二节　　做好创业财务预测和分析

在创业阶段预测业务收入和成本与其说是一门学问，不如说是一种艺术。许多创业者抱怨：建立具有任何准确度的预测都会花费大量时间，这些时间原可以用于销售。但如果你不能提供一套周密预测的话，很少会有投资者投钱给你。更重要的是，合理的财务预测会帮助你制定和运行各种计划，有助于公司的成功。

一、创业财务预测的目的

1. 财务预测是融资计划的前提

企业要对外提供产品和服务，必须要有一定的资产。销售增加时，要相应增加流动资产，甚至还需增加固定资产。为取得扩大销售所需增加的资产，企业要筹措资金。这些资金，一部分来自保留盈余，另一部分通过外部融资取得。通常，销售增长率较高时，保留盈余不能满足资金需要，即使获利良好的企业也需外部融资。说到对外融资，就需要寻找提供资金的人，向他们作出还本付息的承诺或提供盈利前景，并使之相信其投资是安全的并且可以获利，这个过程往往需要较长时间。因此，企业需要预先知道自己的财务需求，提前安排融资计划，否则就可能发生资金周转问题。

2. 财务预测有助于改善投资决策

根据销售前景估计出的融资需求不一定总能被满足，因此，就需要根据可能筹措到的资金来安排销售增长，以及有关的投资项目，使投资决策建立在可行的基础上。

3. 预测的真正目的是有助于应变

财务预测与其他预测一样，都不可能很准确。从表面上看，不准确的预测只能导致不准确的计划，从而使预测和计划失去意义。其实并非如此，预测给人们展现了未来的各种可能的前景，促使人们制定出相应的计划。预测和计划是超前思考的过程，其结果并非仅仅是一个资金需要量数字，还包括对未来各种可能前景的认识和思考。预测可以提高企业对不确定事件的反应能力，从而减少不利事件出现带来的损失，增加利用有利机会带来的收益。

二、现金流是财务预测的核心内容

创业企业里最重要的财务预测是现金流预测。

现金流预测是对未来几个月或未来几个季度内企业资金的流出与流入进行预测。其目的是合理规划企业现金收支，协调现金收支与经营、投资、融资活动的关系，保持现金收支平衡和偿债能力，同时也为现金控制提供依据。企业初创，在未有营业收入之前，企业必须要有足够的资金来支付日常的运行，一直支撑到公司产生销售收入、产生现金流的流入为止。要是自备的资金难以为继，创业者就必须想方设法进行融资，让投资款流进企业的账上，这样才能保持创业企业的生存发展。

总之，现金流是创业公司的命脉，现金流决定着初创企业的生死存亡。在一个初创企业中，无论有多好的产品、多么出色的团队、多么杰出的创业者，要是现金流断了，初创企业必失血而死。

三、财务预测的基本步骤

第一步：收入的基本假设。

预测收入需要有产品/服务的定价、客户人数。

产品/服务的定价：无论企业做的是产品还是服务，都得有基本的定价（与同类商品进行比较）。

客户人数：预测目标客户是哪些，潜在客户有多少。

时间框架：一般来说，投资人会要求你必须做 3～5 年的预测。创业企业的财务预测最忌讳按年来计算，因为大多数的创业企业的寿命都比较短，所以创业企业的财务预测必须采用月来计算。按月做出来的财务预测不仅可以拿出来和投资人讨论细节，令人信服，更重要的是，还可以用它来对照和指导企业每个月的日常运营。如果企业在每个月都能达到预测的程度，到了年底，完成整年计划就不在话下了。

第二步：计算成本。

在创业阶段，预测成本比预测收入容易得多。比如，固定成本/一般管理费用包括租金、公共费用支出（水电煤气费）、电话费/通信费、会计费、法律/保险/许可费、邮费、技术、广告/营销、工资等；可变成本则包括已销售商品成本、材料和供应、包装等；还有直接人工成本。

预测成本时应该遵循以下几点：由于广告和营销成本总是超出预期，应该加倍进行预计；由于法律/保险/许可费用没有经验可参考，而且总是超出预期，可用 3 倍进行预计；记录直接销售和客户服务的时间，将它们作为直接人工成本。

第三步：分析和调整。

平衡收入计划和成本计划的最佳办法是通过一系列的关键比率进行检查。

（1）毛利率：毛利率是毛利与销售收入（或营业收入）的百分比，其中毛利是收入和与收入相对应的营业成本之间的差额。毛利率反映的是一个商品经过生产转换内部系统以后增值的那一部分。也就是说，增值越多，毛利自然就越多。比如，产品通过研发的差异性设计，对比竞争对手增加了一些功能，而边际价格的增加又为正值，这时毛利也就增加了。

（2）营业利润率：营业利润率是指企业的营业利润与营业收入的比率。它是衡量企业经营效率的指标，反映了在考虑营业成本的情况下，企业管理者通过经营获取利润的能力。随着收入的增长，一般管理成本应该占总成本的一小部分，营业利润率应该提高。

（3）企业增长率：企业增长率是指企业的发展速度，是现期收益和上期收益之比，环比可预测企业的增长能力。

创业企业的财务预测也不是一成不变的，每个月都应该进行仔细的对照和监控，要根据运营情况相应地进行调整，使之更符合现实、更加优化，如果实际情况和预测总是相差甚远，要及时找出原因，使情况迅速好转。

【案例 11.2】

巨人倒塌成为全国"首负"

1994 年年初，巨人大厦动工，计划 3 年完工。巨人集团在珠海获得了 9 万平方米土地，史玉柱当选中国十大改革风云人物。然而史玉柱好大喜功，最后要建 78 层当时中国第一高楼，史玉柱的欲望不断膨胀带来了巨人崩盘的后果。初始设计 18 层，最后加码到 78 层，地基大坑一再加深，当时销售良好的脑黄金每月几千万的利润全部填进去也于事无补，那个吸金黑洞太大了，这成了巨人集团不能承受之重。

资金链断裂、欠下诸多供货商贷款，最后被告上法院。法庭应众多中小业主要求诉前保金，给巨人大厦贴上了封条……因为巨人大厦的"倒塌"，史玉柱自己成为中国"首负"，负债 2.5 亿元。

【导师点评】

1997 年以前，巨人集团采取了多元化发展战略，在 IT、医药保健品、房地产等若干行业同时发展，结果因为管理不善、资金链断裂而导致经营失败，标志性的事件就是"巨人大厦"停建，史玉柱本人成为当时中国最大的债务人。这个案例提醒创业者一定要注意资金的流动性，不能盲目扩张，算好收入支出两本账，防止入不敷出、资金链断裂，使企业经营难以为继。

第三节　学会财务报表分析

一、财务报表分析概述

财务报表是企业财务状况和财务成果的载体，集中反映了企业的经营成果和财务现状。通过对财务报表的分析，我们可以对前期经营管理进行总结，还可以对今后一个阶段工作进行安排。

企业财务分析的主要目的在于：①揭示和评价企业的财务状况，对企业的未来发展趋势进行预测，为企业投资者的投资决策、债权人的贷款决策和企业管理者制定财务方针和政策提供依据；②考核企业一定时期的经营成果及整体经营目标的完成情况，找出存在的问题，以帮助管理者发现和解决问题，改善管理。

财务分析的主要内容包括事前决策分析、事中控制分析和事后评价分析等几个方面。

1. 事前决策分析

事前决策分析是指依照财务活动的一般规律，利用有关资料，对未来财务事项的过程和结果进行合理预计，并作出最佳决策与规划。事前决策分析的主要内容有以下三个方面。

（1）筹资决策分析。筹资决策分析主要是企业对未来的资金需要量、取得渠道、相应的资金成本等内容进行预测分析，并在此基础上对资金筹集规模、资本结构等进行事先规划。

（2）投资决策分析。投资决策分析主要是对资金的使用情况进行预测和规划，包括资金在生产经营过程中的使用规划和对外投资的预测。

（3）经营决策分析。经营决策分析是对经营过程中产品更新、设备更新或租赁等问题进行分析，并依据分析结果确定最优方案。

2．事中控制分析

事中控制分析是指在企业财务预算或执行过程中，及时把握进展情况，并与预算或计划进行对比，以便发现差异，找出原因，及时调整和修正，确保预算和计划的落实。

3．事后评价分析

事后评价分析是在企业一定时期的生产经营活动和财务活动完成后，对实施结果所进行的分析，如对企业的盈利能力分析、营运能力分析、偿债能力分析和发展能力分析等。

二、偿债能力分析

偿债能力是指企业偿还到期债务的能力，是企业财务分析的一个重要方面。企业保持适当的偿债能力，具有重要的意义。由于债务按到期时间分为短期债务和长期债务，所以偿债能力分析也分为短期偿债能力分析和长期偿债能力分析。

（一）短期偿债能力分析

短期偿债能力是指企业偿付流动负债的能力，反映短期偿债能力的指标主要有以下四个。

1．流动比率

流动比率是企业流动资产与流动负债的比率。其计算公式如下：

$$流动比率 = \frac{流动资产}{流动负债}$$

流动比率表明企业1年内每1元流动负债有多少流动资产作为偿债保障。因此，这个比率越高，说明企业流动负债得到偿还的保障越大。但是，过高的流动比率在很大程度上说明了企业流动资产占用的资金过多，企业未能有效地利用资金，可能会影响企业的获利能力。流动比率是相对数，排除了企业规模不同的影响，更适合同业比较和本企业不同历史时期的趋势分析，且计算简单。

2．速动比率

速动比率是指速动资产与流动负债的比值。其计算公式如下：

$$速动比率 = \frac{速动资产}{流动负债}$$

其中，速动资产是指流动资产减去存货、待摊费用、待处理流动资产损失和预期不能收回的应收账款等后的余额。一般来说，速动比率越高，说明资产的流动性越好，短期偿债能力越强。

3．现金比率

现金比率是指现金资产与流动负债的比值。该比率反映了企业的直接偿付能力。其计算公式如下：

$$现金比率 = \frac{现金资产}{流动负债}$$

其中，现金资产包括货币资金和交易性金融资产等，是本身就可以直接偿债的资产。较之流动比率和速动比率，现金比率是更为保险地衡量短期偿债能力的指标。该指标越高，企业的偿债能力就越强，反之，越低。但该指标也不能过高，过高可能表明企业过多拥有获利能力较低的现金资产，企业资产未得到充分利用。

4. 现金流量比率

现金流量比率是企业经营活动现金净流量与流动负债的比值。其计算公式如下：

$$现金流量比率 = \frac{经营活动现金净流量}{流动负债}$$

其中，企业经营活动现金净流量，通常使用现金流量表中的"经营活动产生的现金流量净额"。现金流量比率表示每 1 元流动负债的经营活动现金流量保障程度。此指标越高，企业偿债能力越强。

（二）长期偿债能力分析

长期偿债能力是指企业偿还长期负债的能力，企业的长期负债包括长期借款、应付长期债券、长期应付款及其他长期负债。反映长期偿债能力的指标主要有以下三个。

1. 资产负债率

资产负债率是指企业负债总额与资产总额的比值。其计算公式如下：

$$资产负债率 = \frac{负债总额}{资产总额}$$

资产负债率反映企业总资产中有多大比例是通过负债取得的，可以衡量企业在清算时保护债权人利益的程度。同时，该指标也反映了企业的资本结构状况，直接表现了企业的财务风险大小。该指标越高表明企业偿债能力越差，反之，偿债能力越强。

2. 利息保障倍数

利息保障倍数是指息税前利润与利息费用的比值。其计算公式如下：

$$利息保障倍数 = \frac{息税前利润}{利息费用} = \frac{净利润 + 利息费用 + 所得税费用}{利息费用}$$

值得注意的是：式中分子和分母中的"利息费用"是不相同的，分子中的"利息费用"是利润表中的财务费用的利息费用，而分母中的利息费用不仅包括财务费用的利息费用，还包括资本化的利息，因为这部分利息同样是企业应支付的，在衡量企业付息能力时也要考虑进去。

利息保障倍数反映了企业一定时期经营收益是所需支付债务利息的倍数，揭示了企业债务利息的支付能力，同时也有助于揭示企业偿还全部负债的能力。该指标越大，说明企业支付利息的能力越强，风险越小；反之，偿债能力就越差。一般来说，该指标至少要大于 1，否则，表明企业经营收益不能支持现有的债务规模。

3. 经营流量债务比

经营流量债务比是指经营活动现金流量与负债总额的比值。其计算公式如下：

$$经营流量债务比 = \frac{经营活动现金流量}{负债总额}$$

该指标说明了企业经营活动创造的现金流量对企业负债的保障能力。该指标越大，说明企业经营活动创造现金的能力越好，现金对企业负债的偿付能力越强。

三、企业营运能力分析

企业营运能力分析是指对企业资金周转状况进行的分析，对此进行分析，可以了解企业对资产的管理是否有效，即企业运用资产赚取收入的能力高低。通常来说，资金周转得越快，说明资金利用效率越高，企业的资产管理水平越好，运用资产赚取收入的能力也就越高。营运能力分析主要包括总资产周转、流动资产周转和固定资产周转三个方面的内容。其中流动资产周转情况分析主要涉及流动资产周转率、应收账款周转率和存货周转率的分析。

1. 总资产周转率

总资产周转率是企业一定时期内销售收入与平均资产总额的比值，反映企业的总营运能力。其计算公式如下：

$$总资产周转率（次数）=\frac{销售收入}{平均资产总额}$$

式中，销售收入为销售收入净额，即扣除了销售退回、销货折扣及折让后的金额。

反映企业总资产周转速度的另一个指标为总资产周转天数，其计算公式如下：

$$总资产周转天数=\frac{计算期天数}{总资产周转次数}$$

总资产周转次数和总资产周转天数从不同的角度反映资金的周转速度，前者是正指标，一定时期内总资产周转次数越多，表明周转速度越快；后者为逆指标，周转一次所需天数越少，则周转速度越快。企业的销售能力越强，则总资产周转速度越快。企业可以通过薄利多销的办法，加速资产的周转速度，以使利润的绝对额增加。

2. 流动资产周转率

流动资产的周转速度也可以用流动资产周转率和流动资产周转天数两个指标来反映。其计算公式如下：

$$流动资产周转率（次数）=\frac{销售收入}{流动资产平均余额}$$

$$流动资产周转天数=\frac{计算期天数}{流动资产周转次数}$$

流动资产周转速度快，会相对节约流动资金，等于相对扩大了资金投入，能够增强企业的盈利能力。

3. 应收账款周转率

应收账款周转率是一定时期赊销收入净额与应收账款平均余额的比率。它反映了企业应收账款变现速度和管理效率。其计算公式如下：

$$应收账款周转率（次数）=\frac{赊销收入净额}{应收账款平均余额}$$

反映应收账款周转速度的另一个指标是应收账款周转天数，也称为应收账款平均收账期。其计算公式如下：

$$应收账款周转天数=\frac{计算期天数}{应收账款周转次数}$$

一般情况下，周转次数越多或周转 1 次所需的天数越少，表明应收账款周转越迅速，流动性越强，应收账款的管理成本越低。

4. 存货周转率

存货周转率是企业一定时期的销售成本与平均存货的比值。其计算公式如下：

$$存货周转率（次数）=\frac{销售成本}{平均存货额}$$

同样，存货周转状况也可用存货周转天数来表示。其计算公式如下：

$$存货周转天数=\frac{计算期天数}{存货周转次数}$$

存货周转率表示一定时期内存货周转的次数，它是衡量和评价企业购入存货、投入生产、销售收回等各环节管理状况的综合性指标。正常情况下，企业存货周转速度越快或周转 1 次所需的天数越少，表示对存货的投资越少，效率也就越高；存货周转率偏低则表示企业库存管理不力，销售不畅，存货积压。

5. 营业周期

营业周期是指从取得存货开始到销售存货并收回现金为止的这段时间。营业周期的长短取决于存货周转天数和应收账款周转天数，其计算公式如下：

$$营业周期=存货周转天数+应收账款周转天数$$

将存货和应收账款的周转天数加在一起计算营业周期，指的是需要多长时间能将期末存货全部变为现金。一般情况下，营业周期越短，说明资金周转速度越快，反之，说明资金周转速度越慢。

6. 固定资产周转率

固定资产周转率是指销售收入与固定资产平均净值的比值。其计算公式如下：

$$固定资产周转率（次数）=\frac{销售收入}{固定资产平均净值}$$

固定资产周转率反映了企业一定时期固定资产的周转能力和利用水平。一般情况下，固定资产周转率越大，表明每 1 元固定资产资金的平均占用能为企业创造更多的销售收入。当然，如果企业根据其发展战略进行较大规模的固定资产更新改造投资，会使企业的固定资产周转率有所下降，这是合理的现象。

四、盈利能力分析

盈利能力是指企业赚取利润的能力。盈利是企业的重要经营目标，一般情况下，企业的经营业绩最终都是通过企业的盈利能力来反映。无论是企业的管理者、债权人，还是投资者，都非常关心企业的盈利能力，因为股东以股利形式获取的收入来自利润，债权人获得本息偿还的主要资金来源之一也是利润，而管理者则用利润作为业绩的一个重要的衡量标准。

企业盈利能力分析主要包括资产经营盈利能力、权益资本经营盈利能力、商品经营盈利能力和上市公司盈利能力四个方面。具体有以下四个指标。

1. 总资产收益率

总资产收益率或总资产报酬率是评价企业资产经营盈利能力的主要财务指标，即企业在一定时期内的净利润与平均资产总额的比值。其计算公式如下：

$$总资产收益率 = \frac{净利润}{平均资产总额}$$

该指标反映企业总资产的综合利用效果，也是衡量企业利用债权人债权和所有者权益所取得盈利的重要指标。这一指标越高，说明企业的获利能力越强。

2. 净资产收益率或股东权益报酬率

净资产收益率或股东权益报酬率是评价企业权益资本经营盈利能力的主要财务指标，即企业净利润与净资产（或股东权益）的比值。其计算公式如下：

$$净资产收益率 = \frac{净利润}{平均净资产}$$

该指标是反映企业盈利能力的核心指标，表明每用企业自己的 1 元钱所获得的净收益，反映了企业所有者（股东）在公司的投资是否获得了足够的收益。该指标越高，表明股东投资的收益水平越高，企业获利能力越强。

3. 销售净利率和销售毛利率

销售净利率是评价企业商品经营盈利能力的主要财务指标，即企业一定时期内的净利润与销售收入净额的比值。其计算公式如下：

$$销售净利率 = \frac{净利润}{销售收入}$$

该指标反映每 1 元销售收入带来的净利润是多少，表示销售收入的收益水平。该指标越大，说明企业的盈利能力越强。

评价企业商品经营盈利能力的另一个指标为销售毛利率，是企业一定时期内的销售毛利与销售收入净额的比值。其计算公式如下：

$$销售毛利率 = \frac{销售收入 - 销售成本}{销售收入}$$

销售毛利率是销售净利率的基础，没有足够的毛利率，企业就不能盈利，因为企业的销售收入除了要补偿销售成本外，还必须补偿税金和期间费用等。

4. 盈余质量评价指标

（1）净利润现金保障程度。该指标反映净利润中现金收益的比重，一般而言，该指标应当大于 1（当利润大于 0 时）。其计算公式如下：

$$净利润现金保障程度 = \frac{经营现金净流量}{净利润}$$

（2）营业利润现金保障程度。经营现金流量和营业利润都对应于公司正常经营活动，因此有较强的配比性。该比率大于 1 时，说明企业销售现金回笼比较好，企业的盈利质量比较高。其计算公式如下：

$$营业利润现金保障程度 = \frac{经营现金净流量}{营业利润}$$

五、财务报表的综合分析

对企业的总体财务状况和经营业绩进行全面评价时，目前，人们多数采用杜邦财务分析体系进行分析。

财务分析中，净资产收益率指标也是一个综合性很强的指标，是杜邦分析体系的起始指标，它可通过进一步分解为以下版式：

$$净资产收益率 = \frac{净利润}{平均净资产} = \frac{净利润}{平均资产总额} \times \frac{平均资产总额}{平均净资产}$$
$$= 总资产收益率 \times 平均权益乘数$$

而

$$总资产收益率 = 销售净利率 \times 总资产周转率$$

因此，

$$净资产收益率 = 销售净利率 \times 总资产周转率 \times 平均权益乘数$$

由此可见，影响企业净资产收益率的因素主要有销售净利率、总资产周转率和平均权益乘数。影响总资产收益率的驱动因素有两个，一个是总资产周转率，另一个是销售净利率。

$$总资产收益率 = \frac{净利润}{平均资产总额} = \frac{净利润}{销售收入} \times \frac{销售收入}{平均资产总额}$$
$$= 销售净利率 \times 总资产周转率$$

总资产周转率是每 1 元资产创造的销售收入，销售净利率是每 1 元销售收入创造的净利润，两者共同决定了总资产收益率。

杜邦财务分析体系也称杜邦财务比率分析综合模型，是一个以所有者权益收益率为龙头，以总资产收益率为核心的完整的财务指标分析体系（图 11.2），利用各个主要财务比率之间的内在联系，综合地分析和评价企业财务状况和盈利能力的方法。

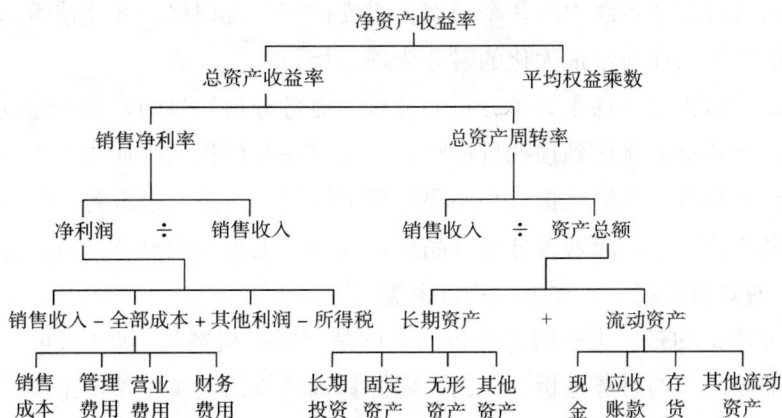

图 11.2 杜邦财务分析体系图

（1）在这个体系中，最上层是所有者权益收益率指标，即净资产收益率，它反映了投资人全部投入资本取得的净收益水平，是所有比率中综合性最强、最具代表性的一个指标。该指标首先可分解为两个指标——总资产收益率和平均权益乘数，也就是说，净资产收益率主要受总资产收益率和平均权益乘数两个因素的影响，其计算公式如下：

$$净资产收益率 = 总资产收益率 \times 平均权益乘数$$

（2）总资产收益率反映了企业全部资产的创利能力，是说明企业经营效率和盈利能力的最好指标，它又受销售利润率和总资产周转率两个因素的影响，其计算公式如下：

$$总资产收益率 = 销售净利率 \times 总资产周转率$$

（3）平均权益乘数取决于企业全部资产中负债（或所有者权益）的份额。通常财务比率都是除数，除数的倒数叫乘数。权益除以资产是资产权益率，权益乘数是资产权益率的倒数。其计算公式为

$$平均权益乘数 = \frac{平均资产总额}{平均所有者权益} = 1 \div \left(\frac{平均所有者权益}{平均资产总额} \right)$$
$$= 1 \div (1 - 平均资产负债率)$$

权益乘数表示企业的负债程度，权益乘数越大，表明企业负债比例就越大，说明企业较好地利用了财务杠杆为企业取得利益，同时也给企业带来了较大的财务风险。

综合上述内容，我们可以看出，权益净利率受三个因素的影响，其计算公式如下：

$$净资产收益率 = 销售净利率 \times 总资产周转率 \times 平均权益乘数$$

（4）销售利润率取决于企业实现的销售收入和净利润之间的关系，而净利润主要取决于销售收入和总成本费用。总资产周转率取决于销售收入与总资产之间的关系，而总资产的周转，既涉及流动资产，也涉及非流动资产。

销售利润率反映了企业的财务成果；总资产周转率反映了企业经营效率；权益乘数反映了资产负债情况。由此可见，杜邦财务分析体系将反映企业财务状况、经营成果和经营效率的财务指标有机地结合在一起。从杜邦财务分析体系图中可以看出，所有者权益利润率与企业销售规模、成本费用水平、资产营运、资本结构有着密切的关系，这些因素构成一个相互依存的系统。只有将这个系统内的各个因素关系安排好、协调好，才能使所有者权益利润率达到最大，才能实现企业财富最大化的财务管理目标。

财务分析工作最大的忌讳是为了分析而分析。财务分析的目的，在于通过分析寻求效益增加点。例如，当效益未能达到预期目标时，通过财务分析找到"症结"点——为什么没能完成预期目标，并且务必是量化指标，还要对症下药找出对策以求改善；如果在现有经营上想调整经营品种或范围时，应通过分经营品种（或经营范围）的财务分析，分析各经营品种（或经营范围）的效益贡献率，并据此进行调整。

另外，需要谨记的是，上述财务分析的基础是"财务资料"，包括账页、合同等，因此如果要进行详细而深入的财务分析，应当先做好基础资料的收集和整理工作，会计核算时也应有一定预见性。比如，如果需要按品种进行财务分析，我们就应按产品品种进行收入成本等会计核算。

【案例 11.3】

康宁玻璃公司的成本控制

20 世纪 80 年代末期，美国康宁玻璃公司被迫深入检讨成本。由于业绩每况愈下，公司因而裁减工人，并裁减 25％ 的管理人员。但这项"减肥"措施却于事无补，因为公司只裁掉人员，却未裁减任何工作。等到该公司开始检讨真正的成本后，就有了一个有趣的发现，很多会计系统并未找出隐藏性成本。排名靠后的 50％ 产品项目，只带来 37％ 的营业收入。康宁公司取消各种"低价值"的活动——不必要的报表、耗时的会议及无利可图的产品，并且重新安排员工从事高价值的活动。结果，成本得到控制，产品和服务品质大有改善。

【导师点评】

加强成本管理，企业必须知道什么是真正的成本。创业者要知道，员工也应当知道。因为控制成本不是一个人的事。有一个企业以前没有详细分析每一种零件的成本，员工在把零件丢到废料桶时，根本不知道造成了多少损失。而让员工知道每个零件的成本后，他们就会想办法降低成本。更重要的是，企业一旦知道真正的成本之后，大家就可以消除附加价值不高的工作，或是以更妥善的方式来进行处理，成本管理就变成了"标准作业程序"。

第四节 做好企业税收筹划

进行创业，获取利润是创业者的目的之一。国家税法规定，依法向国家缴纳有关税收是企业的义务，而利润是收入扣除所有的成本开支后的净额，因此，如果能合理、合法地少缴税，无疑会增加企业的利润。

漏税、避税和逃税的本质区别——合法很重要！

一、税收筹划的概念和特点

（一）概念

税收筹划，是指在税法规定的范围内，通过对经营、投资、理财等活动的事先筹划和安排，尽可能地获得"节税"的税收利益。税收筹划的方向，应当符合税收政策法规的导向；税务筹划的行为，只有在投资理财活动之前才是有效的；税收筹划的目标，使纳税人的税收利益最大化。因此，税收筹划的前提条件是必须符合国家法律及税收法规。

（二）特点

税务筹划具有以下特点。

1. 合法性

税法是处理征纳关系的共同准绳，税收筹划是在完全符合税法、不违反税法的前提下进行的，是在纳税义务没有确定、存在多种纳税方法可供选择时，企业作出缴纳较低税负的决策。这也是税收筹划与偷税漏税本质上的不同之处。

2. 超前性

税收筹划一般都是在应税行为发生之前进行谋划、设计、安排的，是事先测算企业税务筹划的效果，因而具有一定的超前性。在应税行为发生之前，纳税人通过充分了解现行税法知识和财务知识，结合企业经营活动进行有计划的规划、设计、安排来寻求未来税负相对最轻、经营效益相对最好的决策方案的行为，是一种合理合法的预先筹划，具有超前性特点。如果这些经济活动已经发生，应纳税率、税款就已经确定，再去"谋求"少缴税款，也就不属于税收筹划行为，而是税收违法行为。

3. 专业性

税收筹划作为一种综合的经济管理活动，所采用的方法是多种多样的。从筹划环节上看，包括预测、决策、规划等方法；从学科上看，包括统计学、运筹学及会计学等学科的方法。更重要的是，税收筹划需要对我国相关财税法律、法规进行比较深入的理解和研究。因此，税收筹划是一项专业性很强的业务活动。

4. 目的性

纳税人对有关行为的税收筹划是围绕某一特定目的进行的。税收筹划的目标不会是单一的目标，而可能是一组目标；直接减轻税收负担是税收筹划产生的最初原因，是税收筹划最本质、最核心的目标。此外，税收筹划还包括延缓纳税、无偿使用财政资金以获取资金时间价值等目标。

5. 筹划过程的多维性

从时间上看，税收筹划贯穿于企业经营活动的全过程，任何一个可能产生税金的环节，均应进行税收筹划。从空间上看，税收筹划活动不仅限于企业现有经营活动，还涉及将来需投资的业务。

二、税收筹划的基本方法

税收筹划的基本方法有许多种，主要包括免税、减税、税率差异、税额抵扣、抵免、延期纳税和税收优惠政策等。在具体操作中，这些方法并非一成不变，而是可以相互转化的。

（一）免税

免税，又称税收免除，是税务机关按照税法规定免除全部应纳税款，是对某些纳税人或征税对象给予鼓励、扶持或照顾的特殊规定，是世界各国及各个税种普遍采用的一种税收优惠方式。它是国家对特定地区、行业、企业、项目或情况，给予纳税人完全免征税收优惠或奖励的一种措施。免税一般可以分为法定免税、特定免税和临时免税三种。在这三种免税中，法定免税是主要方式，其他两种免税是辅助方式，是对法定免税的补充。

（1）法定免税，是指由税法规定的免税条款，主要是从国家（或地区）国民经济宏观发展及产业规划的大局出发，对一些需要鼓励发展的项目或关系社会稳定的行业领域，所给予的税收扶持或照顾，具有长期的适用性和较强的政策性。《中华人民共和国增值税暂行条例》第十五条规定，对农业生产单位和个人销售自产初级农产品免征增值税。在运用免税的过程中，应注意在合理合法的情况下，尽量使免税期延长。免税期越长，节减的税就越多。同时，还要尽量争取更多的免税项目。

（2）特定免税，是根据一定时期内国家的政治、经济情况，以及贯彻某些税收政策的需要，对国内某地区或者某行业的个别、特殊的情况专案规定的免税条款。特定免税，一般是在税法中不能或不宜一一列举而采用的政策措施，或者是在经济情况发生变化后作出的免税补充条款。要获得特定免税，一般都需要纳税人首先提出申请，提供符合免税条件的有关证明文件和相关资料，经当地主管税务机关审核或逐级上报最高主管税务机关审核批准，才能享受免税的优惠。

（3）临时免税，是个别纳税人因遭受特殊困难而无力履行纳税义务，或因特殊原因要求减除纳税义务的，对其应履行的纳税义务给予豁免的特殊规定。通常是定期的或一次性的免税，具有不确定性和不可预见性。例如，《企业所得税暂行条例》规定，企业遇有风、火、水、震等严重自然灾害，纳税确有困难的，经主管税务机关批准，可免征所得税一年。

（二）减税

减税，或者称为税收减征，是按照税收法律、法规减除纳税人一部分应纳税款，是对某些纳税人、征税对象进行扶持、鼓励或照顾，以减轻税收负担的一种特殊规定。税收减征，分统一规定减征和临时申请批准减征两种。其中统一规定减征，在税收基本法规中列举，或者由国务院、财政部或国家税务总局作出统一规定。临时申请批准减征，则是由纳税人提出申请，然后由主管税务机关按照税收管理体制规定，报经有权批准减免的部门批准后执行。税收减征的具体方法又可分为税额比例减征、税率比例减征、降低税率和优惠税率等几种。

（1）税额比例减征，是指按照税收法律、法规的规定，计算出应纳税额减征的一定比例，以减少纳税人应纳税额的一种方法。例如，《个人所得税法》第三条规定，稿酬所得按应纳税额减征30%的个人所得税。

（2）税率比例减征，是指按照税法规定的法定税率或法定税额标准减征一定比例，计算出减征税额的一种方法。例如，按照《财政部、国家税务总局关于对低污染排放小汽车减征消费税的通知》（财税字（2000）26号）文件规定，从2000年1月1日起，对生产销售达到低污染排放极限的小轿车、越野车和小客车，按法定税率减征30%的消费税。

（3）降低税率，是指采用降低法定税率或税额标准的方法来减少纳税人的应纳税额。例如，2008年10月，上海市公布了《关于促进本市房地产市场健康发展的若干意见》，并列出了14条意见和优惠政策。其中就有减税政策，对个人首次购买90平方米及以下普通住房的，契税税率暂统一下调到1%，首次购房证明由市房地产交场中心出具。

（4）优惠税率，是指在税法规定某一税种的基本税率的基础上，对某些纳税人或征税对象再规定一个或若干个低于基本税率的税率，以此来减轻纳税人税收负担的一种减税方法。

在运用减税时，应该在合理合法的情况下，尽量使减税期最长化，减税时间越长，节减得税收越多；应尽可能多地利用减税项目，提高节税效益。

（三）税额抵扣

该方法是指纳税人按照税法规定，在计算缴纳税款时对于以前环节缴纳的税款准予扣除的一种税收优惠。税额抵扣是对已缴纳税款的全部或部分抵扣，是一种特殊的免税、减税，因而又称为税额减免。税额扣除与税项扣除不同，前者从应纳税款中扣除一定数额的税款，后者是从应纳税收入中扣除一定金额。因此，在数额相同的情况下，税额抵扣要比税项扣除少缴纳一定数额的税款。我国现行税制对增值税、消费税、资源税、所得税等税种也采用了税额扣除的规定。

需要注意的是，并非所有的税额抵扣都能实现税负最小化的目标。例如，我国增值税一般纳税人的增值税率为 17%，并实行进项税额抵扣的计算方法，而小规模纳税人实行的是按销售额的 3% 计算应纳增值税（不再进行抵扣）。选择一般纳税人计税（实行税额抵扣）还是小规模纳税人计税（不实行税额抵扣），关键是要看产品的销售毛利润率。假设企业产品销售单价为 P，销售成本为 C，小规模纳税人需要缴纳的增值税款为 T，则

$$T = P \times 3\%$$

假设一般纳税人的成本均可取得进项增值税，则销售产品应缴的增值税额为

$$T = (P - C) \times 17\%$$

假定无论作为一般纳税人还是小规模纳税人，其所缴纳税款均相同，则

$$(P - C) \times 17\% = P \times 3\%$$

经简化，可得

$$\frac{P - C}{P} = \frac{3\%}{17\%} \approx 17.65\%$$

即当产品销售毛利率为 17.65% 时，两者所缴税款一致；当产品销售毛利率低于 17.65% 时，增值税一般纳税人所缴税额较低（抵扣方式可降低税负）；当产品销售毛利率高于 17.65% 时，增值税小规模纳税人则税负较低一些。

（四）延期纳税

延期纳税，就是纳税人应纳税款的部分或全部税款的缴纳期限适当延长的一种特殊规定。这种纳税筹划只是相对节省税款，并不是真正意义上的绝对少纳税。延期纳税，利用了税款的时间价值，相当于得到了一笔无息贷款，可以增加纳税人本期的现金流量，有可能给纳税人带来更大的资本增值机会。为了照顾某些纳税人缺乏资金或其他特殊原因造成的缴税困难，许多国家都在税法中规定了有关延期缴纳的税收条款。有的是对某个税种规定准予缓税，有的则是对所有税种规定准予缓税。例如，我国《税收征收管理法》第三十一条规定："纳税人因有特殊困难，不能按期缴纳税款的，经省、自治区、直辖市国家税务局、地方税务局批准，可以延期缴纳税款，但是最长不得超过三个月。"经税务机关批准延期缴纳税款的，在批准期限内，不加收滞纳金。

为支持大学生创业，国家和各级政府出台了许多优惠政策，涉及融资、开业、税收、创业培训、创业指导等诸多方面。对打算创业的大学生来说，了解这些政策，才能走好创业的第一步。

思考题：

1. 为什么说创业的全过程也是理财的全过程？

2. 你现在手里只有部分创业资金，请问你如何发挥这部分资金的杠杆作用？

3. 创业中如何防范财务风险？

4. 为什么说重视现金流就是重视企业的生命线？

5. 了解一下国家和地方对大学生创业有哪些税收优惠。

资料参阅及链接：

阿德尔曼. 2012. 创业财务[M]. 北京：清华大学出版社.

冯静. 2002. 创业失败的财务理由[J]. 科技创业，（8）:74-75.

谷微黄. 2012. 给创业者的六条管理忠告[J]. 中国大学生就业，（23）:26-27.

李宏. 2010. 浅谈企业财务预测管理体系[J]. 科技资讯，（28）:72.

孟水凤. 2015. 财务管理在大学生创业过程中的运用[J]. 品牌，（4）:63-65.

邱楷能，王林. 2016. 创业者要懂的 24 堂财务管理课[M]. 北京：人民邮电出版社.

田琼，张锦松. 2015. 大学生创业企业财务管理中的问题与对策[J]. 中国乡镇企业会计，（8）:134-135.

王明燕. 2016. 创业风险的影响因素——创业者财务管理微探[J]. 江苏商论，（23）:158-159.

王庆华. 2013. 财务管理在大学生创业过程中的重要性分析[J]. 商业会计，（5）:126-127.

夏徐迁. 2011. 创业企业财务管理[M]. 北京：中国劳动社会保障出版社.

熊永厚. 2008. 论企业财务管理体制的构建[J]. 江汉石油职工大学学报，（1）:80-83.

杨隽萍，陆哲静，李雪灵. 2013. 风险信息识别在创业领域的作用机理研究[J]. 图书情报工作，（7）:18-22.

佚名. 2016. 初创公司该了解的二十四个合理避税的方法[2016-4-20]. http://www.newdur.com/post/1354.html.

张展. 2011. 要创业你必须先懂点财务[M]. 北京：中国时代经济出版社.

周伶，郭戎，王乃磊. 2014. 影响企业获得风险投资的特质因素研究[J]. 中国软科学，（11）:105-114.

第十二章
促进创新产品开发

创新应当是企业家的主要特征，企业家不是投机商，也不是只知道赚钱、存钱的守财奴，而应该是一个大胆创新、敢于冒险、善于开拓的创造型人才。

——熊彼特

【本章导读】

本章在介绍新产品开发的基础上，对创新创业机会进行分类，描述创新创业机会的特征。进一步分析创新创业机会的来源、识别过程及影响因素，为创新创业者准确识别创新创业机会提供方法和路径。定性判断与定量分析相结合，从技术、市场和财务三个方面为创新创业者把握创新创业机会提供可行性研究方法。

【学习要点】

1. 理解新产品开发的含义、分类及特性。
2. 了解新产品开发的基本方式。
3. 掌握产品开发的一般模型。
4. 熟悉新产品开发的过程。
5. 把握新产品的开发方向。

第一节　产品开发概述

一、新产品开发的含义

所谓新产品，就是指在产品性能、结构、材质、用途或技术性能等一方面或几方面具有先进性或独创性的产品。先进性是指运用了新原理、新结构、新技术、新材料产生的先进性，或是由已有技术、经验技术和改进技术综合产生的先进性。独创性是指运用新技术、新结构、新材料所产生的全新产品，或在某一市场范围内属于全新产品。

新产品开发是指从研究选择适应市场需要的产品开始到产品设计、工艺制造设计，直到投入正常生产的一系列决策过程。

二、新产品开发的分类

新产品按照其与现有产品相比的创新程度技术特性可以分为以下四类：全新产品、改进型新产品、换代产品和模仿新产品。

（一）全新产品

全新产品是指应用科技新成果，运用新原理、新技术、新工艺和新材料制造的市场上前所未有的产品。全新产品一般是由于科技进步或为满足市场上出现的新的需求而发明的产品，具有明显的新特征和新性能，甚至能改变用户或消费者的生产方式或消费方式。但全新产品的开发难度大，开发时间长，需大量投入，成功率低。全新产品开发成功之后，用户和消费者还需要一个适应接受的过程，才能普及推广全新产品。大学生创新创业者初出茅庐，应循序渐进，不宜选择全新产品作为新产品开发的起点。

（二）改进型新产品

改进型新产品是指在原有老产品的基础上进行改进，使产品在结构、功能、品质、花色、款式及包装上具有新的特点和新的突破，改进后的新产品，其结构更加合理、功能更加齐全、品质更加优质，能更多地满足消费者不断变化的需要。纵观市场，绝大多数新产品都是在已有老产品基础上，不断改进、完善、提高而开发的。因此，大学生新创企业的新产品开发应在改进型新产品上做文章，这才是一个符合实际的选择。

（三）换代产品

所谓换代新产品是指产品的基本原理不变，只是部分地采用了新技术、新材料、新的元器件，使性能有重大突破的产品。例如，英特尔公司通过不断更替的换代产品保证了利润的持续增长，从 286、386、486、奔腾、奔腾 2、奔腾 3 到奔腾 4 微处理器，每一种换代产品都向顾客表明"英特尔的技术突飞猛进"。可见，换代新产品的技术或经济指标往往有显著提高，具有新的用途，可以带给顾客更新的解决方案，拓宽产品族，延长产品族的生命周期，保持市场活力，保证了企业利润的持续增长，而利润的增长又为产品更新换代提供了所需要的投资，从而保证了顾客对换代产品的持续的忠诚。大学生新创企业的新产品开发一定要站在原有产品的基础之上，比市场早一拍，否则，劳心费力开发出的新产品只能是时不我与。

（四）模仿新产品

模仿新产品又称企业新产品或地域性新产品，是指市场上已经存在而企业没有生产过的产品，或其他地区已经存在而在本地是第一次生产的产品。模仿型新产品约占新产品的20%。模仿型新产品的主要特点是：有利于寻找市场空间，能快速提高企业竞争实力，增加销售收入。大学生新创企业选择模仿新产品时，一定要加强市场调研，了解产品的生命周期，注意防范市场风险。

三、新产品的特性

大学生新创企业开发新产品不可闭门造车，异想天开。新产品必须满足消费者日益增长的物质文化需求，并为其所接受和喜爱。要让消费者用货币为新产品投票，新产品必须具有以下最基本的特性。

（一）先进性

新产品的设计必须更为合理或有独特之处，在技术性能、结构、指标上具有一定的先进性。如果新产品在总的设计和技术水平方面落后于原有产品，不管在其他方面有什么改进，都不可能成为新产品，更不可能取代原有产品。

（二）效益性

新产品对生产者和消费者都必须具有经济效益。如果一种产品在技术性能上很先进，但生产成本太高，生产者做不起，消费者买不起，它就不可能商业化，也就不可能成为新产品。所以，大学生在新产品开发时既要追"新"又要求"廉"，在新产品向产业链、价值链、技术和市场的高端延伸的前提下，让成本降低、售价下降，给消费者带来实惠，这样新产品才会在市场上有一席之地。

（三）实用性

一些大学生在新产品开发时，把大量的时间花在外形设计上，其实，如果新产品不能解决需求，不好用，再漂亮也没有用。所以，新产品不是样品、展品、礼品，必须把实用性放到重要位置，既要"物美价廉"，还要安全、方便、舒适，这样消费者才能乐于接受。

（四）适应性

"优胜劣汰、适者生存"是生物学家达尔文经过多年的苦心钻研提出的。适者生存也是一条重要的市场法则。如果新产品不能获得相应的市场或者不能适应市场条件的变化，这个产品就没有生产的价值。新产品的适应性越强，其经济价值也就越大。例如，近年来因雾霾侵袭，各地 PM2.5 爆表，公众对呼吸系统的保护意识也大大增强，带旺了公众对空气净化器的需求，空气净化器市场非常火爆，生产厂家赚得盆满钵满。

（五）创造性

任何新产品与原有产品相比，都应具有新的特征，或者采用了新的原理、结构，或者采用了新的材料、元器件，或者具有新的用途，新的功能等。没有差异，没有创新，就不可能称之为新产品。即使只是对原有产品的部分改进，也是在原有产品基础上的一种创造性劳动的结果。比如，自行车在主要功能不变的条件下，有些企业开发出的全塑料自行车、无链条自行车、变速自行车、自动刹车的自行车等，都可以称为新产品。

四、新产品开发的基本方式

大学生新创企业选择合适的方式开发新产品至关重要。新产品的开发方式一般有自行研制、联合开发、引进方式和仿制方式四种。从自身的实际出发，选择适合企业实际的开发方式，就能减少风险，提高成功的概率。

（一）自行研制

自行研制是一种独创性的研制。自行研制又分为三种情况：第一种是从基础理论研究到应用技术研究，再到产品开发研究的全部过程都靠自己的力量进行；第二种是利用社会上基础理论研究的成果，自己只进行应用技术研究和产品开发研究；第三种就是利用社会上应用技术的研究成果，自己只进行产品开发研究。从长远看，企业开发新产品最根本的途径是自行研制。采用这种方式开发新产品，有利于产品更新换代及形成企业的技术优势，也有利于产品竞争。自行研制、开发产品需要企业建立一支实力雄厚的研发队伍、一个深厚的技术平台和一个科学、高效率的产品开发流程。

（二）联合开发

联合开发是指企业综合运用内外部的技术力量协同开发新产品。例如，从科研院所、高校聘请专家、教授、研究员、工程师等来企业进行技术指导、审查设计方案；或与科研院所、高校组成联合设计小组，共同攻关；还可组成各种形式的研究联合体，共同开发新产品等。多年来的实践证明，这种联合开发、技术协作的协同创新形式，是我国开发新产品的一种行之有效的形式。大学生新创企业可以充分利用母校教师的优势，充分利用他们的资源优势，开展技术合作，走协同创新的路子。

（三）引进方式

引进方式是指企业通过与外商进行技术合作、补偿贸易，向国外购买专利技术、关键设备等，引进比较先进和成熟的新技术。这种方式的优点是：能够利用有限的资金和技术力量，较快地掌握先进的生产技术，缩短与国外产品的技术差距，提高企业的竞争能力，也有利于进入国际市场。大学生新创企业的新产品研究开发能力较弱，引进方式具有较强的适用性。一般来说，引进的技术多半属于别人已经采用的技术，该产品已占领一定市场，产品的经济寿命周期不定，并且引进需要付出较高的代价，还带有一定的限制条件，这是在技术引进时不得不考虑的因素。

（四）仿制方式

仿制方式就是按照样品仿制国内外的新产品，是迅速赶上竞争者的一种有效的开发新产品的形式。其优点是仿制费用低、成功率高。其缺点是上市落后一步，市场占有率较领先发展新产品的企业要低。

这一问题的解决办法是模仿创新。模仿创新是指企业以率先创新者的创新思路和创新行为为榜样，并以其创新产品为示范，跟随率先者，充分吸取率先者成功的经验和失败的教训，通过引进购买或反求破译等手段，吸收、掌握率先创新者的核心技术和技术秘密，并在此基础上对率先创新进行改进和完善，进一步开发和生产富有竞争力的产品，参与竞争的一种渐进性创新活动。

模仿创新不等于剽窃。模仿创新与知识产权侵权之间并没有对应关系。在知识产权保护观念淡薄、法律法规不完善的地区和市场中，容易发生模仿侵权行为，其模仿创新的频度并不高，相反，在发达的市场经济中，合法的模仿创新却很普遍。所以，仿制方式必须与模仿创新相结合，有所发现，有所发展，才能在市场上有所收获。

【案例 12.1】

青年创客·常州大学合伙兄弟 技术达人研制"口袋空调"

一个看似小音箱的设备，只有 0.5 千克多重，但它有一个别致的名字，叫"口袋空调"。在家里面，或者在宿舍里面，或者在公寓里面，在任何地方都可以使用它。从 2015 年 3 月开始，常州大学大学生颜岩、许爱峰和他们的创业团队研制了两个多月，发明了一种新材料，代替传统的制冷剂，制冷的效果更好，而且节能环保，产品的外形也越变越小，方便携带。6 月份，这款"口袋空调"正式在阿里巴巴上进行销售。

2014 年 8 月，颜岩和许爱峰自筹 10 万元，成立了一家信息科技公司。两个人分工协作，许爱峰是技术总监，负责产品研发，颜岩跑市场、联系客户，公司正式加兼职员工现有 20 多人，都是在校大学生及有过一定创业经验的有志青年。从大一开始，两人办网站，成立摄影工作室，进军 3D 打印行业，有过许多创业想法，但一直都是小打小闹。得益于学校的扶持政策，校方组织相关专家对项目进行论证，让他们少走了不少弯路。

【导师点评】

"口袋空调"这款新产品来自创意——具备了空调和风扇功能，而且轻便价格又不贵的一种产品。通过开发一种新材料，代替传统的制冷剂，使制冷的效果更好，而且节能环保，同时产品的外形也越变越小，方便携带。满足了新产品的五个特性：先进性、效益性、实用性、适应性和创造性。

第二节 产品开发的一般模型

一、新产品开发的基本阶段

乌利齐（Karl T. Ulrich）和埃平格（Steven D. Eppinger）在对产品概念开发过程进行研究的过程中，认为一个流程就是一系列步骤，这一流程把一系列投入变成一系列产出。产品开发流程是指企业用于想象、设计和商业化一种产品的步骤或活动的序列。他们提出了产品开发过程的六个基本阶段。

（一）阶段一：规划

规划有时候也会被称作"零阶段"，是因为它先于新产品开发项目的达成和实际产品开发过程的启动。这一阶段开始于制定公司策略并包括对技术开发和市场目标的评估。规划阶段的目标是对开发项目的任务进行清晰的陈述，即定义产品的目标市场、商业目标、关键假设和限制条件。

（二）阶段二：概念开发

产品概念开发阶段的主要任务是识别目标市场的需要，产生并评估可替代的产品概念，为进一步的开发选择一个概念。产品概念就是这一阶段的产出，同时这一选择出来的产品概念通常会附有一套专业名词，此外，在这一阶段还要进行竞争产品的分析和整个产品开发项目的经济分析。

（三）阶段三：系统水平设计

系统水平设计阶段包括对产品结构的定义及对产品子系统和部件的划分。生产系统的最终装配计划通常也要在此阶段进行定义。该阶段的目标产出通常是产品的几何设计，同时还有功能专门化，确定每一个产品子系统，以及最终装配过程的基本流程图。

（四）阶段四：细节设计

细节设计阶段包括确定产品中的所有非标准部件的几何尺寸、材料和公差，确定所有从供应商处购买的标准件，还要为将在生产系统中制造的每一个零件建立工艺规划并设计工装。该阶段的产出是产品的控制文档——描述每一部件的几何形状及其制造工装的图纸文件和计算机文件、外购部件的技术要求，以及产品制造和装配的工艺计划。

（五）阶段五：测试和改进

测试和改进阶段包括产品的多个生产前的版本的构建和评估。对早期原型进行测试，以决定产品是否能如设计的那样工作，以及产品是否能满足主要顾客的需要。后期原型通常是由目标生产流程提供的部件构成的，但不必用目标最终装配流程来进行装配。后期原型的目的通常是回答绩效和可靠性的问题，从而帮助识别最终产品的必要变化。

（六）阶段六：推出产品

在产品推出阶段，使用规划生产系统制造产品，培训工人和解决在生产流程中遗留的问题。有时会把在此阶段生产出的物品提供给有偏好的顾客，并让他们仔细对其进行评估，以识别出一些遗留的缺陷。

【案例 12.2】

谷歌用"牙刷"标准考核创新项目

谷歌在创新领域有一个"牙刷"标准。在人的正常生活中，一天要用牙刷两次以上，谷歌的产品能否像牙刷一样对大多数人有用？这里至少涉及三个要素：一是很多人用；二是很多人会经常用；三是很多人不仅经常用，而且必须用。谷歌在设立"牙刷"项目的时候，考虑把项目做到"胆大包天"，就是项目要很激动人心。

怎样敢于发现并解决所谓的牙刷问题呢？例如，全球目前已有 5 亿个安卓设备被激活，70 多万个应用程序，总下载量在 250 亿次左右。谷歌在 2005 年收购了安卓团队，当时他们只有十几个人。他们的想法是，每台手机的操作系统都不一样，对厂商、开发者和用户来说都很不方便，为什么不能有一个共同的操作系统？从各个方面来讲，安卓已经达到了"牙刷"标准。

谷歌一旦锁定了"牙刷"项目就会有比较小的团队介入，然后给予足够的资源支持。谷歌不会过早地纠结于盈利模式。只要大家把谷歌的服务当"牙刷"用，在适当的时候就会有比较高的利润出现。谷歌做地图服务的时候没有想到后来会有很多应用，现在的应用之一就是支持谷歌的无人驾驶汽车。原来设想谷歌眼镜 50 年以后才能真正使用，不曾想很快就可以应用了。

【导师点评】

谷歌的"牙刷"标准给出了新产品走向市场被用户接受的几个重要特征，第一是新产品潜在的用户群体要大，只有这样新产品可能的市场空间才足够广阔；第二是新产品用户使用的频率要高，用户的高频使用能够快速培养出用户的使用习惯；第三是新产品的用户黏着度要高，产品能够解决用户的问题，让用户必须使用才能解决所面临的问题。

二、产品概念的开发与测试

德鲁克的《创新与企业家精神》

（一）产品概念

产品概念是对产品的技术、工作原理和形式的近似描述。它是对产品将如何满足客户需求的简洁描述，概念通常表达为一幅草图或一个粗略的三维模型，并常伴有简洁的文字描述。产品使客户满意的程度及成功商业化的程度，几乎完全取决于基本概念的质量。与其他开发环节相比，概念生成的成本相对较低，完成也比较快。产品概念的生成包括三个方面的内容。

1. 产品功能概念化

产品功能的概念化是设计师在概念设计中最艰巨的任务。产品功能概念化的实质就是要提出问题，即在解决问题之前首先弄清目前存在哪些问题，有什么问题需要在设计中解决，找出构成这些问题的主要因素，提出解决问题的设想和方案，这样才能准确地把握我们将要做的产品概念设计的风格与形式。

2. 设计概念可视化

设计概念可视化就是把设计概念形象化地表现出来，使原来"无形"的概念成为"有形"的概念产品。这些概念设计图样或模型可以用于企业各部门在开发过程中的协调与沟通，经过对各方面意见的收集与研讨，最终得到的结论可以作为一个产品设计定型的决策依据。

3. 概念设计商品化

概念设计商品化就是把一个富有创意的概念设计转化为真正的商品，在概念设计的前期，人们对创新的期待与需求赋予了设计师很大的自由创作空间，而在概念设计商品化的过程中，设计师需要对原来的概念产品设计进行必要的修改，把一个概念产品变成具有市场竞争力的商品。

概念生成过程从一组客户需求和目标指标开始，最终产生一组开发团队要从中做出选择的多个产品概念。在大多数情况下，一个高效率的开发团队将生成几百个概念，其中仅有 5～20 个概念在概念选择过程中会被认真考虑。

好的概念生成可以使团队确信对选择余地的整个空间都进行了探索。在开发过程的早期就对选项进行彻底的探索，将会降低团队在后期开发过程中碰到一个更优越的概念而踌躇不前的可能性，或者竞争对手抛出的产品的性能大大优于正在开发的产品的可能性。

（二）概念生成的方法

概念的生成一般须通过五个步骤。这种方法把一个复杂的问题分解成了简单的子问题。虽然按照线性序列给出了五个步骤，但概念生成几乎总是迭代的。跟其他开发方法一样，这些问题的步骤应该被看成基线，从此基线出发，产品开发团队可以建立并提炼出自己独特的解决问题的风格。

这种方法主要聚焦在一件新产品的整体概念上，然而，这种方法可以并且也应该用于开发过程的几个不同的阶段。这一过程不仅对总体产品概念有用，对于系统和具体部件的概念也是有用的。

1. 步骤一：理清问题

理清问题的步骤包括建立总体理解，然后如果有必要，将问题分解成子问题。项目的任务书、客户需求列表及初步的产品指标是概念生成过程的理想输入，尽管这些信息在概念生成过程开始时经常还处于提炼状态。在理想情况下，团队已经参与了确认客户需求和建立目标产品指标等活动。

把复杂问题分解成简单的子问题。许多设计挑战太复杂，以至于不能作为一个简单问题处理，但可以把它们分解成几个简单的子问题。将一个问题分割成简单的子问题，这被称作"问题分解"。分解的目的将一个复杂问题分割成简单问题，以便集中精力处理这些简单问题。一旦问题分解完成，开发团队就会选择对产品的成功最为关键、最有可能从奇特或有创造性的解决方案中获益的那些子问题。

2. 步骤二：外部搜寻

外部搜寻是为了寻找总体问题和子问题的解决方法。实施一种现有的解决方法，通常比开发一种新的方法更快，更节约成本。使用现有解决方案，可以让团队将其创造性集中在还没有令人满意的先前解决方案的关键子问题上。进一步地，某个子问题的常规解决方案，经常可以和另一个子问题的新颖的解决方案结合在一起，从而产生一种优越的整体设计。因此，外部搜寻不仅包括对直接竞争产品的详细评价，还包括对具有相关功能的产品所使用的技术的详细评估。

解决方案的外部搜寻本质上是一个信息收集过程，可以通过领先用户调查、专家咨询、专利检索、文献检索及竞争性标杆比较等方法收集外部信息。

3. 步骤三：内部搜寻

内部搜寻是利用个人和团队的知识和创造性来产生解决概念的过程。这一步骤中出现的所有概念，都是用团队已掌握的知识创造的。内部搜寻应该是新产品开发中最不受限制和最有创造性的活动。可以将内部搜寻看成从某人的记忆中追溯出潜在的有用的信息片段，然后使该信息匹配手头上的问题的这样一个过程，这个过程可以由相互隔绝的个体单独执行，也可以由一起工作的小组执行。

4. 步骤四：系统探索

通过外部和内部搜寻活动，研发团队应该能够收集到几十或几百个概念"碎片"——对于问题的解决方法。系统探索的目的在于，通过对概念"碎片"的所有可能的组合分析，排除许多根本就没有意义的组合，选择具有可能性的产品概念。可以通过概念分类树和概念组合表对概念"碎片"。

概念组合表是一种提供系统考虑解决碎片组合的方法。整个问题的潜在解决方案，是通过组合各列的一个碎片而形成的。在形成一个完整解决方案之前，碎片组合通常都要进行开发和修正，这种开发或许根本就不可能，或许能产生更多的解决方案，但它至少要包含额外的创造性思想。在某种程度上，组合表只是将碎片强行连接起来的一种方法，以便激励进一步的创造性思想，选择某种组合的活动本身绝不可能形成一种完善解决方案。有两个方法可以使概念组合过程更容易。首先，如果在某个碎片与其他碎片组合前就被确定为不可行而被删除掉，那么团队需要考虑的组合的数量将大幅度降低。其次，概念组合表应该集中可以结合在一起的子问题。结合的子问题是解决方案只能与其他子问题的解决方案结合在一起共同评价那些子问题。

组合表是组织思维和引导团队开动创造性的简单方法，一般会创建若干个备选的分类树和几个概念组合表。在它们的指导下，探索活动可以进一步修正原先问题的分解，或进行额外的内部和外部搜寻。

5. 步骤五：对结果和过程进行反思

反思应该贯穿整个过程的始终，要问的问题包括：团队是否有信心彻底探索了解决方案空间？是否还要别的分解问题的方式？外部资源被彻底探索过了吗？是否每个团队成员的观点都被接受并结合在此过程中了？

（三）概念测试

1. 概念测试的内容

概念测试又称产品概念测试，就是将企业初步设定好的一个产品概念或几个可以替代的产品概念，展示于一群目标消费者面前，并获取其反应。在进行产品概念测试时，通常用文字来表达或用图片来描述产品概念。通常一个完整的产品概念由以下四个部分组成。

（1）消费者观点：从消费者角度提出的有关问题。

（2）利益点：说明产品能为消费者提供哪些好处。

（3）支持点：解释产品是怎样解决消费者观点中所提出的问题的。

（4）总结：将上述三点的精髓用概括的语言表达出来。

2. 产品概念测试的类型

1）概念筛选测试

在新产品开发的产品概念阶段，对该产品可能会提出很多个概念，筛选测试就是根据消费者对各个产品概念的态度，从众多的概念中筛选出几个有潜力的、值得进一步详细研究的产品概念。

2）概念吸引力测试

吸引力测试就是根据消费者对产品概念的理解和态度，以及对产品特性（如包装、颜色、规格、价格）的反应，达到如下目的：测量产品概念的沟通效果和吸引力；估计消费者对新产品的购买意向，并对其销售潜量提供定量的估计；确定产品概念的内容是否需要改进和进一步充实。

3）产品样板测试

所谓产品样板测试就是将这些产品样板及其产品概念放在一起进行测试，其目的是：了解产品样板与产品概念是否吻合；测量产品概念和产品样板的沟通效果和吸引力；估计消费者对新产品的购买意向；确定产品概念和产品样板是否需要改进和进一步充实。

三、新产品设计

（一）新产品设计的要求

新产品设计是指应用相关的专业技术理论，把将要开发的新产品概念通过技术文件和图样的形式表达出来，以便在生产中更易于接受。有统计资料表明，新产品质量的好坏，60%～70%取决于设计工作。此外，产品的生产成本在很大程度上也取决于设计工作。好的新产品设计可以让消费者方便地掌握产品的功能，并且在正常的使用条件下，可以安全地执行它的功能，同时该产品能以预计的成本生产出来。新产品设计的具体要求有如下四条。

1. 可靠性

可靠性是指产品能在规定的使用时间内和使用条件下，发挥其应有的功能。因此，要求研发人员对影响产品性能的因素进行分析，以探索预防产品失败的技术和措施。

2. 可行性

可行性要求设计人员进行产品设计时，既要考虑技术上的先进，也要考虑经济上的合理，更主要是要考虑满足消费者的需求。

3. 标准化

在设计中贯彻标准化，就是按图样管理制度进行技术文件的编制和图纸的设计、更改工作。实行标准化可以加快新产品开发的步伐，缩短试制的周期，提高生产的效率。

4. 继承性

继承性就是把老产品中成熟的、合理的、先进的技术和结构等充分运用到新产品设计中去。它是加快新产品设计和制造速度的重要途径。

（二）新产品设计的类型

1. 创新设计

创新设计是指采用新原理、新结构、新材料、新技术进行新产品或服务的设计。

2. 测绘设计

测绘设计是指对已有的新产品图纸进行研究、分析、消化后，在进行全面分析研究的基础上，进行仿制设计。

3. 复制设计

复制设计是指对已有的新产品图纸进行研究、分析、消化后，对该图纸进行复制并设计。

4. 改进设计

改进设计是指基于目前的产品存在的问题，而进行局部修改设计或增加某种新技术，从而使现有产品能改进其性能，满足消费者的需求。

（三）新产品设计的程序

新产品设计的程序一般分为方案设计、初步设计、技术设计、工作设计图和设计审核。

1. 方案设计

方案设计是指合理地编制技术任务书，在设计书中正确地选择产品的结构特征，并且确定设计方案的原则。技术任务书的编制是否合理直接关系到产品设计的优劣和成败。

2. 初步设计

初步设计是指在技术任务书中，规定新产品性能指标和把各项要求具体化。

3. 技术设计

技术设计是指将技术任务书中已确定的基本结构和主要参数具体化，根据技术任务书所规定的原则，进一步确定产品结构和技术经济指标，以总图、系统图、明细表说明书等形式表现出来。

4. 工作设计图

工作设计图是指根据技术设计绘制新产品试制生产所需的全套图纸，编制有关制造工艺上所需要的全部技术文件，为产品的制造、装配、使用提供确切的依据。

5. 设计审核

设计审核是指对新产品的全套图纸和必要的技术文件进行全面、系统的设计审核，以确保设计的合理性、科学性和适用性。

四、新产品试制

新产品试制阶段的主要工作，就是根据产品设计图纸制造出新产品实体个样。在试制的过程中，可以验证新产品设计的可操作性，也可以对设计中不适应生产的部分进行修改。新产品试制的过程包括如下五个方面。

（一）新产品设计图纸的工艺分析与审查

工艺分析和审核的内容有产品结构是否合理，加工是否方便，设备及生产线布置是否满足要求，是否便于采用高效率的加工方法，零件的几何尺寸、公差和粗糙度是否合适，材料选择是否经济，是否符合材料的标准等。

（二）拟定工艺方案

工艺方案要根据新产品设计的要求，确定产品所采用的工艺原则，确定工艺规程制定的形式和详尽程度，并且规定从新产品试制过渡到成批或大量生产时应达到的质量要求、材料利用率、劳动量、设备利用率和制造成本等技术经济指标，列出新产品的各类加工关键，必须具备的物质条件和应采取的措施。此外，方案还要确定工艺路线和生产组织形式，规定工艺装备系数和工艺装备的设计原则，并进行经济效果分析。

（三）个样试制

个样试制是指根据新产品设计和工艺方案要求组织试制出一件或几件产品，用检验产品结构、性能及主要工艺，验证和修正设计图纸，使产品设计基本定型。在个样试制过程中，制造部门可以根据试制的实际情况向设计部门提出修改意见。

（四）编制工艺文件和设计制造工艺装备

工艺文件是企业安排计划，进行生产调度、技术检查和组织材料、工具等供应工作的主要依据。有些新产品由成百上千个零部件组成，要经过多道工艺加工，所以应推广工艺规程典型化，即在对零件进行分类的基础上，为同类型零件编制通用的工艺规程。

工艺装备是指按照既定工艺规程进行新产品制造所需的各种模具、夹具、刀具、量具、辅助工具和定位器具的总称。

（五）小批量试制

小批量试制是为了检验产品的工艺规程和工艺设备，检查图纸的工艺性，验证全部工艺文件，并对设计图纸再次作出必要的修改，为大批量生产创造条件。

五、新产品测试

（一）新产品使用测试

根据测试环境的不同，产品使用测试可分为阿尔法测试、贝塔测试和伽马测试三种。

VR 的发展与
火爆现状

1. 阿尔法测试

阿尔法测试一般在设计与开发阶段进行，是由产品开发团队在实验室环境下对产品进行的使用测试。阿尔法测试的目的是评价产品的特性并且分析产品的质量、性能和可靠性。阿尔法测试可以加快新产品开发进度，缩短开发周期。比如，一台机器可以在实验室环境下测试其连续运转无故障的时间，而不必在顾客环境下进行该测试。

2. 贝塔测试

贝塔测试是在顾客实际使用产品的环境下进行的产品使用测试。贝塔测试是在阿尔法测试的基础上进行的，目的是评价新产品在顾客环境下能否被正常使用。比如，可以邀请一些顾客对一款软件进行为期 1~2 个月的测试。顾客可能会发现软件的很多缺陷和问题。产品开发团队在收集顾客使用测试反馈信息的基础上，对产品进行修改和完善，可以避免在产品上市后再出现类似问题。

3. 伽马测试

伽马测试是指在较长的周期内测试产品在满足需求方面的适合性。这类测试更为复杂，需要较长的时间，需要较大的投入。伽马测试一般用于全新产品和高风险产品的测试。比如，对于药品和医疗器械一般会要求半年以上的临床测试，以检验这类产品的安全性和功效。以上三种测试适用范围见表 12.1。

表 12.1　三种测试的适用范围

测试方法	简单改进	重新定位	衍生产品	新产品线	新一代产品	全新产品
阿尔法测试	√	√	√	√	√	√
贝塔测试		√	√	√	√	√
伽马测试				√	√	√

（二）顾客测试

顾客测试是指在顾客的工作或生活环境中让其实际使用原型产品，发现新产品存在的缺陷和问题，进而，据此对产品加以改进。顾客测试的主要目的包括确定产品在实际使用环境下能否正常运转，判断顾客是否接受该产品，确定他们对新产品的喜欢程度、喜欢的主要方面及喜欢的原因，判断价格变化对顾客购买偏好或购买意图的影响，从而确定顾客对产品的哪些功能或利益反映最强烈。产品开发团队可以根据顾客测试结果，将新产品的主要性能或特征提炼为上市时的主要"卖点"。

（三）市场测试

市场测试的主要目的是测试市场对产品的接受度和上市计划的可行性。有两种市场测试的方法，一种是模拟测试方法，另一种是试销方法。模拟测试是一种投入不大但非常有用的预测销售收入和市场份额的方法，该方法在新的消费类产品使用测试中比较常用。试销是对新产品规模上市前的最后测试。试销不仅可以预测新产品的销售额，还可以比较多个不同上市计划的优劣。试销可以选择在几个典型的城市进行。除了不推出全国性的广告及促销措施外，试销时要遵照拟定的上市计划进行，以检验上市计划的有效性。

（四）试生产

通过产品使用测试矫正了产品本身的缺陷和问题，通过顾客测试进一步明确了顾客对产品的偏好，通过市场测试检验了上市计划的可行性。接下来，就要通过试生产方式检验产品的生产系统了。

试生产的目的是检验产品的生产系统是否能够满足规模生产的需要。试生产测试的主要内容包括以下六项。

1. 生产流程的可行性

试生产要测试生产工艺、生产设备能否满足规模生产的需要。

2. 原材料和零部件的可获得性

试生产要评估原材料和零部件能否按时、按质、按量交付。需要评估原材料和零部件的价格是否在可接受的范围之内。

3. 外协厂商的可获得性

试生产要评估外协加工的零部件能否按时、按质、按量交付。

4. 生产技能及人员的可获得性

试生产要评估能否及时招聘到足够的生产工人，这些人员的技能是否能满足规模生产的需要，需要考虑如何培训生产人员。

5. 产能的满足性

试生产要评估最大的天、月或季度产能需求，要评估如何满足可能不规律的产能需求。

6. 产品成本的满足性

试生产要评估产品成本能否满足要求，要考虑如何优化产品的成本结构。

（五）财务测试

财务测试的主要目的是保证新产品在上市过程中能获得所需的资金支持，在上市后能获得预期的投资回报。财务测试主要包括以下三个方面的内容。

1. 产品成本测算

在产品已经定型并经过试生产测试后，产品成本的测算应该比较准确，成本测算的准确性非常重要，如果成本测算不准，很可能原本认为赚钱的产品其实是亏损的，并且卖得越多，亏损越大。

2. 销售额与利润测算

在顾客测试和市场测试的基础上，产品的销售价格、销售数量和市场份额等预测数据也应当具有相当的准确性，企业可以在此基础上测算销售额和利润是否符合预期。

3. 现金流测算

新产品进入上市阶段后，企业的资金投入可能是设计与测试阶段资金投入总和的 10 倍，甚至 100 倍。现金流短缺可能会使有前景的新产品在上市阶段"夭折"。产品开发团队应认真计算规模生产所需的资金投入及广告和促销等所需的资金投入，计算实现"正"现金流的时间点，计算实现盈亏平衡的时间点。

（六）利益相关者测试

影响新产品上市成功的外部利益相关者有供应商、互补者、竞争者、管理者和影响者。利益相关者测试的主要目的是评估这些因素对新产品上市的影响，以及时采取有效的措施来解决问题、规避风险，提高新产品上市成功率。

1. 供应商测试

企业的供应商包括原材料、零部件供应商和物流服务商等。供应商测试时需主要考虑战略性原材料的可获得性、关键原材料与零部件的价格波动、采购的原材料对产品质量是否有重大影响、供应商和物流服务商的重大变化等。

2. 互补者测试

互补产品是指顾客在使用本公司的产品时还需要用到的其他企业的产品。互补者就是提供这些互补产品的企业。互补者测试的目的是要确认互补产品是否能与新产品同步上市、能否满足新产品上市的必备条件。

3. 竞争者测试

在新产品上市前要对竞争者对新产品上市的可能反应进行测试。竞争者测试的目的是要了解主要的竞争者对新产品上市的反应，以作好应对准备。进行竞争者测试时要考虑竞争对手会对新产品上市如何作出反应等问题。

4. 管理者和影响者测试

管理者和影响者包括政府、行业协会、媒体和社区等。管理者和影响者测试的主要目的是了解这些利益相关者对新产品上市有何影响，以及影响程度，从而采取有效的应对措施。

第三节　成功开发新产品的对策

一、把握新产品开发的方向

从目前国际市场新产品开发的情况和发展趋势来看，新产品开发，尤其是高新技术产品开发方向主要有以下几个方面。

（一）多功能化

开发新产品首先是定义开发产品的功能，使潜伏在产品自身中的各种功能尽可能发挥出来，或者通过新的技术和手段，增加和扩大产品的功能，使新产品的功能得到不断完善。例如，手机朝多功能发展已经成为一股新潮流，新一代手机集成拍照、上网、游戏、电视等功能的演变，让手机用元器件的种类和性能都在不断提高。

（二）微型化

如今"微生活"大行其道，微博、微小说、微电影、微信比比皆是，也反映出时下人们崇尚简约的生活理念。在产品性能不变甚至增加的情况下，产品应尽可能体积小一些，重量轻一些。这样做是适应了人们居住条件和携带方便的要求。例如，与大家工作和生活关系密切的 U 盘等移动存储产品，也在向着小型化微型化的方向发展，向着更高速、更小巧的方面发展。一个 16GB 闪迪 CZ51 优盘造型小巧精致，便于携带，强大的附加功能确保数据安全快速存储。

（三）新颖化

消费者心理上求新的需求，使款式新颖的新产品很容易吸引消费者。例如，在优盘的尾部为消费者贴心地提供了穿绳孔，消费者可以自行选择挂在钥匙圈上、书包上等，这使优盘不仅仅是一个存储工具，还能变成一款时尚配饰。

（四）简易化

简单化也就是说产品具有易用性，使人从产品的复杂应用中解脱出来，让人们的生活简单化，拥有更多的时间挖掘自身潜力，实现自身的价值，提升人们的幸福感。例如，腾讯产品在移动互联网上应用，一切以用户价值为依归，把产品做到聚合，做到最简单，做到极致，一键式登录，实现了腾讯服务的价值。

（五）环保化

环保化是指新产品属于节能型，或对原材料的消耗很低，或者有利于保护环境，对"三废""三害"的消除有效。现在更多的手机用户在寻找一种"绿色"手机，即手机发射功率低，对人体危害小。尽管众多独立科研机构的调查显示，至今尚未发现手机有害健康的证据，但手机电磁辐射问题已越来越被广大消费者所关注。

（六）时代性

新产品必须能体现时代精神，培植和引发新的需求，形成新的市场。为了开拓销路，不少企业纷纷在开发新品上动脑筋、促销上想点子，这已成共识。但要使产品真正具有竞争力，还应注意其时代性。日本 NHK 电视台从 20 世纪 80 年代三次大规模的市场调查中了解到：在高度紧张生活节奏下，多数日本人渴望晚上尽快入梦，以缩短"闲置"时间。日本一些企业获此信息后，很快推出"快睡商品"，如催人尽快入睡的被、枕、褥、垫等，并带有音乐、香味等。

（七）独特性

新产品相对于市场原有的产品来说具有独特的长处，如性能好、质量高、使用方便、携带容易或价格低廉等。

（八）人体工程化

人体工学是一门关于技术和人的协调关系的科学，它首先是一种理念，把使用产品的人作为产品设计的出发点，要求产品的外形、色彩、性能等，都要围绕人的生理、心理特点来设计。人体工学的应用则涉及工业设计的各个方面，从座椅、课桌、卧具，到服装、运动鞋、牙刷，到汽车驾驶室、电站控制室、宇航员座舱，让消费者使用得更加舒适。

二、做好深入细致的市场调研

任何企业要开发出适销对路的新产品，都离不开深入细致的市场调研。市场调研包括直接和间接调研两种形式。直接调研主要是根据市场（消费者）的需求，了解市场上竞争对手产品的品质、包装、性能、价位，充分收集有求新求异观念的消费者的资料，分析这些消费者对新产品的市场反应，包括已有产品在市场销售上存在的优劣势和消费者潜在的市场需求。间接调研主要是将市场业务员和经销商反馈的新产品信息，进行汇总、整理后得出的结果，包括产品销量、市场占有率和消费者的反应。产品开发人员根据调研的结果，在广泛征求市场销售人员、经销商和消费者意见的基础上，进行产品设计、局部投放，在投放过程中要了解市场对新产品的反应。新产品设计要走"开发—调整—试销—改进—批量生产"的路子，切忌一步到位，因为一步到位的最大缺陷就是不能到位。急于求成或闭门造车开发新产品，不考虑企业品牌发展的整体规划，不仅会增加新产品研发的风险，也会影响新产品的市场投放。

三、组建好新产品开发团队

产品开发是一项复杂而细致的工作，产品创新的特点决定了新产品开发组织与一般管理组织相比具有其突出的特点，新产品开发组织应具有高度的灵活性、简单的人际关系、高效的信息传递系统、较高的决策权力等，需要供应、生产、技术、财务、销售等各个部门的紧密配合，形成一个相互协作的团队。总的原则是使新产品开发快速、高效地进行。新产品开发组织的特征使新产品开发组织的形式多种多样。一般常见的新产品开发组织有：新产品委员会、新产品部、产品经理、新产品经理、项目团队、项目小组等。新产品开发团队必须具有有效的领导，相互之间通力合作，相互之间加强沟通，同步进行新产品开发，这样将大大缩短开发周期。

四、最大限度地降低产品成本

产品具有竞争优势的一个重要前提是产品的总成本低，在传统观念中，企业仅仅考虑制造成本而忽视使用成本，并且认为制造成本由生产运作过程所决定。这是一种片面的观点。实际上，产品成本责任的绝大部分（在研究报告提出超过80%）取决于设计开发和生产运作部门，而制造部门的成本责任的绝大部分是由设计阶段所决定的。因此，应将降低产品总成本的努力贯穿于新产品开发的整个过程中，并协调统一好制造成本和使用成本的关系。例如，进行产品设计时，在满足用户对功能需求的前提下，产品的结构应尽量简单化，以便于制造和检修，从而降低产品的制造成本和使用成本；进行生产运作系统设计时，也应在产品设计已决定了的产品制造成本的大致范围内，通过采用和企业实际条件相符的先进适用技术和最优工艺方案，最大限度地降低产品制造成本。

五、开展创造性思维

不管是更新换代新产品的开发，还是老产品的小改革，都要以创造性的设想为基础。新产品的开发源于有创造性的设想。

产品构思是在市场调查和技术分析的基础上，提出新产品的构想或有关产品改良的建议。产品构思最需要的就是创造性的设想。获得创造性的设想有以下方法。

（一）头脑风暴法

头脑风暴法（brainstorming, BS）又称智力激励法、BS 法、自由思考法，是由美国创造学家 A. F. 奥斯本于 1939 年首次提出、1953 年正式发表文章表述的一种激发性思维的方法。此法经各国创造学研究者的实践和发展，至今已经形成了一个发明技法群，深受众多企业和组织的青睐。

（二）635 表格法

635 表格法是头脑风暴法的一种发挥和变形，由德国学者鲁尔巴赫提出。这也是一种提案会方式，具体做法是：小组会有 6 人参加，每人在一张印有固定格式的表格上填写 3 个构想，填写时间限定为 5 分钟，这就是"635"名称的由来。

（三）强行结合法

强行结合法又称综摄法，是由麻省理工学院教授戈登创造并经他的同伴普林斯加以发展形成的。强行结合法是基于这样的思想设立的：发明创造是要发现事物间的未知联系，因此非推理因素特别重要，许多发明创造都是把在逻辑上看来完全无关的东西联系在一起产生的。

（四）语义直觉法

语义直觉法是德国学者施利克祖佩提出的。其基本出发点是，将表面上不相关的概念（词汇）联系起来，产生一个名称，再寻求解决的可能性和细节。

（五）仿生学方法

仿生学方法是模仿生物的形状、结构、功能、机理、能源、信息系统等创造性地解决问题的方法。例如，英国工程师勃留曼利从船蛀虫在木头里开辟道路的现象中得到启发，于1818年产生了建筑水下地道的技术思想。又如，1903年莱特兄弟造出飞机后，有一个问题没有解决——不知怎样稳定飞机在转弯后的状态。他们在观察了鸟的飞行之后解决了问题，制作了后边可折起的机翼，这就是现代飞机襟翼的雏形。

（六）类比法

类比法有四种主要方法：直接类比，直接从自然界中或熟悉的某些事物中寻找与问题类似的东西；象征类比，用能抽象反映问题实质的词或词组来类比问题；自身类比，将自己或自己的某一部分器官设想成要解决问题的某一要素，并想象其在给定条件下会如何"行动"等；幻想类比，通过神话传说或幻想，想象出一些现实中不存在的可能解决问题的办法。

（七）抓住意外事件

意外事件（意外成功、意外失败、意外现象等）包含着重要信息，往往可以启发人们的创造性思维。例如，从意外成功中发掘提供的信息，可获得创新设想。意外的失败可能预示着潜在的变化，也包含着机会，抓住机会，可能就获得创新设想。意外的现象也可能预示着新机会。

（八）分析差异

供给与需求的差异，理想与现实的差异，生产过程要求与实际上瓶颈存在的差异等是大量存在的，抓住差异，就是抓住创新机会，就是创新设想的开端。

【案例12.3】

常州大学学生研发无人机——像莱特兄弟一样翱翔天空

在常州大学校园里，经常会有一个手持遥控、试飞无人机的身影，吸引许多同学驻足。这是陈路在进行飞控训练。陈路第一次接触到多旋翼无人机，是在一次展会上，"当时一下子就被它吸引了。在人的遥控下，竟然可以这么优美地飞翔"。此后，陈路就主动去学习无人机知识和技术，自己还联系到相关公司去实习。慢慢地，陈路积累的经验越来越多，并具备了一定制备的基础。"在这过程中，我发现目前的无人机有不少可改进的地方，比如结构稳定性、续航能力、智能化等，都有许多的提升空间。"陈路说。

陈路和5名同学一起注册了公司，开始了新的项目开发，即农用无人机项目，这个新鲜玩意儿效率比人工高15~20倍，很受农民欢迎。

长1.5米、宽1.5米的无人机，一次携载15千克农药，一天喷洒三四百亩地。目前，农用无人机在江苏常州农田里让农民大开眼界。无人机的拥有者是常州大学电子科学专业今年刚毕业的学生陈路。这架无人机是他根据农用无人机的特点，结合0.6米×0.6米的成品无人机的优点而设计的产品。

"以前是因为兴趣，后来转到了应用方面。"陈路说，他玩无人机已经有三四年的时间了，最初他买了0.6米×0.6米的成品无人机在校园里玩航拍，给学校做全景航拍，后来被一家公司看中，希望他能根据农药喷洒和实际使用要求，设计1.5米×1.5米的飞机。经过一年多的不断摸索实验，陈路重新设定了参数，成功研发了1.5米×1.5米、2.7米×2.7米两种无人机，产品交付后，销售了几十架。

【导师点评】

农用无人机，让陈路和他的小伙伴们一下从技术发烧友转型到有前景、有市场能够解决中国目前包产到户小面积种植中喷洒农药的痛点问题，能够满足农民对于环保化、舒适性、时代性的需求。

思考题：

1. 联系实际举例说明新产品的类型及每一类新产品的特点。
2. 大学生创业中选择合适的产品或服务是最重要的一个环节，请说明如何判断一个产品或服务是否适合创业。
3. 请围绕一款新产品或新服务开展市场调研。
4. 请结合一款具体产品或服务描述开发新产品的具体过程。
5. 请结合创业想法，尝试用一种创造性思维方式来构思自己的产品或服务。

资料参阅及链接：

韩士成. 2009. 创新与企业新产品开发管理[J]. 黑龙江对外经贸，（7）：86-87.

刘泽民，王栋彦，崔小强，等. 2016. 大学生创业项目中个性化校园工艺品产品开发[J]. 教育现代化，（26）：66-67.

徐凤增，杨惠馨，高培涛. 2010. 国外创业型企业产品开发战略研究述评[J]. 科技进步与对策, 27（1）：149-154.

张玉利，陈寒松. 2013. 创业管理[M]. 北京：机械工业出版社.

周健睿. 2014. 创业者的故事告诉你：创业时所有的产品开发时间预算都应该加倍[2014-12-18]. http:/www.tui18.com/a/201412/1880999.shtml.

佚名. 2015. 想要创业做产品，这些事情可别做！[2015-1-3] http://www.chinaz.com/start/2015/0104/377997.shtml.

贾彦民. 2015.杂谈：创业公司的产品开发与团队管理[2015-7-1]. http://www.infoq.com/cn/articles/product-development-and-team-management-of-venture-company/.

佚名. 2015. 从找场地到产品开发，创业者亲述为什么创业失败！[2015-12-17] http：//www.managershare.com/post/223926.

黄非. 2016. 创业路上的那些坑（四）产品开发[2016-1-16]. http：//mt.sohu.com/20160713/n459016216.shtml.

张海龙. 2016. 创业者必备的产品开发知识[2016-4-5]. http：//www.yixieshi.com/22621.html.

UE 小牛犊. 2016."TBRR"模型：如何让我们的产品更具"黏性"？[2016-6-16] http：//www.cyzone.cn/a/20160616/298487.html.

胡安安. 2016. 从业务理解到落地教你如何进行产品设计[2016-6-24]. http：//www.cyzone.cn/a/20160622/298819.html.

木良. 2016. 从公司的角度看，创业公司的产品经理需要做什么？[2016-8-25] http：//36kr.com/p /5052209.html.

刘鹏. 2016. 创业之初，有了创意如何快速搭建产品模型[2016-8-30]. http：//www.cyzone.cn/a/20160627/ 299099.html.

Ulrich K T，Eppinger S D. 2015. 产品设计与开发. 杨青，译. 北京：机械工业出版社.

第十三章
做好新创企业营销

営销并不是以精明的方式兜售自己的产品或服务，而是一门创造真正顾客价值的艺术。

——菲利普·科特勒

【本章导读】

创业是创新并使之商业化的过程。大学生创业是大学生人生中的一种重大决定。大学生创业之初都要面对"干什么""怎么干"的问题。用市场营销理念作为指导，可以帮助大学生树立正确的营销理念，理清创业思路，寻找创业机会，确立创业项目，明确自己的创业特色。

【学习要点】

1. 理解创业营销的概念，弄清创业营销的机理。
2. 熟知创业营销的过程。
3. 明确新创企业营销与一般营销的区别。
4. 明确大学生创业营销的特点。
5. 掌握新创企业营销规划的基本内容。
6. 学会正确运用新创企业营销策略。

第一节 新创企业营销管理概述

新创企业是指处于创立初期阶段的企业，一般具有发展前景不明朗、人员结构不稳定、资源缺乏、市场狭小、没有成熟的企业文化等特征。新创企业营销管理能够使创业企业更好地适应并管理其市场环境，以满足现有和新出现的顾客需求，并积极影响企业的创新活动和绩效水平。

创业营销的
十大教训

一、创业营销的概念

国外学术界关于创业营销的研究，已经有 30 多年的历史。从 20 世纪 80 年代开始，就有学者关注创业与营销的交互界面的研究。

关于创业营销的含义，目前学术界也没有确切的界定，不同学者根据自身的理解和认识有不同的看法。主要有以下几种观点。

李蔚和牛永革认为，所谓创业营销，是指一个新创业企业或第二次创业企业把自己的新产品推向新市场的营销。在这个概念里，包含几个子概念：创业营销主体、创业营销客体和创业营销对象。创业营销主体是指创业型企业，包括新创业企业和二次创业的企业。创业营销的客体是指新产品。一般企业营销虽然包括新产品营销，但更多的是老产品的营销。可口可乐的营销做了100多年，但销的仍然是可口可乐，它的全面营销策略仅仅在于市场占有率的巩固和扩展，所以它属于巩固型营销和扩张型营销。而创业营销的产品一定是全新的产品，创业营销既不是市场巩固，也不是市场扩张，而是市场进入，属于市场导入型营销。它所要做的核心工作是让市场认识、喜爱、接受和消费自己的新产品。所以，创业营销一定是新产品营销。创业营销的对象是新市场。

也有学者认为，创业营销就是创业企业家凭借创新精神、创业团队、创业计划和创新成果，获取企业生存发展所必需的各种资源的过程，实际上是一种崭新的创业模式。目前，对于大多数年轻的创业者来说，既缺乏资金和社会关系，又缺乏商业经验，所拥有的只是创业激情和某种新产品的原始构思或某种新技术的初步设想。要获得成功，除了勇气、勤奋和毅力，还必须依赖创业所需的各种资源。

还有学者认为，创业营销就是创业者为了创建新企业而开展的系列营销活动的总和，如创业项目选择、创业计划策划、创业资金融通、创业团队组建等活动中所开展的所有营销活动。

综上所述，我们认为，创业营销是为了适应动态市场环境，应对多样化顾客需求，创造性地利用资源而实施的营销新模式。创业营销整合了市场营销和创业管理两个方面的要素。

二、创业营销的机理

创业精神驱动下的创业营销活动，应贯彻机会导向、超前行动、注重创新、理性冒险的创业精神，积极获取创业初期所需要的各种资源，获得团队内部的共识、投资者的关注、市场的认可。

（一）机会导向

认知和探索机会是创业活动的基础，也是新创企业营销的核心维度。这就要求创业营销人员努力扩大当前顾客所能表达的需求以外的机会范畴，拓展产品和市场的边界，以规避现有市场的支配。

（二）超前行动

创业营销活动必须突出速度，善于抓住转瞬即逝的机会，并迅速扩大市场份额。

（三）注重创新

创业的过程就是一个创新的过程，唯有持续创新才能获得持续的竞争优势。具体包括技术创新、组织创新、市场创新和管理创新。

（四）理性冒险

创业营销人员需要努力识别各种风险因素，但这并不意味着规避风险或使风险最小化，而是以理性的态度应对风险，果断地进行市场决策，采取各种销售促进的手段来赢得市场。

三、创业营销的过程

成功的创业营销一般需要经历四个阶段：创意营销阶段、商业计划营销阶段、产品潜力营销阶段和企业潜力营销阶段。

（一）创意营销阶段

创意营销最初，创业者萌发了一种创业冲动或创业构想，但这种冲动或构想还停留在大脑中，创业者必须将其转变为一个清晰的概念或开发出某种产品原型（技术路线），才能与其他人进行沟通交流。

当这些工作完成时，他最需要的是寻找志同道合者以组成创业团队。因为一个人很难精通创业过程中需要的所有技能，也不一定拥有创业所需的关键资源。优秀的创业团队是创业成功的关键因素。团队成员最好在信念、价值观和目标等方面基本一致，又具有献身共同事业的强烈愿望，而且在资源、技能、经验、个性和思维模式等方面具有互补性。

（二）商业计划营销阶段

创业团队形成之后，就要着手撰写详尽的商业计划，通过商业计划吸引投资者尤其是风险投资者的注意，并获取风险投资。成功的商业计划除了要有概念上的创新外，更重要的是进行现实的、严谨的市场调研和分析。如果商业计划营销获得成功，创业团队获得了风险资金，就可以正式创建企业，进行商业化的新产品开发。

在这一阶段，表面上营销的是创业企业的商业计划，实际上是对新产品和创业团队的全面检验。

（三）产品潜力营销阶段

当商业化的新产品开发出来之后，创业企业就需要大量的投资来进行产品的批量生产和大规模销售。而创业企业一般难以获得银行贷款或供应商的支持，而且缺乏丰富的商业关系和经验。因此，它需要再次从外部投资者那里获得支持。

这时外部投资者最好是企业的战略投资者，他们不仅可以带来资金，更重要的是能带来管理经验和商业关系，为将来的上市作准备。

战略投资者看重的是产品的市场潜力、企业的技术能力及营销能力。创业企业如果能够吸引战略合作伙伴的加入，就可以利用新资金将新产品大规模推向市场。

（四）企业潜力营销阶段

在许多情况下，新产品上市并不能迅速盈利，但产品和企业的市场前景已经相当明朗。这时创业企业可以寻求上市，以获得快速扩张所急需的资金，同时使风险投资家得以顺利退出。

上市可以打通创业企业从资本市场获取资金的渠道，是创业阶段的结束，也是规范经营阶段的开始。

【案例 13.1】

视美乐的创业故事

1999 年春节期间，清华大学大三学生的邱虹云在看电视时，突然产生一种强烈的冲动：为什么不通过自己的才智来改善家中电视的效果呢？而一种能接收电视信号的投影机将使家庭影院的梦想成真！于是，邱虹云自行设计并组装了一台可以接收电视信号的投影机，效果不错。

1999 年 4 月初，这一发明参加了清华大学校外科技成果展，引起了同校同学王科的注意。王科以他特有的商业眼光看到了这一发明的市场前景，并邀请即将毕业的清华大学 MBA 学员徐中参与，3 人共同成立了第一家真正由在校学生创办的高科技企业——北京视美乐科技发展有限公司。

同年 7 月，他们首期获得了上海第一百货公司 250 万元的风险投资。2000 年 4 月，他们又与澳柯玛签订协议，成立澳柯玛视美乐信息技术有限公司，注册资金 3000 万元。2001 年年初，第一台可以接收电视信号的多媒体投影机投放市场。到 2002 年第二季度，公司已经实现盈亏平衡，新款产品销售良好，年销售额在 4000 万元。

【导师点评】

新创企业成功的途径不只一条，但成功的创业活动有一定的规律可循。

第一，创业成功需要具备多方面的综合知识和经验，如管理知识、营销知识、财务知识、法律知识，甚至产品技术知识。案例中邱虹云成功地吸引了王科，王科又找到了徐中，3 个人志同道合，组成创业团队，知识背景和特长正好互补，相得益彰。

第二，通过成功的商业计划营销吸引投资者。邱虹云等与 30 多家企业进行了投资谈判，凭借他们的产品概念的独特性、踏实的商业计划书及当时良好的市场环境，在创业团队组成两个月后就获得了风险投资。

第三，通过吸引战略合作伙伴的加入，利用新资金将新产品大规模推向市场。北京视美乐科技发展有限公司在 2000 年年初开发出可以商业化的产品，2000 年 4 月又获得了澳柯玛的战略投资。澳柯玛有资金，有家电产品的生产和销售经验，在它的协助下，视美乐产品在 2001 年年初得以正式投放市场。视美乐在产品研发上的投资不到 300 万元，而在大规模生产和市场推广上的投资则达到 3000 万元。

第四，通过上市，打通创业企业从资本市场获取资金的渠道。案例中，当时国内还没有为创业企业开辟二板市场，因此，该企业只能通过其他途径获得资金，通过降低发展速度来确保盈亏平衡。

四、新创企业营销与一般营销的区别

通过比较研究发现，新创企业营销和一般营销在环境要求、市场反应、风险态度及资源利用四个方面有着明显不同。

（一）环境要求

一般营销倾向于客观、冷静，强调促进交易和市场控制，要求有相对稳定的市场环境。其中，市场需求是客户能够清晰地表达、设想和描述的。营销者是营销组合的协调者和品牌的建立者。

新创企业营销倾向于激情、热忱、坚持、创造，比较适应于动荡复杂的不确定性环境，市场需求可以是模糊的。其中营销者是内外变革的代理者和市场类别的创造者。

（二）市场反应

一般营销是"市场驱动"的，主要通过渐进性创新接近当前市场。它鼓励基于商业理性和经验的创造，追求市场成长而非停滞性市场上的市场份额保护。

新创企业营销往往实行"驱动市场"方法，强调既要适应当前市场，又要努力创造新的客户需求，通过动态性创新领导客户，不断地重新定义产品和市场环境，具有超前性、快速行动性等特征。

（三）风险态度

一般营销强调对市场环境的适应和控制，将满足顾客需求作为市场导向的核心。为了控制市场，它往往努力使营销活动风险最小化。

新创企业营销则强调机会导向，表现出对变化、模糊和风险的高度容忍水平。它把营销视为理性承担风险的工具，努力识别各种风险因素，然后通过利用联盟、市场测试、试验、领导用户研究等主动减轻或分享风险，而不是一味地去规避或最小化风险。

（四）资源利用

一般营销仅仅是有效地利用现有资源和稀缺智力，把顾客视为智力和反馈的外部源泉。其新产品（服务）开发主要是通过支持企业研发部门和其他技术部门的新产品（服务）开发活动来获得。

新创企业营销则不局限于当前资源约束，而是积极地和创造性地利用其他资源。它把顾客当作合作生产者，让他们积极参与企业的营销决策过程、产品定义、价格、分销和沟通等，并通过各种创新活动实现新产品（服务）开发。

五、大学生创业营销的特点

大学生创立的企业一般是新创企业。大学生普遍具有良好的专业知识和较为宽广的知识面，对许多问题都有独到的理解。因此，大学生创业营销也有具独特的一面，主要包括以下一些特点。

（一）创造性

大学生创业一般不是简单地复制一个传统的企业，而是具有创造性的特点。其具体表现在两个方面：一是与前人、他人相比较，依靠自己的力量成功地改变了现状，为社会贡献出了新的有价值的东西；二是创造出一份可观的物质财富或精神财富，或者开拓出以前不曾有过的新发展领域、建立起新的社会组织或机构、作出前人和他人不曾做到的新成就，为他人和后人提供了可资依托、利用的新基础或新条件。

（二）前瞻性

富有前瞻性的眼光和理念是引导和推动大学生创业工作的前提。创业营销销售的是产品概念、商业计划或企业的未来，而不是具体的产品。所以，许多大学生创业时就是看准了某个行业具有发展空间，或者某种产品是未来的明星产业。同时，大学生创业者对市场、产品和行业管理规律的总结和认识，是其他跟随者难以达到的。

（三）兴趣性

当我们对某种事物感兴趣的时候，往往会激发出无穷精力和创造力，主动地去接触和学习。对自己兴趣爱好的了解会很容易发现市场空白，从而产生好的创意。一个人的兴趣爱好（包括自己的发明创造）恰有市场需求，那么追求这些兴趣爱好的行为可能会带来经济上的效益。

大学生将自己的兴趣爱好转化为商业行为，不仅带来的是经济上的利益，更重要的是精神上得到了最大的享受，满足了自我实现的需要。成功创业的大学生往往对某个行业非常感兴趣，甚至享受着这个创业过程。

（四）协作性

大学生创业项目要获得成功，离不开一个好的创业团队。大学生作为新创企业的营销者，具有创业精神或掌握某种新技术、新产品，但没有营销的实践，因此，有必要找一些志同道合而且能独当一面的精兵强将，组建创业团队，明确团队成员职责。作为团队的领导者——创业者还必须掌握沟通技巧，学会倾听、感化和商谈，保持与巩固整个团队的战斗力和工作效率。

同时，很多小企业是通过合作起步的。大学生企业初期，应避免单个企业的单打独斗，尽量寻找双赢互利的合作机会，实现相互借力，共同发展。

（五）风险性

大学生新创企业的内部资源有限，而且生存能力较差，外部环境的细微变化都可能决定企业的存亡。因此，大学生新创企业营销具有一定的风险性。

首先，客户方面的风险。客户对于企业经营来说无疑是最主要的。没有客户也就没有企业。而客户的需求是在变化的，由于竞争的存在，客户评价的标准也在变化，客户处于不稳定状态，客户的流失在所难免。对于创业者来说，成功开发客户是成功创业的开始，留住客户更是关键。

其次，融资方面的风险。一是大学生自身缺乏创业融资技能，为得到创业资金，不惜低价转卖股权或技术创意，对新创企业信誉产生负面影响，加大了融资风险。二是大学生新创企业规模小，监管机制不健全，容易忽视财务制度的建设，加快了融资风险的产生。三是大学生和投资者之间普遍存在信息不对称，经营透明度低，对大学生新创企业的融资造成巨大威胁。

最后，人员方面的风险。大学生创业初期企业实力弱，很难给员工提供有竞争力的待遇和工作条件，这就难以吸引到合适的员工。很多企业不得不以自己培养的方式让员工和企业一起成长，但成长过程中可能难以留住自己比较满意的员工。有些员工看到企业经营者如何发展后，也会产生"要干"的想法，另立山头。这样会抢走原有客户，使企业蒙受重大损失。

第二节　新创企业营销规划

俗话说，良好的开端是成功的一半。新创企业在营销过程中可能面临很多不确定性，不同发展阶段的工作重点也有所不同，因此，在创业开始的时候制定营销规划就显得非常重要。营销规划是创业营销行动的方向，可以使创业企业的营销活动更具计划性，便于组织和有效管理；可以有效地帮助团队成员统一行动的方向，达成一致的行为，从而齐心协力获得竞争优势。

客户感知
价值理论

一个完整的创业营销规划的基本内容包括七个方面。

一、分析创业营销产品

创业的基本前提是至少拥有一种产品或一项技术。拥有了一种产品或者一项技术后，才能正式开始创业营销规划。产品分析包括产品价值分析、产品买点卖点分析、产品市场生命周期分析和产品关键成功因素分析。借助这些分析弄清产品的基本情况，做到"知己"。

（一）产品价值分析

产品价值分析（value analysis，VA），是指以产品功能分析为核心，以提高产品价值为目的，力求以最低寿命周期成本实现产品使用所要求的必要功能的一项有组织的创造性活动。产品价值分析的基本思想是以最少的费用换取所需要的功能。产品价值分析是对开发新产品的经济性进行评价的有效方法。

产品价值分析涉及价值、功能和寿命周期成本三个基本要素。产品价值分析把"价值"定义为"对象所具有的功能与获得该功能的全部费用之比"，"功能"是对象满足某种需求的一种属性，"成本"实际上就是价值资源（劳动价值或使用价值）的投入量。

$$V = \frac{F}{C}$$

式中，V 为"价值"，F 为功能，C 为成本。

从三者的关系中可以得出，提高产品价值的途径有以下几点：

（1）在不改变产品功能的情况下降低寿命周期费用；

（2）在保持产品原有寿命周期费用的情况下提高产品功能；

（3）既提高产品功能，又降低产品寿命周期费用；

（4）产品寿命周期费用有所提高，但产品功能有更大幅度的提高；

（5）产品功能虽有降低，但产品寿命周期费用有更大的降低。

（二）产品买点卖点分析

任何产品都由企业的卖点（sell point）和市场的买点（buy point）。当产品的卖点与市场的买点完全一致时，产品就会畅销。当产品的卖点和市场的买点发生错位时，产品就会滞销。因此，进行产品营销时，必须做到卖点与买点的一致性。

产品买点卖点分析就是把买点和卖点逐一罗列出来，相对比较。产品卖点与用户的意愿相符合的记为 1，用户觉得无所谓的记为 0，不相符合的记为–1，然后将所有的数值相加除以卖点个数，得到平均值。若该平均值大于 0，则该产品的营销是成功的，找到了客户真正的需要，否则，是不成功的。

表 13.1 是某酱油生产厂商的买点卖点分析。

表 13.1 某酱油生产厂商的买点卖点分析

卖点	买点	符合性评价
有营养，富含多种氨基酸	消费者心理：酱油要那么多营养做什么？要营养喝牛奶。氨基酸又是什么？	0
淡盐淡色	消费者心理：买酱油就是要上色，做的菜才好看，且代替部分盐	−1
不含黄曲霉素	消费者问："黄曲霉素是什么？"答："黄曲霉素致癌。"消费者产生负情绪	−1
		平均：−0.67

结论：买点卖点不对称，生产厂商没有考虑到客户真正需要的是什么。生产厂商应与客户多接触，找到客户真正需要的是什么，调整产品或服务以满足客户的需求。

（三）产品生命周期分析

所谓产品市场生命周期，是指产品从进入市场开始，直到最终退出市场为止所经历的市场生命循环过程。这一过程一般经功导入期、成长期、成熟期和衰退期四个阶段（图 13.1）。

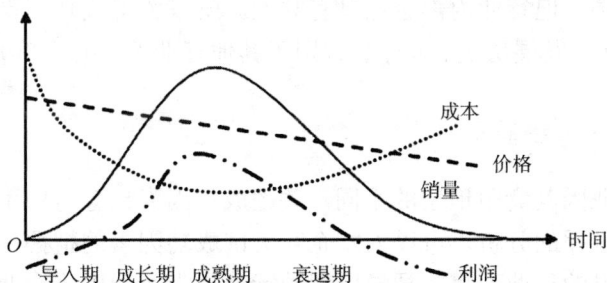

图 13.1 产品市场生命周期示意图

一种产品进入市场后，它的销售量和利润都会随时间推移而改变，呈现一个由少到多、再由多到少的过程。因此，创业者需要对产品市场生命周期各个阶段上的营销战略和营销策略进行规划。

导入期的特征是产品销量少，促销费用高，制造成本高，销售利润很低甚至为负值。因此，企业应努力做到：投入市场的产品要有针对性；进入市场的时机要合适；设法把销售力量直接投向最有可能的购买者，使市场尽快接受该产品，以缩短导入期，更快地进入成长期。

成长期的特征是顾客对产品已经熟悉，大量的新顾客开始购买，市场逐步扩大。产品大批量生产，生产成本相对降低，企业的销售额迅速上升，利润也迅速增长。竞争者看到有利可图，将纷纷进入市场参与竞争，使同类产品供给量增加，价格随之下降，企业利润增长速度逐步减慢，最后达到生命周期利润的最高点。针对成长期的特征，企业为维持其市场增长率，延长获取最大利润的时间，可以采取下面几种策略：改善产品品质；寻找新的细分市场；改变广告宣传的重点；适时降价。

成熟期的特征是市场需求趋向饱和，潜在的顾客已经很少，销售额增长缓慢直至转而下降。在这一阶段，竞争逐渐加剧，产品售价降低，促销费用增加，企业利润下降。对成熟期的产品，宜采取主动出击的策略，使成熟期延长，或使产品生命周期出现再循环。为此，可以采取以下三种策略：市场调整、产品调整和市场营销组合调整。

衰退期的特征是产品销售量急剧下降，企业从这种产品中获得的利润很低甚至为零，大量的竞争者退出市场。随着科学技术的发展，新产品或新的代用品出现，将使顾客的消费习惯发生改变。对处于衰退期的产品，企业需要进行认真的研究分析，决定采取什么策略，在什么时间退出市场。通常有以下几种策略可供选择：继续策略、集中策略、收缩策略和放弃策略。

（四）产品关键成功因素分析

所谓关键成功因素（key successful factors，KSF）是指影响行业中企业在市场上盈利能力的主要因素，如产品性能、竞争力、能力、市场表现等。其主要用来解决如下问题：顾客根据什么选择产品？企业为了竞争成功必须具备哪些资源和竞争能力？企业如何才能获得持续竞争优势？

企业若能掌握少数几项关键成功因素，便能确保相当的竞争力。如果企业想要持续成长，就必须对这些少数的关键领域加以管理，否则，无法达到预期的目标。关键成功因素一般有5～9个，是一组能力的组合。确定关键成功因素，可以从以下几个方面考虑。

1. 企业所处行业特点

每个行业特点不同，但行业内部企业具有共性。所以关键成功因素的提取首要参照行业内共性因素，通过对行业发展历史、本行业有别于其他行业的特点及客户对行业需求的分析，确定关键成功要素。

2. 本行业竞争对手或领先者

在行业中每一企业因其竞争地位的不同，关键成功因素也会有所不同。对本行业竞争对手或行业领先者成功过程的分析，可以为本企业关键成功因素的把握提供重要参考。对于由一家或两家大企业主导的行业而言，领导厂商的行动常为产业内小企业带来重大的影响。所以对小企业而言，大企业竞争者的策略可能就是其竞争的关键成功因素。

3. 外部环境

外部环境的变化对企业发展方向、发展模式和管理方法具有重要影响。所以外部环境也是影响关键成功因素的重要因素。一方面，外部客户对企业产品的爱好、需求，影响企业产品定位及发展方向；另一方面，企业还应根据外部经济、政治、人文等因素的变化，随时调整成功关键因素。例如，在市场需求波动大时，存货控制可能就会被高级主管视为关键成功因素之一。

4. 暂时因素

暂时因素一般是由企业内部因素影响的，如核心人才的引进、产品创新、技术创新、企业管理模式的创新，都可能会影响到企业的成功要素。但这类因素一般只在一段时期内对成功要素产生影响，长期来说，企业发展仍将遵循本行业发展规律。

二、分析创业营销环境

市场营销环境泛指一切影响和制约企业营销活动及其目标实现的外部环境的总和。新创企业市场环境分析的目的在于，使创业者适应市场环境，寻找良好的创业机会。当确信创业市场环境对创业企业没有大的威胁，或者面临的威胁可以找到化解方法的时候，才可以进入市场。如果对进入的市场尚未了解就贸然进入，是非常危险的。

创业市场环境是一个多因素、多层次而且不断变化的综合体。创业市场环境的发展变化，既可能给创业者带来市场机会，也可能对创业者造成威胁。创业者必须对市场营销环境有清楚的认识，并采取相应的对策，这样才能创业成功。创业者分析创业市场环境的意义主要有以下两个方面。

（一）有利于指导创业营销活动，避免盲目性

创业营销活动是在一定的创业营销环境下进行的，与创业营销环境是相互作用、相互影响的。创业者通过对创业营销环境的分析和研究，可以认识到自己的优势和劣势，从而认识到自身在资源和能力方面的限制和与众不同之处，确定哪些机会可以发掘，哪些因素会带来不利影响、造成威胁，从而更好地指导创业营销活动，避免盲目性。

（二）有利于减少创业风险，提高创业成功率

机会总与风险同在，在抓住机会的时候，必须尽可能降低风险。许多企业创业失败，究其原因就是在抓住机会的时候，忽视了风险，或者是机会未抓住，却把风险加大了。当风险发生作用并失去控制的时候，就是创业失败的时候。创业者必须清楚创业营销过程中必须抓住的市场机会和必须重视的风险，想办法减少风险。

从世界范围来看，创业活动的成功率都非常低。创业成功率低的原因很多，除了创业者自身能力有限、创业资金不足等因素外，更重要的是法律、技术、竞争者、供应商、分销商等环境因素。因此，只有对内部环境和外部环境有充分的、正确的了解，才能做到知己知彼，大大降低创业风险，提高创业成功概率。

一个完整的创业环境分析包括内部环境和外部环境分析。其中，内部环境包括企业资源、企业能力、组织结构和企业文化等因素。外部环境分析又包括宏观环境分析和微观环境分析。

宏观市场营销环境是指企业无法直接控制的因素，是通过影响微观环境来影响企业营销能力和效率的一系列巨大的社会力量，包括经济、政治法律、科学技术、社会文化及自然生态等因素。

微观市场营销环境是指与企业紧密相连、直接影响企业营销能力和效率的各种力量和因素的总和，包括供应商、营销中介、消费者、竞争者及社会公众等。

三、确立创业营销目标市场

为了确立一个最具成功可能性的目标市场，首先应该对产品面临的市场进行细分，然后根据可入性原则、成长性原则、容量性原则和安全性原则进行目标市场选择，最后对选择的目标市场进行容量测定。当上述这些环节都满足创业营销要求的时候，才能确定进入市场。所以，对目标市场的规划是创业营销规划的关键，一旦目标发生差错，所有未来的营销努力

都将成为泡影。营销失败就意味着创业失败。

（一）市场细分

所谓市场细分，就是按照消费者欲望与需求把总体市场划分成若干具有共同特征的子市场，处于同一细分市场的消费群被称为目标消费群。图 13.2 用生活方式、收入水平、年龄三个因素将妇女服装市场划分为不同的细分市场。

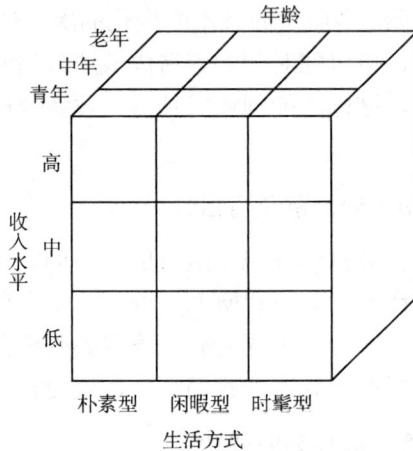

图 13.2　市场细分示意图

消费品市场的细分标准可以概括为地理因素、人口因素、心理因素和行为因素四个方面，每个方面又包括一系列的细分变量，如表 13.2 所示。

表 13.2　消费品市场细分标准及变量一览表

细分标准	细分变量
地理因素	地理位置、城镇大小、地形、地貌、气候、交通状况、人口密集度等
人口因素	年龄、性别、职业、收入、民族、宗教、教育、家庭人口、家庭生命周期等
心理因素	生活方式、性格、购买动机、态度等
行为因素	购买时间、购买数量、购买频率、购买习惯（品牌忠诚度）、对服务、价格、渠道、广告的敏感程度等

上述消费品市场的细分标准有很多都适用于生产资料市场的细分，如地理位置、气候、交通状况等。但由于生产资料市场有它自身的特点，企业还应采用其他一些标准和变数来进行细分，常用的有：最终用户要求、用户规模、用户地理位置等变数。

【案例 13.2】

汇源果汁的果蔬汁饮料市场开发

在碳酸饮料横行的 20 世纪 90 年代初期，汇源公司就开始专注于各种果蔬汁饮料市场的开发，是国内第一家大规模进入果汁饮料行业的企业。汇源果汁充分满足了人们当时对于营养健康的需求，凭借其 100% 纯果汁的"大品牌"战略和新产品开发速度，在短短几年时间就跃升为中国饮料工业十强企业，成为果汁饮料市场的引领者。其产品也先后从鲜桃汁、鲜橙汁、猕猴桃汁、苹果汁扩展到野酸枣汁、野山楂汁、果肉型鲜桃汁、葡萄汁、木瓜汁、蓝莓汁、酸梅汤等，并推出了多种形式的包装。应该说这种对果汁饮料行业进行广度市场细分的做法是汇源公司得以在果汁饮料市场竞争初期取得领导地位的关键成功要素。

但是，这一切在 1999 年统一集团涉足橙汁产品后就发生了变化。2001 年，统一集团仅"鲜橙多"一项产品销售收入就近 10 亿元，在第四季度，其销量已超过"汇源"。果蔬汁饮料市场巨大的潜力和统一"鲜橙多"的成功先例吸引了众多国际和国内饮料企业的加入，可口可乐、百事可乐、康师傅、娃哈哈、农夫山泉、健力宝等纷纷进入果汁饮料市场。根据 2002 年第一季度的统计，"汇源"的销量同样排在"鲜橙多"之后，除了西北区外，华东、华南、华中等六大区都被"鲜橙多"和康师傅的"每日 C"抢得领先地位，可口可乐的"酷儿"也表现优异，显然"汇源"的处境已是大大被动。尽管汇源公司把这种失利归咎于"PET 包装线的缺失"和"广告投入的不足"等原因，但在随后花费巨资引入数条 PET 生产线并在广告方面投入重金加以市场反击后，其市场份额仍在下滑。显然，问题的症结并非如此简单。

在市场的导入初期，由于客户的需求较为简单直接，市场细分一般是围绕着市场的地理分布、人口及经济因素等广度范围展开的。这种分类方法简单、易于操作、费用低，大部分企业都可掌握且也乐于采用。但只有在市场导入和成长期的恰当时机率先进行广度市场细分的企业才有机会占有更大的市场份额。这时候品牌竞争往往表现得不够明显，竞争一般会表现在产品、质量、价格、渠道等方面，汇源果汁就是在此期间脱颖而出的一个专业品牌，并成为数年来果汁饮料市场的领跑者。

但当客户的需求多元化和复杂化，特别是情感性因素在购买中越来越具有影响力的时候，市场竞争则由地域及经济层次的广度覆盖向需求结构的纵深发展了，市场也从有形细分向无形细分（目标市场抽象化）转化，即细分后的目标市场，无法通过形象的描述来说明。统一"鲜橙多"通过深度市场细分的方法，选择了追求健康、美丽、个性的年轻时尚女性作为目标市场，选择 500 毫升、300 毫升等外观精制适合随身携带的 PET 瓶，而卖点则直接指向消费者的心理需求："统一鲜橙多，多喝多漂亮"。可口可乐专门针对儿童市场推出的果汁饮料"酷儿"，"酷儿"卡通形象的打造再次验证了可口可乐公司对品牌运作的专业性，相信没有哪一个儿童能抗拒扮酷的魔力，年轻的父母也对小"酷儿"的可爱形象大加赞赏。而"汇源"果汁饮料"营养、健康"的诉求从市场初期沿袭到现在，其包装也仍以家庭装为主，根本没有具有明显个性特征的目标群体市场。只是运用广度市场细分的方法切出"喝木瓜汁的人群""喝野酸枣汁的人群""喝野山楂汁的人群""喝果肉型鲜桃汁的人群""喝葡萄汁的人群""喝蓝莓汁的人群"等一大堆在果汁饮料市场竞争中后期对企业而言已不再具有细分价值的市场。即使其在后期推出了 500 毫升的 PET 瓶装的"真"系列橙汁和卡通造型瓶装系列，但也仅是简单的包装模仿，形似而神不似。

至此，我们已能看出在这场果汁饮料市场大战中，汇源公司领导地位如此轻易被动摇的真正原因。

【导师点评】

营销大师科特勒曾说："现代战略营销的中心，可定义为 STP 市场营销——就是市场细分（segmentation）、目标市场（targeting）和市场定位（positioning）。"市场细分是市场营销的起点。没有市场细分，企业就无法锁定自己的目标市场，也就无法在市场竞争中找到自己的定位。如果没有明确的市场定位，企业也就无法规划和塑造差异化的品牌形象并赋予品牌独特的核心价值，当然就更无法有针对性地设计独特的产品去满足市场了。

汇源与统一、可口可乐公司比较，市场细分方法的差异是导致市场格局发生变化的关键因素。汇源是从企业自身的角度出发，以静态的广度市场细分方法来看待和经营果汁饮料市场；而统一、可口可乐等公司却是从消费者的角度出发，以动态市场细分的原则来切入和经营市场。同样是细分，但在市场的导入期、成长期、成熟期和衰退期这些不同的生命周期阶段，却有不同的表现和结果。

动态的深度市场细分是市场竞争中、后期企业取得成功的必然选择，因为只有这样才能锁定自己的目标市场群体，集中有限资源，运用差异化的深度沟通策略并辅以多种手段赢得目标客户并不断培养其忠诚度，从而达到最大限度阻隔竞争对手的目的。

（二）目标市场

所谓目标市场，是指进行市场细分之后，拟进入并为之服务的市场。企业在对不同细分市场分析评估后，就必须对进入哪些市场和为多少个细分市场服务作出决策。

企业选择目标市场的模式主要有五种，如图 13.3 所示。

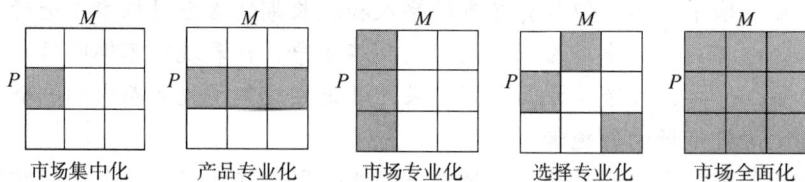

图 13.3　企业选择目标市场的模式

P：新产品；*M*：市场

（1）市场集中化。企业只选取一个细分市场，只生产一类产品，供应某一单一的顾客群，进行集中营销。例如，某服装厂商只生产儿童服装。

（2）产品专业化。企业集中生产一种产品，并向各类顾客销售这种产品。例如，饮水器厂只生产一个品种，同时向家庭、机关、学校、银行、餐厅、招待所等各类顾客销售。

（3）市场专业化。企业专门经营满足某一顾客群体需要的各种产品。比如，某工程机械企业专门向建筑业用户供应推土机、打桩机、起重机、水泥搅拌机等建筑工程中所需要的机械设备。

（4）选择专业化。企业选取若干个具有良好的盈利潜力，且符合企业的目标和资源的细分市场作为目标市场。

（5）市场全面化。企业生产多种产品去满足各种顾客群体的需要。实力雄厚的大型企业选用这种模式，往往能收到良好效果。

新创企业在选择目标市场时，除了考虑产品的同质性、市场的同质性、竞争对手的策略及产品所处的生命周期等因素外，更需要充分考虑创业者自身的资源因素。主要注意以下几个方面。

一是知识结构与沟通能力。创业之初需要筹集资金，获取工商营业执照和税务登记证，办理税收优惠手续申报，开设银行账号，创业过程中还需要善经营、会管理、懂法律等。这些开办事项和创业过程的具体事务都需要创业者亲自筹办或委托办理。这就要求创业者必须有较全面的知识结构和较强的沟通能力。

二是管理与技术能力的结合。创业需要各方面的能力，只有技术能力而无管理能力或者只有管理能力而无技术能力的，都不适合创业。

三是结合自己的爱好、技能选择目标市场。一个人喜欢什么就很容易把喜欢的项目付诸实施。创业者应该充分利用自己的技能优势，这可以使创业者在创业之初少走弯路。

四、确立创业营销目标

当创业营销目标市场确立之后，就要根据目标市场容量、产品特性、资源能力、竞争程度等因素确立创业营销目标。弄清楚要进入的目标市场可以实现哪些营销目标，应该实现哪些目标，只有确立了营销目标，才能知道应该调动哪些资源及应该调动多少资源来实现营销目标。

创业营销目标就是在创业阶段营销要达到的要求，包括生产目标、销售目标、利润目标、市场目标、渠道目标、品牌目标、竞争目标及不同阶段的不同目标组合。一个正确的营销目标选择，可以最合理地组织有限的营销资源、最大限度地发挥营销资源的作用，以确保创业营销成功。一个错误的营销目标，会导致错误的营销资源配置，使本来就非常有限的营销资源得不到最合理的使用，造成资源浪费，结果使营销目标无法完成。所以，创业者在对自己的产品、市场和环境有了充分的了解后，就必须确立正确的营销目标，作为全部营销努力的依据。

五、制定创业营销战略规划

创业者如何去实现既定的营销目标，必须有一套清晰的营销战略。市场营销战略是企业在综合考虑外部市场环境及内部资源状况等因素的基础上，确定目标市场，选择相应的市场营销策略组合，并予以有效实施和控制的过程。

创业者必须善于不断发现良机和及时调整战略计划，使企业的经营管理与不断变化的经营环境相适应。制定并实施科学、严密的营销战略规划，具有以下几方面的积极作用。

（一）增强企业内部各部门工作的协作意识

运用营销战略规划，会使各部门增强整体观念，形成一个整体工作系统，彼此相互分工协作，共同满足目标市场的需求，努力实现企业的整体目标。在这个过程中，营销战略规划应成为指导和协调各个部门工作的核心。

（二）为改进管理创造条件

营销战略规划会使高层决策者从整体利益、全局利益出发，高瞻远瞩、细致周全地考虑问题。对企业可能遇到的各种情况进行预测并制定相应措施，这有助于企业对实际发生的变化作出合理的有效的反应。此外，制定营销战略规划，还可以加强企业内部各部门之间的信息沟通，减少摩擦和矛盾冲突，促进企业整体利益的实现。

（三）减少管理者的盲目性

营销战略规划可以促使营销主管仔细观察、分析市场动向并对其未来的走向评价，从而有利于明确和决定未来的行动方向，大大减少盲目性。

（四）缓解意外变动的影响

制定营销战略规划，可以对意外事件留有一定余地，减轻或消除意料之外的市场波动对企业的影响，避免可能出现的混乱。

营销战略规划的内容十分丰富，制定和选择最佳的市场营销组合，是战略计划的核心内容。一个企业在制定市场营销战略规划过程中，产品策略、价格策略、营销渠道策略、促销策略（product, price, place, promotion, 4P）到底怎样相互配合，才能达到最佳化？这就必须服从于企业的营销战略（图13.4）。

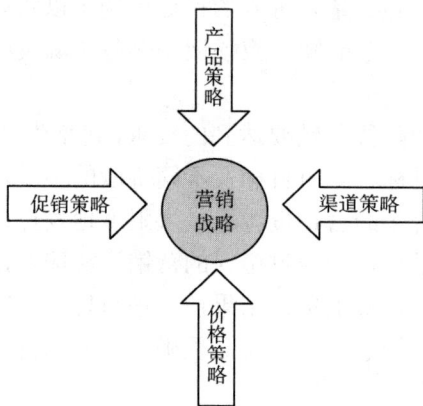

图 13.4　营销战略与 4P 的关系

任何企业在运用市场营销组合时，营销主管根据各策略的特点，结合营销战略的需要，往往会突出营销组合中某一个或两个因素，兼顾其他的因素。例如，一家仪表制造厂可能特别强调它的产品技术先进；而打折销售商品，则主要是以价格策略作为自己的竞争手段。因此，一个企业在营销战略中突出什么策略，兼顾什么策略，就要根据企业内外环境作出抉择。这就是营销战略需要讨论的核心内容。

六、制订创业营销市场进入规划

创业营销市场进入规划是指创业企业为了使企业或产品顺利地进入目标市场而设计的市场进入的具体方法，包括创业市场进入障碍克服规划、创业市场进入组织规划和创业营销安全规划。

创业市场进入障碍克服规划就是对进入市场可能存在的障碍进行预测，并根据这些预测制定详细的应对方案。如果障碍不能得到有效克服，创业就会失败。

创业市场进入组织规划就是对市场进入需要的组织体系和人力资源体系进行设计，包括营销策划组织设计、产品销售组织设计、销售管理制度设计、营销人员薪酬体系设计、营销人员招聘与辞退设计、营销人员的职位升降设计等。没有一套完整的组织与人力资源设计，就无法保证创业营销的成功。

创业营销安全规划就是指对创业市场进入中的过程安全和结果安全进行设计，保证不会出现重大的营销危机、营销事故。创业营销安全规划包括市场进入安全管理设计、风险预警体系设计和危机对策设计等方面的内容。

七、撰写营销计划书

创业者收集到了所有必需的信息，就可以撰写营销计划了。与其他任何计划一样，营销计划对创业者的作用犹如一张地图对于一位旅行者的向导作用。营销计划通常包括下列内容：经营摘要、企业当前的营销状况、机会和问题分析、营销目标、营销战略措施、行动方案、营销预算及控制等。营销计划旨在回答以下三个问题。

（一）我们现在是什么样的？

如果它是一份独立文件，营销计划应该包括企业的背景、优势与劣势，还要包括竞争对手的背景，并就市场的机会与威胁问题进行讨论。如果作为业务计划的一部分，营销计划应该将重点放在市场的演变、企业的营销优势与劣势，以及市场机会与威胁上。

（二）我们将来是什么样的？

这个问题基本上涉及的是新创企业在未来 12 个月内的目标问题。而在业务计划的开始部分，设定的目标往往长于一年，因为业务计划需要对新创企业前三年的利润及现金流情况作出预测。

（三）我们如何实现营销目标？

回答这个问题，就是讨论将要实施的特定的营销战略，说明这些战略实施的时间、负责执行的人与负责监督的人。同时还要确定预算，并将这些预算计入预期现金流中。

创业者必须清楚，营销计划是一份引导营销决策的文件，而不是一份概括性的、做做表面文章的文件。有些创业者不愿意好好花时间写一份营销计划，这是因为他们常常误解了营销计划的意义，不了解营销计划可能解决什么问题、不能解决什么问题。

第三节　新创企业营销策略

在创业初期，创业者要充分认识到，自己不具备成熟期企业所拥有的营销基础条件。一是品牌不为人所知；二是最初的创业资金往往用于产品研发，很难像成熟企业那样大量投放广告；三是没有销售渠道，究竟采用何种销售模式需要一个摸索的过程；四是创业团队核心成员多为研发、生产型人才，其销售队伍和销售管理经验往往都比较匮乏。因此，创业者需要采用适当的营销策略。

一、树立正确的营销理念

创业离不开营销理念的支撑。有许多创业者单凭创业的激情，要么匆忙上阵草率收兵，要么急功近利错失良机。这大都是缺乏营销理念支撑所为。所以，创业者在创业前，很有必要用营销的理念指导、理清创业思路。树立正确的营销观念，需要做到以下几点。

（一）避免跟风的品牌营销策略

一些新创企业，由于一时间难以找到切实可行的营销策略，往往会在市场上寻求借鉴，这种借鉴本是无可厚非，但是一些创业者不顾自己的产品和技术特点，盲目跟风，而不对自己的产品或服务进行市场细分。盲目跟风会误导消费者，他们会以为该创业企业的产品就是某个知名品牌的变种，久而久之，你自己的品牌将无法打开市场。

（二）要有清晰的产品名称和市场定位

科学的产品命名，能让消费者一下子把握住产品的核心。清晰的产品名，能让消费者知道它是什么，有什么样的功能和用途，如"有线电视""移动电话"等，既让人耳目一新，又能吸引好奇心。

清晰的市场定位也非常关键，产品针对的目标群体是谁，主要的消费者处于什么阶层、什么年龄段、收入状况如何、有什么消费喜好等，这些都是目标市场划分和定位必须考虑的因素，产品不可能满足所有消费者，必须针对自己的优势发掘顾客群。

（三）不要盲目自大，要重视营销的作用

一些创业者，在打开市场之门取得一定销售量，获得一些目标客户的认可后，就盲目乐观，缺乏对营销本身的经营和维护。在替代品和新的营销攻势下，业已建立的目标市场也会因为有新进入者的竞争和更好的服务质量而丧失。因此，无论什么时候，创业者也好，经营者也罢，要时刻重视营销的作用，在不同时期要有不同的营销策略。

二、推进市场推广策略创新

在创业初期，创业者缺乏市场推广资金，企业要在短期内快速有效地扩大知名度，提高产品美誉度是一件困难的事情。因此，创业企业根据自己生产、管理和经营的实际情况，针对目标市场和目标顾客的特点，选择恰当的市场推广策略，就能取得良好的效果。近年来，出现了许多新型的市场推广策略，如亲情营销、事件营销、体验营销、精准营销、定制营销、借势营销、知识营销等。

（一）亲情营销

亲情营销强调把顾客当"朋友"或"亲人"，通过建立一种新型的亲情关系，最大限度地缩短企业与顾客之间的距离，以期顾客对企业的产品产生忠诚度。新创企业如果给予顾客亲人般服务，从心底里打动消费者，不仅会提升企业品牌形象，还会增强品牌亲和力，从而在企业和顾客之间建立一种亲情般的供需关系，提高顾客对企业的忠诚度。

（二）事件营销

事件营销就是围绕着某个特定主题，借助有价值的新闻、有意义的事件，有计划、有目的地策划与实施，形成一定时期内密集的传播效应，以迅速提高品牌知名度与美誉度，并最终促进产品销售。事件营销具有投资回报率高、传播速度快、公众信任度高的优势，对新创企业来说是一个很好的选择。

（三）体验营销

体验营销是指通过采用让目标顾客观摩、聆听、尝试、试用等方式，使其亲身体验企业提供的产品或服务，让顾客实际感知产品或服务的品质或性能，从而促使顾客认知、喜好并购买的一种营销方式。体验营销拉近企业和消费者之间的距离，更加注重消费者接受和使用产品时的感受。消费者在体验过程中主动参与产品设计制造，这可以让新创企业在产品开发和服务设计上少走弯路。

（四）精准营销

精准营销就是在精准定位的基础上，依托现代信息技术手段建立个性化的顾客沟通服务体系，实现企业低成本扩张之路。精准营销借助先进的数据库技术、网络通信技术及现代高度发达的物流技术等手段，保障和顾客的长期个性化沟通，使营销达到可度量、可调控等精准要求。精准营销摆脱了一般广告沟通的高成本束缚，使企业低成本快速增长成为可能。

（五）定制营销

定制营销就是企业在大规模生产的基础上，将每一位顾客都视为一个单独的细分市场，根据个人的特定需求来进行市场营销组合，以满足每位顾客的特定需求。在大规模定制下，企业生产运营受顾客需求驱动，以顾客订单为依据来安排定制产品的生产与采购，使企业库存最小化，降低了企业成本。因此，定制营销将确定和满足顾客个性化需求放在企业的首要位置，同时又不牺牲效率，还在一定程度上减少了企业新产品开发和决策的风险。

（六）借势营销

借势营销是一种将销售的目的隐藏于营销活动之中，将产品的推广融入一个顾客喜闻乐见的环境里，使顾客在这个环境中了解产品并接受产品的营销策略。作为一种新型营销策略，借势营销集新闻效应、广告效应、公共关系、形象传播、客户关系于一体，已经理所当然地成为企业新产品推介、品牌展示、建立品牌识别和品牌定位等营销活动的首选策略。

（七）知识营销

知识营销是指向大众传播新的科学技术及其对人们生活的影响，通过科普宣传，让消费者不仅知其然，而且知其所以然，重新建立新的产品概念，进而使消费者萌发对新产品的需要，达到拓宽市场的目的。随着知识经济时代的到来，知识已成为发展经济的资本。因此，新创企业在搞科研开发的同时，就要想到知识的推广，使新产品研制的市场风险降到最小。

三、正确运用营销组合策略

信息化和全球化的深入、企业竞争规则的转变、消费理念和消费习惯的变化，都影响着企业营销理念的转变。营销理论随着环境的变化也发生着改变，经历了三种典型的营销理论，即以满足市场需求为导向的经典营销理论（4P 理论）、以追求顾客满意为导向的现代营销理论（4C 理论）和以建立顾客忠诚为导向的创新营销理论（4R 理论）。

营销组合
理论汇集

4P 理论，即产品、价格、渠道和促销的营销组合策略，是美国麦卡锡教授在 20 世纪 50 年代末提出的。他认为一次成功和完整的市场营销活动，意味着以适当的价格、适当的渠道和适当的促销手段，将适当的产品和服务投放到特定市场的行为。4P 理论对市场营销理论和实践产生了深刻的影响，被奉为营销理论的经典。

随着经济的发展，消费个性化、多样化的特征日益突出，需要对 4P 理论加以完善和发展。美国劳特朋教授在 20 世纪 90 年代提出了 4C 理论，它以消费者需求为导向，重新设定了市场营销组合的四个基本要素，即顾客、成本、便利和沟通。它强调企业应该把追求顾客满意放在第一位，其次是努力降低顾客的购买成本，然后要充分注意到顾客购买过程中的便利性，而不是从企业的角度来决定销售渠道策略，最后还应以消费者为中心实施有效的营销沟通。

21 世纪伊始，艾略特·艾登伯格提出 4R 营销理论。4R 理论以关系营销为核心，重在建立顾客忠诚。它阐述了关联、反应、关系和回报四个全新的营销组合要素，强调企业与顾客在变化的市场上建立长久互动的关系，企业应学会倾听顾客的意见，及时寻找、发现和挖掘顾客的渴望与不满及其可能发生的演变，对市场变化快速作出反应。企业应追求市场回报，并将市场回报当作企业进一步发展、保持与市场建立关系的动力和源泉。

四、利用差别化策略进行市场定位

为了迅速打开市场销路，创业者可以利用差别化战略进行市场定位。

（一）产品差别化

产品差别化是指在产品质量、产品款式等方面实现差别化，造成足以引发顾客偏好的特殊性，使顾客能够把它同其他企业提供的同类产品有效地区别开来，从而使企业在市场竞争中占据有利地位。例如，沈子凯在打火机满天飞的市场中挖掘出久违人们视线的老物件"火柴"，使他创造的"纯真年代"艺术火柴红遍大江南北。

（二）服务差别化

服务差别化是指向目标市场提供与竞争者不同的优质服务。服务差异主要表现在订货、交货、安装、培训、维修等多种服务上。服务差别化战略能够提高顾客总价值，保持牢固的顾客关系，从而击败竞争对手。例如，IBM 就是以高质量的服务闻名于世。

（三）人员差别化

人员差别化是通过聘用和培训比竞争者更为优秀的人员来获取差别优势。顾客在购买服务及消费过程中，会产生大量带有普遍性又具有个性化的服务需求，这都需要服务人员通过面对面、一对一、一对多的直接服务来完成。服务人员的服务素养、知识技能、差别记忆、言语交流水平、应变能力、诚实可靠、礼貌等对消费者的购买决策都有着重要影响。

（四）形象差别化

形象差别化是指在产品的核心部分与竞争者类同的情况下塑造不同的产品形象以获取差别优势。形象是公众对产品和企业的看法和感受。在策划形象差别化时，创业者需要有创造性的思维和具有实际意义的名称、标识、标语、环境、活动等文化要素与之配合。同时，需要持续不断地利用所有传播工具向客户传递产品和企业的信息。

五、实施双赢互利的合作营销策略

所谓合作营销就是两个或两个以上的企业在营销的各个环节（如市场调研、产品开发、促销、分销、售后服务等）进行合作，以实现营销目的的一种营销方式。通过合作营销，可以实现资源优势互补，增强市场开拓、渗透与竞争能力。新创企业资金缺乏，渠道较少，采取合作营销的方法是一个好的选择。

合作营销有水平合作营销、垂直合作营销和交叉合作营销三种形式。

（一）水平合作营销

水平合作营销是指企业在某一特定营销活动内容上的平行合作。例如，两个企业在开发某一新产品上通力合作，或者在对产品的广告和促销上进行合作，或者互相为对方提供销售渠道等。水平合作营销最有可能在同行中展开。

（二）垂直合作营销

垂直合作营销是指同一行业内企业在不同的营销活动内容上进行合作，参与合作的企业分别承担某一营销活动，最终组成合作优势。例如，丹麦的诺沃公司是一家生产胰岛素和酶的小企业，具有一定的生产技术优势，但本身的销售能力却很差。为此，诺沃公司与美国施贵宝公司合作，由施贵宝公司专门负责北美市场的销售活动，取长补短，取得了很好的效果。

（三）交叉合作营销

交叉合作营销是指不同行业的企业之间在营销活动上进行的合作。随着企业多元化战略的不断应用，交叉合作营销已越来越为企业所好。这种"非竞争性战略联盟"是一种新的营销策略，是营销合作理念的综合运用。比如，汽车饰品、配件企业可与加油站网络体系合作，不用自己开店，而是借路上道，把自己的产品纳入到人家现成的网点，以较低的时间和经济成本拓展了分销渠道。

【案例13.3】

天畅联手绿盛推《大唐风云》

漫步在网络游戏中的真"长安城"，玩家可以在虚拟食品店中下单，通过配送系统、购买真实的牛肉干，吃上一颗可以为玩家在游戏中"补充体力"——在2006年3月正式推出的网络游戏《大唐风云》中实现这种线上线下的结合。杭州天畅网络科技有限公司和食品企业杭州绿盛集团有限公司达成战略联盟，绿盛用食品包装及其他宣传手段推广网络游戏《大唐风云》。

绿盛集团总裁林东说："我们与天畅合作，最早是因为007系列电影里故事与宝马汽车结合的案例触动了我们。"此次合作中，绿盛拿出自己最核心的媒介资源——所有产品的包装袋及所有为推新产品而准备的宣传手段，跟天畅的《大唐风云》进行联合推广。根据绿盛方面的估算，这些宣传的总价值不低于1亿元，但根据合作协议，天畅不必支付给绿盛一分钱。绿盛集团还专门注册了"3NNETFOOD"的网络食品标志，希望能把"绿盛QQ能量枣"做成中国第一网络食品。

天畅科技董事长郭羽表示，对于《大唐风云》中首次推出的真实物品交易，他更注重B2C的模式，"玩家饿了，可以进入游戏中的食品店，下单购买食物，再通过配送送货上门"。玩家通过"游戏商务平台"下单后，可用信用卡付款或货到付款购买真实商品。

此外，郭羽和林东也同时表示，双方合作组成的"网游+牛肉"这一"R&V（现实+虚拟）非竞争性联盟"，不仅给双方带来增值服务，而且将会是开放型的合作联盟。

【导师点评】

"绿盛牛肉干"和《大唐风云》游戏两个毫不相干的产业创新地结合在一起，这种"R&V非竞争性联盟"营销策略，是营销合作理念的综合运用。这个案例不仅成为北京大学、浙江大学、复旦大学等著名高校MBA的经典案例，还于2006年5月登上了欧洲管理学院的讲堂。在游戏中玩家吃到"绿盛QQ能量枣"就可以补体力和灵力，并可以通过内置的电子商务平台订购该产品，这样就使得牛肉干从虚拟走进了现实，一下子使绿盛这个同名品种的牛肉干销量大增。作为交换，绿盛则在产品的包装袋上印上《大唐风云》的游戏形象，内置游戏试用点卡，相当于为《大唐风云》做了广告。双方都在没有额外成本的基础上，实现了互相宣传、互相贡献客户，实现了双赢。

思考题：

1. 请收集北京小米科技有限责任公司、小米社区等相关资料，阐述小米手机创业营销管理成功要素。

2. 结合实例说明创业营销各个阶段的重点是什么。

3. 尽管外部环境是不可控的，创业者可以通过环境分析来面对。假如有一个制造商要进入婴儿一次性用品市场（如纸尿布），请说明如何进行环境分析。

4. 结合实例说明如何做好新创企业营销规划。

5. 结合实例说明新创企业如何正确运用营销策略。

资料参阅及链接：

Agius A. 2016. 创业公司的营销捷径："克隆"《财富》500强. 朴成奎译. http://www.fortunechina.com/management/c/2016-11/11/content_274335.htm.

程勇生. 2016. 一个社交创业者的血泪教训：别拿炒作当营销[2016-3-23]. http://www.chinaz.com/start/2016/0323/515198.shtml.

戴尔蒙西. 2016. 为什么大多数创业公司的营销都是失败的？[2016-10-25] http://www.managershare.com/post/303796.

菲利普·科特勒，凯文·莱恩·凯勒. 2009. 营销管理（中国版）[M]. 13版. 卢泰宏，高辉，译. 北京：中国人民大学出版社.

焦晓波，郭朝阳. 2014. 创业型经济背景下的创业营销：研究述评与未来研究展望[J]. 商业经济与管理，（9）：52-60.

李建军，陆淳鸿，等. 2012. 创业营销[M]. 厦门：厦门大学出版社.

李蕾. 2014. 内容营销理论评述与模式分析[J]. 东南传播，（7）:136-139.

李梦薇，冯晨旭，李鹤. 2015. 大学生微创业营销对用户购买行为的影响研究——基于 UTAUT 模型[J]. 商场现代化，（6）：38-40.

李苗，张若南，王文佳. 2015. 创新属性分析及创业营销策略选择[J]. 科技创业月刊, 28（11）:30-31.

司杨. 2016. "互联网+"背景下的创业营销核心思路探索[J]. 江苏商论,（14）：45-46.

孙宁宁. 2015. 大学生创业营销模式的困境与对策分析[J]. 中国商论,（2）：3-5.

王亚卓. 2014. 创业营销与管理[M]. 北京：中国时代经济出版社.

吴健安. 2011. 市场营销学 [M]. 北京：高等教育出版社.

辛德胡特. 2009. 创业营销：创造未来顾客[M]. 金晓彤，译. 北京：机械工业出版社.

张骁，王永贵，杨忠. 2009. 公司创业精神、市场营销能力与市场绩效的关系研究[J]. 管理学报， 6（4）：472-477.